KB073741

젊은이여, 앎을 삶이 되도록 일깨우라!

인류 발달에 관한 정신 과학적 연구 결과

옮긴이 | **최혜경**

서울대학교 미술대학 조소과 졸업. 독일 브라운슈바이크 국립 미술대학 졸업. 독일 함부르크 발도르프 사범대학 졸업. 번역서로는 『발도르프 학교와 그 정신』(2006, 밝은누리), 『자유의 철학』(2007, 밝은누리), 『교육예술 1. 인간에 대한 보편적인 앎』(2007, 밝은누리), 『발도르프 특수 교육학 강의』(2008, 밝은누리), 『교육예술 2. 발도르프 교육 방법론적 고찰』(2009, 밝은누리), 『사고의 실용적인 형성』(2010, 밝은누리), 『사회 문제의 핵심』(2010, 밝은누리), 『교육예술 3. 세미나 논의와 교과 과정 강의』(2011, 밝은누리), 『인간과 인류의 정신적 인도』(2012, 밝은누리)가 있다.

Übersetzerin | Choi, Hey-Kyong

Überstzungen: 『Die Waldorfschule und ihr Geist』(2006, Balgunnuri), 『Die Philosophie der Freiheit』(2007, Balgunnuri), 『Allgemeine Menschenkunde』(2007, Balgunnuri), 『Heilpädagogischer Kurs』(2008, Balgunnuri), 『Erziehungskunst II. Methodisch-Didaktisches』(2009, Balgunnuri), 『Die praktische Ausbildung des Denkens』(2010, Balgunnuri), 『Die kernpunkte der sozialen Frage』(2010, Balgunnuri), 『Erziehungskunst III. Seminarbesprechungen und Lehrplanvorträge』(2011, Balgunnuri), 『Die geistige Führung des Menschen und der Menschheit』(2012, Balgunnuri)

젊은이여, 앎을 삶이 되도록 일깨우라!

1판 1쇄 인쇄일 | 2013년 6월 10일

1판 1쇄 발행일 | 2013년 6월 17일

지은이 | 루돌프 슈타이너

옮긴이 | 최혜경

펴낸이 | 이미자

펴낸곳 | 도서출판 밝은누리

주소 | 서울시 금천구 가산동 550-1 롯데 IT 캐슬 2동 1206호

전화 | 02) 884-8459   팩스 | 02) 884-8462

값 20,000원

잘못된 책은 구입한 곳에서 바꾸어 드립니다.

ISBN 978-89-8100-130-8 03370

젊은이여,
앎을 삶이 되도록
일깨우라!

인류 발달에 관한 정신 과학적 연구 결과

루돌프 슈타이너 | 최혜경 옮김

밝은누리

* 이 책은 루돌프 슈타이너 전집 제217권을 제목이나 내용의 축약이 없이 그대로 옮긴 문고본(에른스트 바이드만, 제6판, 도르나흐, 1988)을 원본으로 삼아 번역되었다.

Geistige Wirkenskräfte im Zusammenleben von alter und junger Generation
ⓒ 1988 by Rudolf Steiner-Nachlaßverwaltung, Dornach/Schweiz
Printed in Germany by Clausen & Bosse, Leck
ISBN 978-3-7274-6750-9

일러 두기

1. 『젊은이여, 앎을 삶이 되도록 일깨우라!』는 강의가 끝난 후에 루돌프 슈타이너가 다시 검토하지 않은 속기 기록을 근거로 루돌프 슈타이너 유고 관리국에서 발행하였다.

2. 이 책은 루돌프 슈타이너 유고 관리국에서 출간된 루돌프 슈타이너 전집 제217권 "Geistige Wirkenskträfte im Zusammenleben von alter und junger Generation: Pädagogischer Jungendkurs"를 우리말로 옮긴 것이며, 루돌프 슈타이너 유고 관리국으로부터 번역 허가를 받아서 출판한 것임을 밝힌다.

3. 각 문단 앞의 번호는 독자들의 편의를 위해 옮긴이가 추가하였다.

4. 본문에 나오는 주는 독자의 이해를 돕기 위해 옮긴이가 첨가한 것이다.

5. 단행본은 『 』, 잡지는 〈 〉로 표시하였다.

6. 원서에서 ―로 연결된 단어들은 ' '로, ≪ ≫로 강조한 부분은 그대로 ≪ ≫로 표시하였다.

차례

소개의 말

"인간이 인간을 잃어버렸다." 1922년 10월에 행한 연속 강의의 두 번째 강의에서 루돌프 슈타이너가 한 이 말은 제1차 세계 대전 이후 널리 퍼져 있던 비관적이고, 심지어는 염세적인 선견지명이라는 윤무에 발맞춰 들어가는 듯한 첫인상을 준다. 그런데 슈타이너는 당시 백여 명의 젊은 청중들 앞에서 행한 이 연속 강의에서 조금 다른 것을 준비했었다. 그는 시대에 맞는 새로운 과제 설정을 보여 주고자 했다. 무엇보다도 젊은 세대들의 의식력을 활성화시킴으로써 결과적으로 "인간이 인간을 다시금 발견할 수 있도록" 하는 것이 그의 의도였다. 여기에서의 중점을 그는 두 번째 강의에서 이렇게 표현하였다. "정신이 그 일깨우는 자명종이 되어야만 합니다. 우리 시대에 일어나는 세계 사건의 이 비극적 형상을 분명히 인식해야지만 우리가 계속 전진할 수 있습니다. 우리가 사실 무無를 마주 대하고 있습니다. 지구 발달 내에서 인간적 자유의 기본 토대를 마련하기 위해서 필연적으로 그 무에 이르렀어야 했다는 사실을 분명히 해야만 합니다. 그리고 무를 마주 대해서 우리는 정신 내에서 깨어나야 할 필요가 있습니다."

루돌프 슈타이너가 ≪정신≫을 안개 같이 흐릿한 신비주의나 단순히 이상화시킨 것으로 이해하고 싶어 하지 않았다는 사실은 이 강의들에 담긴 당대의 철학, 그리스도관, 예술, 학문 등에 대한 비판적 고찰에서 알아볼 수 있다. 그런 것에 대한 분석을 훨씬 더 넘어서서 슈타이너의 개략적인 전망에서 그 점이 더욱 분명하게 보여진다. 강의의 중심에는 항상 다시금 도덕의 근본 질문이 서 있다. 슈타이너는 1894년에 출판된 『자유의 철학』에서 말하기를, 도덕의 근본 질문이 ≪규범 학문≫으로서는 이미 오래 전에 진부해졌다고 했다. 슈타이너에 의하면 현대의 비극은, 인간이 주변 환경의 윤리적 판단에 따라 행위하도록 부단히 강요받음으로 인해 생긴 결과라고 하였다. 그로 인해 어쩔 수 없이 관습적이고 전통적인 윤리적 판단과 원칙이 생겨나고 유지되면서 다시금 성장하는 세대를 마비시킬 수밖에 없다는 것이다. 이 기본 태도에 슈타이너는 "인간이 어떻게 더욱더 인간 영혼 자체의 본질로 되돌아감으로써만 윤리적 자극을 발견할 수 있는지, 바로 그 점을 숙고하는" 데에 인류의 미래가 달려 있다고 대응하였다. 왜냐하면, "도덕적 직관의 힘이 날마다 점점 더 강해지느냐 여부에 전적으로 인간 윤리의 미래가 달려 있기" 때문에.

발터 쿠글러

젊은이여, 앎을 삶이 되도록 일깨우라!

1강 인간이 인간을 잃어버렸다

1922년 10월 3일, 슈투트가르트

[01] 사랑하는 여러분! 오늘 저녁 여러분이 여기에 함께 모였다는 사실이 제 마음 속에 불러일으킨 느낌을 표현하기 위해서 가장 먼저 여러분을 환영하는 인사말로 시작하고 싶습니다. 어떤 자극이 여러분을 여기에 함께 모이도록 했는지 방금 여러분의 대표가 공감이 가도록 설명했습니다. 제가 앞으로 며칠 동안 여러분께 말씀드리고자 하는 내용 중 많은 것들이, 다소간에 차이가 있다 하더라도 강렬하고 내적인 영혼 체험으로서 여러분이 이미 지니고 있으면서, 영적으로 —— 그저 개념적인 것에 대립적인 의미로서 영적으로 —— 진정 명확해지기를 바라고 있는 것에 대한 일종의 해석이 되어야만 한다고 저는 생각하는 바입니다.

[02] 여러분을 이 자리에 함께 모이도록 한 것, 그것을 여러분 영혼의 심연 속에서 찾아야 한다는 말이 정말로 옳습니다. 그 심연은, 오늘날 작용하고 있는 양식에서 보아 아주 특이하고 상당히 새로운 힘

들로 사로잡혀 있습니다. 현재 그 힘들이 여러분 내면에서 작용하는 양식에서 보자면 백 년도 채 되지 않았습니다. 그럼에도 불구하고 그것을 볼 수 있는 사람에게는 오늘날 벌써 아주 분명하게 드러나고 있으며, 가까운 장래에 점점 더 분명하게 등장할 수 있는 힘들입니다. 앞으로 며칠 동안 그 새로운 힘들과 그 이전에 있었던 대립적인 힘들을, 지난 19세기의 마지막 30년 동안 생긴 낡은 것을 진정 내적으로 성격화해 보기로 합시다. 오늘은 제가 일단 그 힘들의 특성을 외적으로 제시하고자 합니다.

[03] 여러분 모두, 오늘날 세상의 구세대가 하는 말에 더 이상 동의할 수 없다는 느낌을 지니신다고 저는 생각하는 바입니다. 이미 70년대, 80년대, 90년대에 그 이전에는 절대로 없었던 강도로, 예술적으로 혹은 역시 이론적으로 당시의 구세대와 신세대 간에 놓여 있었던 깊은 협곡이 지적되었습니다. 그런데 당시에 시인들이나 다른 사람들이 그 협곡이나 나락에 대해 이야기했던 모든 것은, 오늘날의 고려 대상에 비해 사실 별것 아닙니다. 오늘날에는 근본적으로 보아 신세대와 구세대가 완전히 다른 영혼 언어를 사용하는 지경이 되었습니다. 사람들이 상상하는 이상으로 완전히 다른 언어들입니다. 이 자리에서 구세대가 신세대에 대해 저질렀을 수도 있는 잘못을 탓해서는 안 됩니다. 그런 방식으로 잘잘못을 가리려는 자체가 구세대식의 개념 형상에 속합니다. 게다가 그런 것이 구세대식의 고루함에 속할 테니까요. 우리는 누구를 원망하려는 것이 아닙니다. 바로 서

양 내의 발달에서 지난 이삼십 년간 영혼이 얼마나 근본적으로 달라졌는지를 의식하고자 할 뿐입니다. 바로 우리 시대에 많은 것들이 서로 충돌하고 있습니다.

04 요 얼마 전에 제가 영국에서 강의를 할 기회가 몇 번 있었습니다. 옥스포드에서였습니다. 옥스포드는 그 대학교 형식의 교육과 더불어 우리 서양의 문화 연관성 내에서 아주 특이한 위치에 있습니다. 그 특이함을 이런 식으로 느낄 수 있습니다. "옥스포드에, 그러니까 극단적으로 서양의 정신 발달에 속하는 그곳에 그렇게 혐오스럽지 않고 오히려 호감이 가는, 여러 관점에서 보아 심지어는 경탄할 만한 중세의 한 부분이 현재로 돌출되어 들어와 있다." 옥스포드 대학교의 ≪졸업생≫인 친구 한 명이 우리에게 학교를 안내해 주었습니다. 그런데 보통은 옥스포드 ≪졸업생≫이 학교에 갈 일이 있으면 꼭 학사 가운을 입고 학사모를 써야만 한다고 합니다. 그 친구와 함께 여기저기 학교를 둘러보고 헤어졌는데, 나중에 길에서 우연히 그 친구를 다시 만났습니다. 그 다음날 아침에 제가 영국 청중들 앞에서 학사 가운을 걸치고 학사모를 쓴 그 친구를 만났을 때의 느낌을 이야기하지 않을 수 없었습니다. 그런 것이 정말로 제 마음에 들었기 때문입니다. 그곳에서 체험한 다른 것들과 연관된 그 모든 것들이 제게, 왜 사회개혁이 현재의 정신생활 저변에 이르기까지 필수적인지를 형상적으로 말할 수 있는 계기를 주었습니다. 길에서 제 친구를 다시 마주쳤을 때 이런 생각이 들었습니다. "이 인상을 가지

고 지금 당장 편지를 한 장 써야 한다면, 그 편지의 날짜를 언제로 써야 할지 모르겠다. 이런 것이 가능한 조류에 맞추고자 한다면 12세기나 13세기라고 써야 할 듯하다." 옥스포드에서는 현재가 아닌 것을 정말로 저장해 놓았습니다. 중 유럽에서는 그런 것을 발견할 수 없습니다. 그런데 중 유럽의 주도적인 정신생활 내에서 지배하는 것 역시 제가 방금 성격화한 것에서 발달된 산물입니다.

05 이곳 중 유럽에서는 아주 성대한 공식 행사가 아닌 한 학사 가운 같은 것을 거의 입지 않습니다. 그런 자리에서는 이사장이나 고급 공무원들이 싫어도 입어야만 합니다. 변호사이기도 한 우리 친구가 제게 이런 말을 했었더랬습니다. "박사님께 런던을 안내해 드려야 했다면 변호사인 제가 학사 가운이 아니라 가발을 썼어야만 합니다."

06 보시다시피 지난 수세기 동안에만 해도 여전히 건재했던, 낡아 빠진 것들이 그런 상황에서 드러납니다. 정말로 현재 속에 존재하는 중세입니다! 여기 중 유럽에서는 이전 세대에만 해도 아직 남아 있었던 그 낡아 빠진 것들을 어느 정도는 탈피했습니다. 일단은 예복을 벗었고, 그 다음에 조금 다른 사고방식으로 빠르게 건너뛰었습니다. 그런데 그 사고방식이 물질주의적인 것으로 항해해 들어갔습니다. 중 유럽과 서 유럽 간에 존재하는 대립성은 대단히 큽니다. 거기에는 정말로 특이한 현상이 있습니다. 제가 그 점에 있어서 추상적인 단어보다는 사실을 이용해서 성격화해 보겠습니다.

⁰⁷ 다윈은 피상적으로나 암시했던 인식을 괴테는 깊이 파고들었습니다. 그럼에도 불구하고 중 유럽의 우리는 괴테를 망각해 버리고 다윈을 받아들였습니다. 그와 유사한 현상들을 많은 예에서 볼 수 있습니다. 괴테 협회가 있지 않느냐, 괴테를 잊지 않았다고 여러분이 이의를 제기할 수 있을 테지요. 여러분은 그렇게 말씀하시지 않으리라고 생각하기 때문에 그에 대해서는 제가 더 이상 논의하지 않겠습니다. 괴테가 높이 이끌어 올린 중 유럽의 정신적 자극을 사실 우리는 괴테와 함께 이미 19세기 중반에 잊었습니다. 그런데 그런 것들은 모두 증상일 뿐입니다. 문제는 이렇습니다. 중 유럽과 그것의 정신생활이 걸어갔던 노정에서 13세기, 14세기, 15세기에 주도적이었던 정신기관들이 서 유럽에는 지금까지도 남아 있는 그 정신으로부터 스스로를 해방시켰습니다. 정신적으로 주도했던 기관들이 스스로를 해방시켰던 그 시대 이래로 중 유럽에서는 정신적인 것이, 내적으로 영혼을 질풍노도처럼 휘몰아대었던 것이, 영혼을 고동치며 흘러 지나갔던 것이 인간에게서는 아니지만 의식에서 소실되었습니다. 바로 그래서 우리가 괴테 역시 망각해 버릴 수 있었습니다.

⁰⁸ 서 유럽에서는 그것을 전통으로, 외적인 형상으로 보존했습니다. 중 유럽에서는, 특히 독어권 내에서는 그것을 영혼 생활의 심연으로 밀어넣었습니다. 그래서 더 이상 그것으로 의식을 채울 수 없게 되었습니다. 그 상황이 이미 19세기의 마지막 30년 동안 강하게 고착되었습니다.

[09] 여러분이 아주 내밀하게 역사를 고찰해 보시면 기이한 것을 19세기의 마지막 30년에 해당하는 시기에서 발견하실 수 있습니다. 누구보다도 정신생활의 형성에 관여했던 이들이 읽었던 문학에서, 저술물에서 나타나는 것을 고찰해 보면, 지난 19세기의 마지막 30년 동안, 그러니까 80년대, 90년대 중반에 이르기까지 독어권 내의 정기 간행물에서, 심지어는 일간 신문에서도 오늘날과는 완전히 다른 양식이 지배했었다는 점을 알아볼 수 있습니다. 생각을 조각하듯이 형성하고 다듬은 양식, 일정한 사고과정의 추적을 염두에 두었던 양식, 심지어는 생각에 아름다움이 내재하도록 조금은 마음을 썼던 양식이 당시에 있었습니다. 해당 영역에서 우리가 오늘날 만나는 양식은 19세기의 마지막 30년에 생겨났었던 것에 비하면 조야하고 거칠어졌습니다. 무엇이라도 괜찮으니 60년대, 70년대 사람들 중에서도 그렇게 박학하지 않으며 보통 교육을 받은 사람이 쓴 것을 골라서 읽어 보기만 하면 됩니다. 그러면 여러분이 커다란 차이를 알아볼 것입니다. 생각의 형태가 달라졌습니다. 그런데 오늘날의 조야하고 거친 그것이 바로 19세기의 마지막 30년에 해당하는 시기에 박학했던 교양층에서 일반적이었던, 그 다듬어지고 기지에 찼던 것에서 생겨났습니다. 바로 그 당시에 무엇인가 자라나는 것을 볼 수 있습니다. 그리고 이제는 좀 나이를 먹은 층에 속하지만 오늘날의 정신생활이라는 의미에서 늙어 버리지 않은 사람들이 그것을 역시 체험했습니다. 당시에 그렇게 끔찍하게 모든 정신생활 내로 들어선 것, 그

것을 저는 상징적으로 성격화해서 상투어라고 부르고 싶습니다.

[10] 그 상투어에서 생각없는 말과 행동이, 무정견과 무의지가 생겨났고, 오늘날 그것이 점점 더 확산되는 추세에 있습니다. 그런 것들이 최우선적으로는 상투어에서 시작되었습니다. 어떻게 상투어가 주로 19세기의 마지막 30년 동안 형성되었는지를 여러분이 외적으로 추적할 수 있습니다. 한 시대의 여기저기에서 등장하는 것들에 여러분이 공감할 필요는 없습니다. 그런데 비록 그것들에 공감은 할 수 없다 하더라도, 전반적인 인간 통합성이라는 의미에서 그것을 관찰할 수는 있습니다.

[11] 19세기 초반 30년 동안 독일 낭만주의 같은 것에서 만날 수 있었던, 내밀하고 불가사의한 음조를 생각해 보십시오. 때로는 마치 신선하고 건강한 숲 속의 공기에서 흘러나오기라도 하는 듯합니다. 정신적인 것에 대해 야코프 그림 같은 사람이 하는 이야기를 생각해 보십시오. 그러면 여러분은 이렇게 말할 것입니다. "그때에는 중 유럽에 상투어가 전혀 남발되지 않았었다." 19세기의 마지막 30년에 이르러서야 비로소 중 유럽에 상투어가 생겨납니다. 그에 대한 느낌이 있는 사람은 어떻게 상투어의 시대가 점차적으로 등장하는지 알아볼 수 있습니다. 그리고 상투어가 지배하기 시작하는 곳, 그곳에서는 내적이고 영적으로 체험되는 진실이 죽습니다. 그리고 또 다른 것이 상투어와 함께 나타납니다. 사회 생활에서 인간이 인간을 더 이상 발견할 수 없게 되었다는 것입니다.

¹² 사랑하는 여러분! 입에서 나오는 소리라도 그 소리에 영혼이 없다면 —— 상투어처럼 말입니다. —— 인간인 우리가 타인 옆에 있어도 그 사람을 이해하지 못합니다. 이 역시 지난 19세기의 마지막 30년에 그 정점을 찍었던 현상 중에 하나입니다. 영혼의 저 아래 깊은 곳에서가 아니라 의식 속에서입니다. 사람들이 서로를 점점 더 낯설어 하게 되었습니다. 당시에 공동체적 자극과 개혁에 대한 구호가 점점 더 커졌습니다. 그것은, 사람들이 비공동체적으로 되어 버렸음을 보여주는 증상입니다. 사람들이 공동체적인 것을 더 이상 느낄 수 없었기 때문에 공동체적인 것을 달라고 아우성을 칠 수밖에 없었습니다. 배고픈 짐승은 위장이 먹이로 가득 차 있기 때문에 울부짖는 것이 아니라 위장이 비어 있기 때문에 울부짖습니다. 공동체적인 것을 달라고 아우성치는 영혼들은 공동체적인 것으로 관통되어 있어서가 아니라, 그것에 대한 느낌이 없기 때문에 그렇게 합니다. 오늘날에는 인간이 실로 알 수 없는 존재로 서서히 변해 버렸습니다. 게다가 타인에게 영적으로 가까이 다가서려는 욕구가 더 이상 없습니다. 그런 정서가 사람들 간에 널리 지배하고 있습니다. 사람들 모두 서로 스쳐 지나갑니다. 사람들 모두 자신에게만 관심이 있습니다.

¹³ 19세기의 마지막 30년에 과연 무엇이 아주 특별하게 보통이 되었습니까? 과연 무엇이 그 시대에서 20세기로 인간의 인간에 대한 공동체적 느낌으로서 넘어왔습니까? 오늘날 사람들이 항상 다시금

말하는 문장이 있습니다. "그것이 내 입장이다." 모두들 한 가지 입장을 지닙니다. 흡사 무슨 입장에 있는지가 가장 중요하다는 듯이 보입니다! 정신적인 삶에서의 입장은 사실 물체적 삶에서의 입장과 꼭 마찬가지로 일시적입니다. 제가 어제는 도르나흐에 서 있었습니다. 오늘은 여기에 서 있습니다. 그것이 물체적 삶에서의 두 가지 다른 입장입니다. 세상을 모든 입장에서 고찰할 수 있는 건강한 의지와 건강한 느낌을 지니고 있는지, 그것이 관건입니다. 그런데 오늘날의 사람들은 다양한 입장에서 얻을 수 있는 것을 원하지 않습니다. 자신의 입장을 이기적으로 고수하는 것이 사람들에게는 더 중요합니다. 그런데 사람이 그렇게 하면서 실은 가장 가혹한 방식으로 자신을 이웃으로부터 단절시킵니다. 어떤 사람이 어떤 주제에 대해 말을 해도 그 말에 동의하질 않습니다. 내 입장이 있으니까요. 그렇게 해서는 서로 접근을 할 수 없습니다. 다른 입장을 공동의 세계에 위치시킬 줄 알 때에 서로 접근할 수 있습니다. 헌데 오늘날에는 그 공동의 세계가 전혀 존재하지 않습니다. 인간을 위한 공동의 세계는 오로지 정신 내에서만 발견할 수 있습니다. 그런데 그 정신이 없습니다.

14 이 점이 두 번째입니다. 그리고 세 번째가 있습니다. 중 유럽에 사는 우리는 근본적으로 보아 19세기를 지나는 동안 차츰차츰 의지가 상당히 약해졌습니다. 뭐라 해도 역시 사고 존재인 인간이 자신의 사고로 세계를 형성할 수 있어야 하는데, 사고내용이 그렇게 할

의지를 단련시킬 힘을 더 이상 얻지 못합니다. 바로 그런 의미에서 의지가 허약해졌다는 말입니다.

[15] 사고내용이 명료하지 못하다고 말한다 해서 인간으로 살기 위해 사고내용이 필요 없다는 결론을 내려서는 안 되겠지요. 사고내용이 위에 있는 머릿속에만 들어박혀 있을 정도로 허약하지 않아야만 할 뿐입니다. 사고내용이 강해져서 가슴을 관통하고 전체 인간을 관통해서 아래에 있는 발끝까지 흘러내려야 합니다. 우리의 핏속에 적혈구와 백혈구만이 아니라 사고내용이 고동치며 흘러야 진정으로 더 낫기 때문입니다. 인간이 사고내용뿐만 아니라 심장도 역시 지닌다면 분명히 더 가치가 있습니다. 하지만 가장 가치로운 것은 사고내용이 심장을 지닐 때입니다. 바로 그것을 우리가 잃어버렸습니다. 지난 사오백 년의 세월이 가져온 사고내용을 우리가 지금에 와서 벗어던질 수는 없습니다. 하지만 그 사고내용이 역시 심장을 얻어야만 합니다.

[16] 이제 제가 여러분의 영혼 속에 무엇이 살고 있는지 완전히 외적으로 말씀드리겠습니다. 여러분이 성장하면서 구세대를 알게 되었습니다. 그 구세대가 자신을 말로 표현했습니다. 여러분은 거기에서 단지 상투어만 들을 수 있었습니다. 그 구세대 내에 있는 비공동체적인 요소가 여러분에게 보였습니다. 한 사람이 다른 사람을 그저 스쳐 지나갔습니다. 그 구세대 내에서 의지와 심장을 고동쳐 흐르지 못하는 사고의 무기력을 여러분이 보았습니다.

[17] 이전 세대들에게서 물려받은 유산이 아직 남아 있었던 동안에는 가슴으로 연결된 생활 공동체 대신에 상투어와 반공동체적인 관습주의로, 틀에 박힌 일상으로 버틸 수 있었습니다. 그 유산이 대략 19세기 말에 탕진되었습니다. 그래서 스스로의 영혼에게 말해 줄 수 있었던 것이 여러분을 위해서는 하나도 남아 있지 않았습니다. 그런데도 여러분은 바로 중 유럽의 깊은 저변에 무엇인가가 남아 있다고 느꼈습니다. 언젠가 상투어의 저 너머에서 살아 있었던 것, 관습의 저 너머에, 틀에 박힌 일상의 저 너머에 살아 있었던 것으로 다시금 돌아가려는 깊은 욕구, 다시금 진실을 체험하려는 욕구, 다시금 인간적 공동체를 체험하고 전체 정신생활의 결단력을 느껴 보려는 그 욕구. 그런데 그것이 어디에 있는 거지? 이렇게 여러분 내면의 소리가 말합니다.

[18] 이런 것들이 그렇게 명확하고 분명하게 표현되지는 않았습니다. 그래도 20세기의 여명이 밝아 오는 시간에 젊은이와 기성세대가 나란히 서 있으면, 그 기성세대가 이렇게 말하는 것을 자주 듣습니다. "이것이 내 입장이란다." 아하, 19세기가 끝날 무렵에 점차적으로 사람들 모두, 정말로 모두 하나같이 자신의 입장을 지니게 되었다는 것입니다. 한 사람은 물질주의자였고, 다음 사람은 관념주의자였습니다. 세 번째는 사실주의자, 네 번째는 감각주의자 등등이 되었습니다. 그런데 상투어, 관습, 틀에 박힌 일상의 지배하에 그 입장들이 천천히 얼음판에 이르렀습니다. 정신적인 빙하기가 왔습니다. 그 얼

음판은 얇았지만 사람들의 입장이 자체적 무게감을 잃어버렸기 때문에 그 얼음판을 깨뜨릴 생각조차 하지 못했습니다. 게다가 사람들의 심장이 차갑게 식어 버렸기 때문에 그 얼음판을 녹이지도 못했습니다. 기성세대 옆에 젊은이들이 서 있었습니다. 뜨거운 심장을 지닌 젊은이들이. 그들의 심장이 아직 말하지는 못했지만 따뜻했습니다. 그 심장이 얼음판을 녹였습니다. 젊은이들은 "이것이 내 입장이다."라고 느끼지 않았습니다. 그 대신에 "내 발 아래에 바닥이 없어진다."고 느꼈습니다. "내 심장의 온기가 상투어, 관습, 틀에 박힌 일상에서 생겨난 얼음을 녹였다." 이 느낌이 그렇게 분명하게 표현되지 않는다 하더라도 —— 사실 오늘날에는 아무것도 분명하게 표현되지 않아서입니다. —— 그래도 그 현상이 벌써 오래 전부터 있어 왔고, 지금도 그렇게 존재하고 있습니다.

  [19] 이 관계에서 최악의 상황에 있기는, 오늘날의 학문에 따른 고등교육을 받고 그것을 기반으로 해서 시대에 편입해 들어가려고 하는 사람입니다. 그 사람에게 제공되는 것, 그것은 완전히 의식적으로 ≪심장이 없는≫ 생각이 되려고 애쓰는 생각들입니다. 특정한 주제에 있어서 사람들이 의식적으로 심장이 없는 생각을 추구하는 방향으로 차츰차츰 건너갔습니다. 정신으로부터 이야기하려면 종종, 오늘날 사람들 앞에서 이러저러한 주제에 대해서 극히 논리적인 것, 철학적인 것, 과학적인 것을 말할 때와는 다르게 문장을 형성해야만 합니다. 그런데 오늘날 흔히 하는 방식으로 형성하면 정신이라는 측

면에서 보아 드물지 않게 최고도로 무례한 짓입니다. 정신에 대해 가장 무례한 짓에는 다음과 같은 예가 속합니다.

[20] 사람들이 이렇게 말합니다. "관찰과 실험을 완전히 논리적으로 해석하지 않는 사람, 통상적으로 인정된 방법이 허용하는 대로 하나의 사고내용에서 다음의 사고내용으로 진행하지 않는 사람, 그 사람은 결코 올바른 과학자가 아니다. 그렇게 하지 않는 사람은 올바른 사고가가 아니다." 그런데, 사랑하는 여러분, 실재가 예술가라면, 실재가 우리의 잘 형성된 변증법적 실험 방법을 비웃는다면 어떻게 할까요? 자연 스스로 예술적 자극에 따라 일한다면 어떻게 하겠습니까? 그러면 그 자연 때문에라도 인간의 과학이 예술가가 될 수밖에 없을 테지요. 그렇게 하지 않는다면 자연에 접근할 수 없을 것입니다! 그런데 그것은 오늘날 과학자들의 입장이 아닙니다. 그들의 입장은 이렇습니다. "자연이 예술가일 수도, 몽상가일 수도 있다. 그렇더라도 우리는 전혀 상관하지 않는다. 어떻게 과학을 해야 하는지는 우리가 명령한다. 자연이 예술가라고 해서 우리와 무슨 상관이 있는가? 그런 것은 전혀 문제가 되지 않는다. 왜냐하면 그런 것은 우리의 입장이 아니기 때문이다."

[21] 20세기가 다가왔을 당시에, 사랑하는 젊은이들, 여러분을 가혹한 내면의 영혼 시험 앞에 세웠던 그 세기가 다가왔을 당시에 모든 것이 얼마나 무질서한 혼돈 상태에 있었는지를 여러분께 보여 드리기 위해서 우선 몇 가지 느낌만 설명해 드리겠습니다. 잔혹했던 세

계 대전을 포함해서 우리가 외적인 사건들로 맞닥뜨렸던 것들, 그것들은 오늘날 문명화된 세계의 영혼 내면에서 지배하는 것의 외적인 표현일 뿐입니다. 그것은 일단 기정사실입니다. 그것을 우리는 의식해야만 합니다. 무엇보다도 —— 여러분의 대표가 완전히 올바르게 말했듯이 —— 바로 독일의 깊은 영혼 본성이 갈망하는 것, 그것을 찾아내야 한다고 의식해야만 합니다. 그런데 하필이면 독일 내에서 새 시대가 점점 더 다가올수록 그것이 의식에서 추방되었습니다. 우리는 괴테만 잃어버린 게 아닙니다. 우리는 괴테의 성장 근거였던 중세로부터도 많은 것들을 잃어버렸습니다. 우리는 그것을 다시 찾아야만 합니다. 왜 여러분이 오늘 이 자리에 왔느냐는 질문에 대해 저는 이렇게 대답하겠습니다. "바로 그것을 찾기 위해서." 여러분이 실은 이미 존재하는 것을 찾고 있기 때문입니다. 어떤 비밀이 가장 중요하냐는 질문에 괴테는 이렇게 대답했습니다. "분명하게 현시되는 것!" 그런데 그것은, 그것을 위한 눈이 열려야 비로소 현시됩니다. 여러분이 스스로를 제대로 이해하신다면, 여러분의 고민거리는 특히 내적인 문제, 내적인 갈망이라는 것입니다. 한 개인이 교육학적으로, 아니면 다른 방식으로 풀어 가야 하는지, 그에 관한 문제가 아닙니다. 오늘날 다시금 전인全人이 되기를 원하는 사람들이 찾고 있는 모든 것을 진정한 인간상의 공통적인 중심에서 찾아야 하고 발견해야 한다는 것이 관건입니다. 그렇게 하기 위해서 우리가 바로 여기에 모였습니다.

²² 제가 조금 과격한 예를 들어 보겠습니다. 지난 세기에 사람들이 조르다노 브루노를 화형에 처했었는데, 그런 것은 조금 다른 일 아니겠습니까? 당시에는 그런 것이 진실을 부정하기 위한 일반적인 방식이었기 때문입니다. 바로 지금 과학의 영역에서 찾을 수 있는 예로서 슈바벤 출신의 의사였던 율리우스 로베르트 마이어의 경우를 그것과 비교해 보십시오. 그가 세계 여행을 하던 중 남 아시아에서 혈액을 관찰할 기회가 있었습니다. 거기에서 한 가지 생각에 이르렀고 그것을 오늘날의 사람들이 온기 보존, 힘의 보존이라고 표시합니다. 그가 1844년에 그 주제를 다루었습니다. 그런데 당시 가장 유명했던 자연 과학계 간행물이었던 〈폭겐도르프 연보〉가 그 논문을 초보주의적이고 부적당하다면서 돌려보냈습니다! 그런데 마이어는 자신이 발견한 진실에 너무 열정적이어서 길거리에서 누군가를 만나기만 하면 어김없이 그에 관한 이야기를 늘어놓기 시작했습니다. 동료 의사들은 그가 강박관념에 사로잡혔다고 생각했습니다. 잘 알려져 있듯이 그는 미친 사람이라는 진단을 받았고 요양원에 입원당했습니다. 오늘날 하일브론에 가보면 마이어의 동상이 있습니다. 그가 근대 들어 가장 중요한 물리학적 법칙을 발견했다고 사람들이 오늘날 말들 합니다. 그런 일이 일어날 수도 있다고 칩시다. 인간이라면 당연히 오류에 빠질 수 있으니까요. 그런데 거기에서 본질적인 것은, 오늘날 그런 것이 얼마나 상투적으로, 얼마나 관습적으로, 얼마나 틀에 박힌 듯이 판단되고 있느냐입니다.

²³ 그 사람에 관한 당시의 기사들을 읽어 보십시오. 지극히 비극적인 그 경우를 얼마나 끔찍하게 비웃으면서 설명하는지. 19세기에 그에 관해 쓰인 것을 읽어 보고 오늘날의 상술을 그것과 대조해 보십시오. 그 사이에 생겨난 것은 추상적인 설명만으로는 해결할 수 없습니다. 몸 속에 심장을 가지고 있는 사람이 오늘날의 상술들을 읽어 보고 들어 보면 내적으로 모든 응집력이 고사됩니다. 그리고 영혼 안에 엄청난 자극이 들고 일어납니다.

²⁴ 사람들이 다시금 강하게 느낄 수 있는 상태가 되어야만 합니다. 미와 추, 선과 악, 진실과 허위. 그런 것을 흐릿하게 느껴서는 안 됩니다. 강하게 느낄 수 있는 상태에 다시금 이르러서 자신의 전체 인간으로 그 느낌 속에 존재하면서, 말 속에 다시금 심장의 피가 흐르도록 해야 합니다. 그러면 상투어가 흔적 없이 부스러져서 사라집니다. 인간이 자신만 느끼지 않고 타인을 다시금 자신 안에서 느낄 수 있게 됩니다. 그러면 관습이 흔적 없이 부스러져서 사라집니다. 인간이 머릿속에 지닌 것을 심장의 피로 다시금 고동쳐 흐르도록 할 수 있습니다. 그러면 틀에 박힌 일상이 흔적 없이 부스러져서 사라지고 삶이 다시금 인간적으로 될 것입니다.

²⁵ 20세기를 살아가는 젊은이들이 그 모든 것들을 느낍니다. 그들은 찾았습니다. 그런데 혼돈 속에 있는 자신을 보았습니다. 이런 문제는 외적인 역사를 통해서는 성격화할 수 없습니다. 19세기 말에 인류의 내적인 발달에 있어서 커다란 분기점이 있었습니다. 세기 말

바로 전이나 바로 후에 태어난 영혼들은 19세기의 마지막 30년에 태어난 이들과는 내적으로 완전히 다른 성향을 지닙니다. 해마다 삶의 발자취를 더해 왔다 하더라도 스스로 늙어 버리지 않은 사람이라면 그에 대해서 말할 수 있고, 특정한 양식으로 비교할 수 있습니다.

²⁶ 그래서 어떻게 신세대가 구세대에 합류하지 않은 채 심연을 사이에 두고 서로 간에 단절되었는지 내일 가장 먼저 고찰해 보기로 합시다. 잘잘못을 가리려는 게 아닙니다. 우리는 그저 파악하고 싶을 따름입니다. 마이어라는 그 커다란 비극이 어떻게 일어날 수 있었는지를 말하면서 비난하려는 뜻은 결코 없습니다. 다수가 그런 운명에 처해 있었습니다. 그렇기 때문에 비난을 해서는 안 됩니다. 하지만 우리가 이해는 해야 합니다. 인간이 내적으로 깊이 체험하는 것을 이해하기, 그것이 가장 중요합니다. 불분명한 찾기만 만연하는 상태가 더 이상 계속될 수는 없기 때문입니다. 다가와야만 하는 것은 특정한 빛, 건조하게 만들지도 않고, 냉혹하게 만들지도 않으면서 불분명한 찾기를 밝게 비추어 줄 빛입니다. 심장의 피를 보존하면서 빛을 발견할 수 있어야만 합니다.

²⁷ 저는 어떤 영역에서도 신비주의적인 것을 여러분께 들이대고 싶지 않습니다. 어디에서나 진실을 보여 드리고자 합니다. 정신 내에서의 진실을. 여러분도 아시다시피 19세기에 자리 잡은 수많은 상투어들 중에는 이런 것도 있습니다. 19세기의 한 위대한 개척자가 후대에 이렇게 말하면서 삶을 마감했다고들 합니다. "좀 더 빛을!" 저

는 그렇게 말하지 않겠습니다. 괴테가 그렇게 말하지 않았기 때문입니다. 괴테는 침대에 누운 채 숨쉬기가 너무 힘들어서 이렇게 말했습니다. "덧창문을 열어!" 이것이 진실입니다. 다른 것은 덧붙여 생겨난 상투어일 뿐입니다. 그냥 생겨났을 뿐입니다. 괴테가 정말로 한 그 요구가 "좀 더 빛을!"이라는 상투어보다 더 쓸모 있습니다. 바로 19세기 말에 조우될 수 있었던 것들로 인해서 그런 느낌이 생겨났습니다. "우리를 앞서간 이들이 덧창문을 닫아 버렸다!" 젊은 세대가 왔고, 갑갑하다고 느꼈습니다. 구세대가 꼭꼭 잠궈 버렸던 덧창문을 열어야 한다는 느낌이 들었습니다. 네, 사랑하는 여러분, 제가 비록 늙기는 했지만, 멀리는 우리가 어떻게 그 덧창문을 열 수 있는지에 대해서도 역시 말씀드리겠다고 약속합니다.

²⁸ 내일 그에 대해서 계속 이야기하도록 합시다.

2강 무無를 직면하고 있는 인간

1922년 10월 4일, 슈투트가르트

[01] 오늘날의 청년 운동에 대해 논의해 보면 넓은 범위의 청년 운동과 대학교 다니는 학생들의 운동이라 말할 수 있는 좁은 범위의 청년 운동을 분명하게 구분할 수 있습니다. 후자는 주로 교육, 넓은 의미에서의 교육학적인 것을 지향하는 청년 운동입니다. 특정 운동을 강조하려고 이 사실을 말씀드리는 게 아닙니다. 내적인 삶에서 보여지는 주요 난점이 어떻게 소위 말하는 대학생들 간에 자리 잡았는지를 일단 주시해 보면 우리가 무엇에 도달해야 할지를 가장 쉽게 얻을 수 있을 터이기 때문입니다.

[02] 이런 고찰은 종종 삶의 개별적인 문제에서 출발할 수 있습니다. 그 다음에 곧바로 넓은 조망으로 건너가야 합니다. 그렇기 때문에 제가 지금 곧바로 대학생들이 그들의 영혼 안에서 겪고 있는 체험에 대해서 몇 마디 하더라도 여러분이 허용하시리라 생각합니다. 근본적으로 보아 그것은 이미 수십 년 동안 준비되어 왔습니다. 지난

10년 세월을 거치는 동안 그것이 정점에 이르렀기 때문에 좀 더 분명하게 지각할 수 있을 뿐입니다.

[03] 대학생들은 무엇인가를 찾고 있습니다. 무엇인가를 찾는다는 사실 그 자체는 그리 놀라운 일이 아닙니다. 뭔가 찾기 때문에 대학에 들어가니까요. 그들은 가르치는 스승을 찾습니다. 이끌어 주는 스승을 찾는다고 말할 수도 있습니다. 그런데 그 젊은이들이 이끌어 주는 스승을 발견하지 못했습니다. 완전히 끔찍한 일이었습니다. 그래서 다양한 단어로 포장을 했습니다. 보수적으로 표현하는 학생도 있었고, 과격하게 표현하는 학생도 있었습니다. 어떤 학생은 아주 지혜롭게 말했고, 또 다른 학생은 아주 멍청하게 말했습니다. 다양하게 표현되었던 그 모든 것을 이렇게 한 문장으로 말할 수 있습니다. "우리가 스승을 더 이상 발견할 수 없다."

[04] 대학교에 들어갔습니다. 거기에서 무엇을 발견했습니까? 거기에 있는 것을 발견하기는 했는데, 찾고 있던 것을 발견하지는 못했습니다. 교수들은 자신들이 더 이상 스승이 아닌 연구인이 될 수 있다는 사실에 자랑스러워 했습니다. 대학교들이 연구 기관으로 자리 잡았습니다. 대학교들이 사람을 위해서는 더 이상 존재하지 않았습니다. 그것들은 과학을 위해서만 존재했습니다. 과학이 사람들 사이에 당당히 현존하였으며, 자신의 그 현존을 객관적이라 표현했습니다. 과학이 온갖 어조로 사람들에게 주입시킵니다. 자신을 객관적인 과학으로서 존경해야만 한다고. 이런 주제는 종종 형상적으로 표현할 수

밖에 없습니다. 그러니까 사람들 사이에 객관적인 과학이 당당히 거닐고 있습니다. 아무리 그래도 객관적인 과학이 인간은 될 수 없습니다. 인간적이지 않은 것이 인간들 사이에 돌아다니면서 스스로를 객관적 과학이라고 불렀습니다.

[05] 개별적인 상황에서 그것을 항상 다시금 체험할 수 있었습니다. 얼마나 자주 이렇게들 말합니까? "그것은 이미 발견되었어. 이미 과학에 속해." 새로운 것이 발견되면 과학에 첨부됩니다. 소위 말하는 그 과학의 보물이란 결국 저장시켜 놓은 것입니다. 그 저장된 것이 점차적으로 인류 내에서 끔찍한 객관적 현존을 확보했습니다. 하지만 인간은 그들 사이에서 의기양양하게 활보하는 그 객관적 존재에 어울리지 않습니다. 진정으로 진짜 인간이라면 다양한 방식으로 저장된 그 객관적이고 냉정한 존재와 실제적인 관계를 절대로 맺을 수 없기 때문입니다. 우리는 차츰차츰 도서관과 과학적 연구 기관을 갖게 되었습니다. 그런데 젊은 사람들 중 도서관을 즐겨 찾는 이가 있기는 합니까? 과학적 연구 기관 역시 찾지 않습니다. 그들은 도서관에서 —— 실로 말로 표현하기가 참 그렇습니다. —— 인간을 찾습니다. 그런데 그곳에서 무엇을 발견합니까? 도서관 사서입니다! 젊은이들은 과학적인 연구 기관에서 지혜를 위해, 진정한 인식을 위해 열정을 보이는 인간을 찾습니다. 실험실에서 과학적 연구 기관에서, 대학 병원 등등에서 흔히 발견할 수 있는 것을 발견할 뿐입니다. 늙은이들은 편안하게 지내는 데에 점차적으로 익

숙해져서 이제는 사실 전혀 존재하려고조차 하질 않습니다. 그 자리에 그들의 연구 기관, 그들의 도서관이 존재하도록 합니다. 그런데 인간은 절대로 그런 상황을 만들어 낼 수가 없습니다. 인간이 그런 방식으로 더 이상 존재하고 싶어 하지 않는다면, 그가 정말로 거기에 존재합니다. 그러면 그가 인간적인 것을 통해서가 아니라 납덩이 같은 무게를 통해 작용합니다.

[06] 다른 식으로도 말할 수 있습니다. 사람들이 자연을 추구하려고 애씁니다. 제가 이제 좀 극단적인 예를 들어 보겠습니다. 자연은 어린이들 주변에도 늘상 있습니다. 단지 어린이들은 영적 · 정신적으로 그 자연에서 얻는 것이 전혀 없습니다. 어린이들은 성인들과의 관계 내에서, 성인들과 함께 자연을 체험함으로써만 자연으로부터 어떤 것을 얻을 수 있습니다. 특정한 의미에서 이 사실은 청소년기 후반에 이르기까지 그렇습니다. 어린이들은 성인들과 더불어 살면서 그들과 함께 자연을 체험할 수 있습니다. 그런데 지난 수십 년간 그렇게 할 수가 없었습니다. 그 이유는 청소년들로부터 늙은이들에 이르기까지 서로 함께 자연을 이해시킬 수 있는 언어가 전혀 없었기 때문입니다. 늙은이들이 자연에 대해 말하면, 오히려 자연을 은폐하려는 듯이 들렸습니다. 그들이 식물에 부여하는 이름이 그 식물에 더 이상 들어맞지 않는 듯했습니다. 맞아떨어지는 것이 더 이상 없었습니다. 한편으로는 ≪식물≫이라는 수수께끼가 면전에 있었습니다. 늙은이한테서 그 이름을 듣기는 하지만 그것이 식물과

맞아떨어지질 않습니다. 인간이 완전히 차단되었기 때문입니다. 객관적인 존재 《과학》이 지구상에 떠돌아다녔기 때문입니다. 그 상태가 천천히, 차츰차츰 도래했습니다. 그것이 지난 수십 년간 일정한 정점에 이르렀습니다.

[07] 19세기에 일정한 정점에 이른 것이 개별적인 현상에서 아주 의미심장하게 드러납니다. 상상력이 조금이라도 있는 사람이 지난 세기의 고등 교육 기관에서 활동해 보았다면, 매 순간 그 객관적 존재 《과학》과 안면을 틀 수 있었습니다. 그 객관적 과학이 다양한 형태로 등장하기는 했지만 항상 하나의, 유일한, 진정한 객관적 과학이 되려고 했습니다. 그렇게 안면을 트고, 매번 다시금 객관적 과학을 소개받게 되면, 다른 존재가 부끄러워하면서 구석으로 살그머니 기어드는 것을 볼 수 있었습니다. 그 존재는 자신이 용납되지 않는다고 느꼈기 때문입니다. 반항심이 생겨나서 뒤에 숨어 몰래 그 존재와 대화를 좀 나눠 보면, 그 존재가 이렇게 말했습니다. "객관적인 과학 앞에서 내 이름을 더 이상 입에 올리지 마. 난 《필로-소피 Philo-Sophie 사랑-지혜》라고 해. 소피아, 그러니까 지혜가 내 이름이야. 《필로》, 사랑이 내게 하필이면 왜 이렇게 천박한 이름을 붙여주었는지 몰라. 내 성이 벌써 인간의 내면성과, 사랑과 관계가 있다고 사람들은 못 박아. 난 아무 데도 낯을 들고 다닐 수가 없어. 창피하기 이를 데 없단다. 《객관적 과학》은 자기에게 더 이상 《사랑》이 없다고 뽐내며 다녀. 그것은 이제 유품이었던 《지혜》마저도 사

실 잃어버렸어.[1] 하지만 내가 이렇게 돌아다니잖아. 난 그래도 내 안에 느낌과 인간성이라는 조금은 고상한 것을 지니고 있으니까." 이것이 바로 우리의 영혼 앞에 자주 나타날 수 있었던 형상입니다. 그런 형상 속에 수많은 젊은이들이 지난 십여 년간 불분명하게 느껴왔던 것이 펼쳐집니다.

[08] 표상에 하나의 표현이 있듯이, 느낌과 감성에 하나의 표현이 있듯이, 그렇게 사람이 실제로 찾는 것을 위한 하나의 표현을 발견하려고 항상 노력했습니다. 지난 수십 년간 필시 가장 열정적이었던 이들, 자신의 내면에서 젊은 열기를 가장 많이 느꼈던 이들이 가장 불분명한 표현 속에서 산책을 다녔습니다. 그들이 실은 이렇게만 알고 있었기 때문입니다. "우리는 무엇인가를 찾고 있다." 그들이 찾는 것을 표현하려고 하면, 그러면 아무것도 없었습니다. 《무無》는 정확하게 표현하자면 실제로 《삼라만상》이라는 단어를 따른 것입니다. 하지만 무로 드러납니다. 심연을 건너야만 했습니다. 그것이 느낌이었고, 근본적으로 보아 오늘날에 이르기까지도 그것이 느낌입니다. 이 느낌은 역사의 맥락 내에서만 이해할 수 있을 뿐 다른 길은 없습니다. 그런데 낡은 의미에서의 역사적 맥락이 아니라 새로운 의미에서의 역사적 맥락입니다.

---

1) 그리스어에서 철학은 'φιλω 사랑하다'와 'σφωία지혜'라는 두 단어를 합성한 φιλοσοφωία로 문자 그대로 직역하면 '지혜를 향한 사랑'이라는 의미가 있다.

⁰⁹ 이제 완전히 다른 주제를 이야기하려고 합니다. 모든 것들이 차츰차츰 함께 연결될 것입니다. 우리의 서력이 시작되었을 적에는 사람들이 오늘날과는 완전히 다르게 느낄 수 있었습니다. 당시의 느낌과 감성 속에는 오래된 것들이 많이 박혀 있었기 때문입니다. 영혼 안에 유산이 있었습니다. 서력이 시작되었던 시대에서뿐 아니라 중세가 깊어 갈 무렵에 이르기까지 그 유산이 전해 내려왔습니다. 그런데 오늘날에는 영혼들이 그 유산이 없이 세상으로 전치됩니다. 영혼들이 유산을 가지지 않고 세상으로 내려온다는 것을 근대 수백 년 사이에 특히 강하게 감지할 수 있습니다. 한편으로는 이 사실이 놓여 있습니다. 다른 한편으로는, 사랑하는 여러분, 우리 서력의 초기에 살았던 사람들에게 한번 물어보십시오. 우리가 오늘날 교육이라는 단어로 총괄하는 것들에 대해 그들이 당시에 그렇게 많은 이야기들을 했었는지. 과거로 점점 더 거슬러 올라갈수록 교육에 관해서는 점점 덜 논의됩니다. 물론 다양한 방식으로 교육에 관해 이야기할 수 있고 이런 말도 할 수 있습니다. "청소년들이 나이가 들어서 되고 싶은 것을 목표 삼아 교육을 통해서 스스로를 점차적으로 양성해 나아가야 한다." 우리가 아직은 이렇게 젊으니 결국 언젠가는 지상에서 늙어야 하지 않겠습니까?

¹⁰ 오늘날에 비해 과거에는 사람들이 자명한 방식으로 젊었고 또한 그렇게 나이를 먹었습니다. 오늘날에는 사람들이 사실 자연스러운 방식으로 젊고 늙을 수 없는 세상에 살고 있습니다. 어떻게 젊을 수

있고, 어떻게 늙어야 하는지 사람들이 이제는 더 이상 모릅니다. 그에 대해 전혀 모르기 때문에 끝없이 교육을 논의합니다. 어떻게 젊은이들을 젊게 만들어서 언젠가 나중에 존경받을 만한 식으로 늙을 수 있게 하는지 정말로 알고 싶어서이기 때문입니다. 하지만 일을 어떻게 풀어야, 사람이 젊게 살면서도 나중에 품위 있는 인간으로 늙을 수 있도록 예의 바른 방식으로 배울 수 있게 해 주는지는 모릅니다.

" 수백 년 전에는 그 모든 것들이 자연스러운 형태로 이루어졌습니다. 오늘날에는 교육에 관해 많이 논의합니다. 사람들이 교육에 대해 이야기하면서 그것이 얼마나 허황된 일인지는 대부분 잘 모릅니다. 왜 오늘날에는 거의 모두가 교육에 대해 말합니까? 자신이 나쁜 교육을 받았다고 인정해서가 아니라, 그 나쁜 교육으로 인해서 삶에 어려움을 겪고 있다고 여기기 때문입니다. 말하자면 자신이 막돼먹었다고 느끼기 때문에 사람들이 교육에 대해 이야기합니다. 자신이 막돼먹었다는 점은 시인합니다. 이 영역에서 올바른 것이라고는 정말로 전혀 체험하지 못했습니다. 그럼에도 불구하고 그에 대해 감히 판단을 내립니다. 내적으로 확신을 하지 못하기 때문에 교육 프로그램을 달라고 아우성입니다. 얼마나 강한 의지가 실은 사방에 존재하는지를 항상 주시할 수 있습니다. 그런데 아무 데에도 의지의 내용이 없습니다. 그리고 바로 젊은이들이 그 의지에 아무 내용도 없다는 것을 느낍니다. 왜 내용이 전혀 없습니까? 그 이유는 전반적인 지구 발달 내에서 아주 근대 들어서 정말로 새로운 것이 비로소 생겨났기 때문입니다.

¹² 이 점에 있어서 제가 커다란 윤곽으로만 암시할 수 있을 뿐이지만 그래도 참조가 될 만한 사항을 말씀드리겠습니다. 제 저서 중에 『신비학 개요』를 한번 들여다보면, 그것이 여러분의 영혼에 점점 더 드러날 것입니다. 지구 존재를 다른 우주적 현존에서 나온 유산으로 간주한 부분을 여러분이 그 책에서 발견하실 것입니다. 어떻게 부르든 아무 상관 없습니다. 제가 그것들을 옛 토성 존재, 옛 태양 존재, 옛 달의 존재라고 명명했습니다. 첫 번째 지구 현존은 다시금 그 이전에 있었던 우주 존재의 반복일 뿐입니다. 지구를 위해서 세 번의 반복기가 있었다고 말할 수 있습니다. 옛 토성 시대, 옛 태양 시대, 그리고 옛 달의 시대, 그 다음에 현재의 지구가 생겨났습니다. 그런데 사실상의 지구 시대, 아틀란티스 시대는 다시금 일종의 반복일 뿐입니다. 그 이전에 있었던 것이 더 높은 단계에서 반복할 뿐입니다.

¹³ 그 다음에 후기 아틀란티스 시대가 왔습니다. 더 높은 단계로 올라갔습니다. 하지만 다시금 이미 있었던 것의 반복입니다. 후기 아틀란티스 시대는 반복의 반복입니다. 실제로 인류는 15세기에 이르기까지 수많은 반복, 수많은 유산을 통해서 살아왔습니다. 15세기까지의 인간은 영적으로 백지가 아니었습니다. 인간의 영혼 속에 온갖 것들이 저절로 떠올랐습니다. 15세기 이래로 지구가 비로소 새로워

졌습니다. 겨우 15세기 이래로 지구가 새것이라는 사실을 사람들은 보통 고려하지 않습니다. 그 이전에는 인간이 항상 옛것으로 연명해 왔습니다. 15세기 이래로 인간이 아무것도 마주 대하고 있지 않습니다. 인간의 영혼이 백지 상태가 되었습니다. 그러면 15세기 이래로는 인간이 과연 어떻게 삽니까? 그 이전에는 다른 방식으로 상속받았던 것을 일단은 전통을 통해서 아버지로부터 아들에게 계속해서 물려주었습니다. 그래서 15세기부터 19세기 들어서까지 전통이 여전히 존재했습니다. 그런데 그 전통이 점차적으로 악화되었습니다. 그런 것을 세부 사항에서 볼 수 있습니다.

[14] 법률을 예로 들어 봅시다. 요즘 사람들이 하듯이 법률에 대해 말하기란 예를 들어 에리우게나 같은 인물에게는 도저히 상상할 수 없는 일이었을 겁니다. 당시만 해도 인간으로부터 인간에게 말하도록 이끌어 주고 안내했던 것이 영혼에 내재했었습니다. 그것이 이제는 더 이상 없습니다. 인간에게로 이끌어 주는 것이 영혼 안에 더 이상 없기 때문입니다. 무에서 이끌어 내줄 것을 발견하지 못했기 때문입니다. 당시에는 적어도 아버지가 아들에게 말해 줄 수 있었습니다. 18세기 말에는 아버지조차 아들에게 적절한 것을 더 이상 말해 줄 수 없는 지경에 이르렀습니다. 그러자 사람들이 일단은 소위 말하는 이성법을 발작적으로 찾았습니다. 어떻게 법을 통해서 표상과 느낌에 이를 수 있는지 이성을 짜내야만 한다는 것이었습니다. 그 와중에 예를 들어서 사비니 같은 사람이 이성에서는 더 이상 짜낼 것이

없다는 사실을 알아냈습니다. 그러자 역사법으로 건너갔습니다. 함께 모여 앉아서 예전에 무엇이 있었는지 연구했습니다. 사람들이 더이상 아무것도 지니지 않았기 때문에 벌써 오래 전에 죽어 버렸던 느낌으로 스스로를 가득 채웠습니다. 이성법이란 인간이 이미 잃어버린 것에 발작적으로 매달려 있는 형상입니다. 역사법이란 오늘날의 인간에게서는 아무것도 얻어 낼 수 없다는 사실에 대한 고백입니다. 그런 식으로 20세기로 들어섰습니다. 무를 면전에 대하고 있고, 인간에게서 무엇인가를 발견해 내야만 한다는 느낌으로 점점 더 불쾌해졌습니다.

[15] 그리스 시대에는 객관적인 과학에 대해 말하면 아무도 이해하지 못했을 겁니다. 당시에는 인간이 세상에 대한 자신의 관계를 다르게 표현했습니다. 그리스 인들은 정신적인 관조를 가리키면서 멜포메네에 대해, 우라니아에 대해, 순수 예술에 대해 논했습니다. 그 순수 예술들, 그것들이 비록 진정한 실재 존재들이었기는 했지만 그래도 지구상에서 거닐었던 존재들은 아니었습니다. 철학이 이미 생겨났었던 시대에 그리스 인들이 정신세계에 대한 자신의 관계로 느꼈던 것들은 아주 구체적이었습니다. 사람들이 뮤즈들을 정말로 사랑했었습니다. 뮤즈들이 진정한 존재들이었고, 실재 존재에 관계를 지니듯 그들과도 관계를 지녔습니다. 호머가 일리아스를 이렇게 시작합니다. ≪노래 불러다오, 뮤즈들이여, 페레이덴 아킬레우스의 분노를≫. 현대인들이 믿는 바와는 달리 호머는 그런 문장을 단순한 상

투어로 쓰지 않았습니다. 호머는 자신이 일종의 그릇이라고 느꼈습니다. 뮤즈들이 고차적 인간성으로서 그를 채우면서 그를 통해서 말했던 것입니다.

[16] 상투어가 이미 널리 퍼진 시대에 태어난 클롭슈토크가 더 이상 상투어로 말하지 않겠다고 하면서 적어도 이런 정도는 썼습니다. ≪노래 불러다오, 불멸의 영혼이여, 죄를 범한 인류에 구원의 노래를≫. 이 불멸의 영혼 역시 차츰차츰 인간에게서 사라졌습니다. 서서히, 점차적으로 그렇게 되었습니다. 기독교적 발달의 초기 몇백 년 동안에 그 구체적인 뮤즈들이 어떻게 서서히 끔찍하게 삐쩍 마른 부인들이 되어 가는지 볼 수 있습니다. 문법, 논리학, 수사학, 산술학, 기하학, 천문학, 그리고 음악, 그것들에서 모든 구체성이 사라졌습니다. 이미 보에티우스 시대에 구체적인 용모 대부분이 사라져 버렸습니다. 실은 정말로 더 이상 사랑할 수 없을 정도로 변했습니다. 그래도 오늘날 사람들 사이에 배회하는 그 ≪객관적 과학≫에 비하면 여전히 실팍하고 발랄한 몸매를 지니고 있었습니다. 고대에 인간이 정신적 세계에 대해 지녔던 관계를 서서히, 점차적으로 잃어버리고 말았습니다. 인간이 그 관계를 잃어버려야만 했습니다. 인간적인 모든 것을 자기 스스로로부터 형성할 수 있기 위해서 일단은 인간이 완전한 자유를 향해 발달해야만 했기 때문입니다. 그렇게 되도록 15세기 이래로 요구되었습니다. 그런데 19세기 말이 되어서야, 특히 20세기 들어서야 비로소 그것을 진정으로 감지하기 시작했습니다. 이제는

유산뿐만 아니라 전통도 모두 사라져 버렸기 때문입니다. 말하자면 아버지들이 아들들에게 더 이상 할 말이 없습니다. 이제는 "무를 마주 대하고 있다."고 느낍니다. 근본적으로 지구가 새롭게 되었다고 느낍니다.

[17] 제가 방금 말씀드린 것을 역시 다른 방식으로도 표현할 수 있습니다. 그리스도 사건이 들어서지 않았더라면 지구가 과연 어떻게 되었을지에 대해 질문을 해 볼 수 있습니다. 그리스도 사건이 일어나지 않았다고 가정해 봅시다. 그러면 지구가 인류의 영적·정신적 삶 속에서 서서히 말라비틀어졌을 것입니다. 그리스도 사건은 오늘날까지 미루어질 수 없었습니다. 모든 낡은 유산이 탕진되는 시점 이전에 그리스도 사건이 일어났어야만 했습니다. 그래서 적어도 그 낡은 유산으로 그리스도 사건을 감지할 수 있도록 하기 위해서였습니다. 이렇게 한번 상상해 보면 알 수 있습니다. 우리의 서력 초반에 일어났던 그리스도 사건 같은 것이 19세기 말이나 20세기 들어서 일어났더라면 우리 시대의 사람들이 그런 요구에 대해 얼마나 비웃었을는지! 그리스도 사건 같은 것이 어떤 의미가 있다니! 그런 의도에 대해 사람들이 무엇을 느꼈을지 전혀 상상할 수 없습니다. 그리스도 사건이 있었던 시대에는 다른 느낌이 존재해야만 했습니다. 무를 대하고 서 있다는 느낌이 거기에 있어서는 안 되었습니다. 후기 아틀란티스 네 번째 문화기에서 초반 삼 분의 일에 해당하는 시점에 그리스도 사건이 들어섭니다. 그 초반 삼 분의 일에 해당하는 시

점에 그리스도 사건이 일어났던 문화기, 즉 네 번째 문화기에서 낡은 것이 완성되었습니다.

[18] 15세기에, 우리가 현재 살고 있는 후기 아틀란티스 다섯 번째 문화기와 더불어 새로운 것이 시작됩니다. 이 문화에는 전통이 없습니다. 전통이 서서히 꺼져 버렸습니다. 지금은 인간이 그리스도 사건과 관련해서, 더 깊고, 더 내밀한 종교 문제와 관련해서 아주 분명하게 무를 마주 대하고 있습니다. 왜냐하면 심지어 신학자들을 위해서도 그리스도 사건이 점차적으로 이해할 수 없는 물건이 되어 버렸기 때문입니다. 현대 신학자들로부터 그리스도 사건에 대해 이해할 만한 표상을 얻도록 한번 시도해 보십시오! 오늘날에는 예수에게서 그리스도를 제거해 버리고 더 이상 그에 대해 논쟁하지 않는 이가 최상의 신학자로 인정됩니다. 인간이 무를 마주 대하고 있다는 점이 아주 분명하게 드러납니다.

[19] 제가 말씀드리는 것들 모두 그저 증상일 뿐입니다. 이런 문제들은 인간 영혼 생활의 더 깊은 층으로 내려가기 때문입니다. 더 깊은 그 층들이 지난 수십 년간 태어난 사람들의 영혼으로 이렇게 표현할 수 있는 것을 주문처럼 불어넣습니다. "인간은 세계 사건의 흐름에 대한 연결 고리가 풀린 듯이 느낀다." 엄청난 힘으로 밀쳐질 때에 생기는 충격과 비교할 수 있는 것이 인간의 영적 발달에 실제로 들어섰습니다.

[20] 제 손이 독자적으로 느낄 수 있다고 한번 상상해 보십시오. 그런

데 손이 제게서 잘려 나갔습니다. 손이 무엇을 느끼겠습니까? 잘려
나간 채 썩어 간다고 느낄 것입니다. 더 이상 살아 있다고 느끼지 않
을 것입니다. 바로 그와 같이 지난 19세기의 마지막 30년 이래로 영
혼이 세계 사건의 보편적인 흐름으로부터 잘려 나간 듯이 느낍니다.
연결 고리가 풀린 듯이 느낍니다. 그리고 불안하게 질문합니다. 내
가 어떻게 영혼 안에서 다시금 살아날 수 있을까?

²¹ 다시금 삶을 가져올 수 있는 자극으로부터 말을 하려고 노력하
면, 그러면 낡은 정신생활의 의미에서 계속해서 대충 살아가려는 사
람들은 그 말을 전혀 이해하지 못합니다. 발도르프 학교 건립 같은
일에 대해 삶으로부터 이끌어 내어 이야기하는 것을 사실 거의 이
해하지 못합니다! 대부분의 사람들은 발도르프 학교에 대해서 들어
야 할 것은 듣지 않고 완전히 다른 것을 듣습니다. 수십 년 전에 이
미 이야기했던 바와 같은 말만 듣습니다. 오늘날 발도르프 학교에
대해 말하는 그 단어들을 책에서 찾아볼 수 있습니다. 예전에 있었
던 책들에서 그 단어들 모두 발견할 수 있습니다. 어떤 사람이 다른
단어를 사용하려고 하면, 다른 단어까지도 아닙니다. 그저 문장 형
태만 조금 다르게 하면 사람들은 이렇게 말합니다. "그런 것은 좋지
않은 문체야." 아직은 몸 속에 영혼을 가진 인류가 무를 직면하고 있
는 현재 무엇이 일어나야만 하는지 여러분은 짐작조차 할 길이 없
습니다.

²² 발도르프 학교 교육에 대해 언급하면, 다른 교육에 대해 들을 때

와는 다른 귀로 들어야만 합니다. 심지어는 대안교육에 대해서 들을 때와도 달리 들어야 합니다. 사람들이 지금 당장 답을 듣고 싶은 그 질문에, 다른 교육체계에서 외관상 그럴듯해 보이는 답을 얻는 그 질문에 대해 발도르프 학교 교육은 어떤 대답도 주지 않습니다! 도 대체 그 질문이 무엇을 겨냥합니까? 보통은 상당히 많은 이성을 겨 냥합니다. 그런데 현재 그 이성이 끝없이 많이 있습니다. 이성, 지 성, 명민함, 그런 것들은 오늘날 엄청나게 만연되어 있는 품목들입 니다. 아이를 어떻게 교육시켜야 할지, 이러저러한 것을 아이에게 어떻게 가르쳐야 할지 등과 같은 질문에 끔찍하게 이성적으로 답변 합니다. 그 모든 것이 궁극적으로는 이런 식으로 흘러갑니다. "아이 에게서 무엇이 내 마음에 드는가? 아이를 내 마음에 드는 대로 만 들기 위해서 어떻게 하면 되는가?" 그런 것은 인류의 더 깊은 발달 과정을 위해서 더 이상 아무 의미가 없습니다! 그런 질문에 대해 발 도르프 학교 교육은 전혀 답변하지 않습니다.

[23] 발도르프 학교 교육이 어떻게 말하는지 일단 형상적으로 성격화 해 보고자 한다면, 교육에 관해서 흔히 하는 식과는 완전히 다르게 표현한다고 말하지 않을 수 없습니다. 발도르프 학교 교육은 교육학 적 체계가 아닙니다. 인간 안에 있는 것을 일깨우기 위한 예술입니 다. 근본적으로 발도르프 학교 교육은 전혀 교육하려 들지 않습니 다. 그것은 일깨우고자 합니다. 왜냐하면 오늘날에는 일깨우는 것이 관건이기 때문입니다. 우선은 교사들을 일깨워야 하고 그 다음에 교

사들이 어린이들과 청소년들을 일깨워야 합니다. 인류가 세계 발달의 지속적인 흐름으로부터 단절된 이후로는, 차단된 이후로는 실제로 일깨우기에 관한 문제입니다. 손을 옥죄면 마비되듯이 인류도 정신적 · 영적으로 잠이 들었습니다. 15세기 이래로 사람들이 엄청나게 진보했고, 상당히 영리해졌다고 여러분이 이의를 제기하실 테지요. 네, 세계 대전이 사람들에게 될 수도 있었던 정도의 체험은 되지 않았지만, 그래도 그 전쟁을 통해서 사람들이 그렇게 영리해지지는 않았다는 사실을 적어도 조금은 인정했습니다. 세계 대전이 일어나지 않았더라면 누가 압니까? 얼마나 자주 이런 말을 들어야 할지. "우리가 정말 기가 막히게 많이 진보했어!" 그러면 참으로 아니꼬울 테지요.

[24] 사실 옳습니다. 지성에 있어서는 인류가 15세기 이래로 엄청나게 진보했습니다. 그 지성은 소름끼치도록 유혹적인 면이 있습니다. 모든 사람들이 지성 내에서 자신이 깨어 있다고 여기기 때문입니다. 하지만 지성은 우리에게 세상에 대해 아무것도 가르치지 않습니다. 지성은 실재에 있어서 세상에 대한 꿈에 불과합니다. 지성 내에서 인간이 가장 강렬하게 꿈을 꿉니다. 객관적인 과학이 지성으로 가장 많이 일하면서, 지성을 관찰과 실험에 적용하면서 근본적으로는 세계에 대해 꿈을 꿉니다. 꿈꾸기에 머뭅니다. 지성을 통해서는 인간이 세계와 객관적인 관계를 지닐 수가 없습니다. 사람이 세계로부터 단절된 이후로 지성은 자동적으로 계속되는 사고입니다. 바로 그래

서 오늘날의 인류가 자신의 영혼을 내면에서 느끼면, 영혼 안에서 스스로에 대한 느낌을 얻으면 다시금 세계에 대한 연결을 찾는 것입니다. 다시금 세상에 도착하려고 찾고 있습니다. 15세기에 이르기까지는 인간이 긍정적인 유산을 여전히 지녔던 반면, 지금은 거꾸로 된 유산을, 부정적인 유산을 대하고 있습니다. 실로 기이한 발견을 합니다.

[25] 15세기에 이르기까지는 인간 영혼이 세계 발달로부터 상속받은 것을 어느 정도까지는 기꺼이 받아들였습니다. 그때까지만 해도 세상이 끝까지 굴러가지 않았었고, 인간과 세계 간의 연결 고리가 풀리지 않았었습니다. 주어진 것을 감사하게 받아들일 수 있었습니다. 연결 고리를 잃은 오늘날에도 사람은 자신의 협력이 없이 세상으로부터 받는 것에 대해 숙고해 볼 수 있습니다. 그러면 정말 기이한 것을 발견하게 됩니다. 유산을 상속받으면서 그에 대해 정확하게 알아보지 않은 사람과 비슷하다는 생각이 듭니다. 나중에 모두 함께 계산을 해 보니 부채가 자산보다 더 많다는 것을 알게 됩니다. 유산 상속을 거부할 기회를 놓친 것입니다! 그렇고 그런 액수의 빚을 걸머지게 되고, 그것을 지불하지 않을 수 없습니다. 그것이 바로 부정적 유산입니다. 그런 일이 생길 수 있습니다. 그런 식으로 인류 역시 그들의 영혼 안에 부정적인 유산을 지니고 있습니다. 심지어는 인류 내에 일어났던 가장 위대한 사건과 관련해서조차도 그렇습니다.

[26] 골고다의 신비가 일어났던 시점까지는 인류가 그 골고다의 신비

를 이해할 필요가 없었습니다. 그것이 그때까지는 일어나지 않았었기 때문이지요. 골고다의 신비가 일어났습니다. 그 다음 시대에는 낡은 유산의 자투리로 가물가물 꺼져 가듯 이해할 수 있었습니다. 그 다음에 15세기가 왔습니다. 그런 유산은 더 이상 남아 있지 않았지만 아버지가 아들에게 골고다의 신비가 과연 어떤 연관성 내에 있는지에 대한 이해를 물려줄 수 있었습니다. 오늘날에는 그 모든 것이 아무 소용 없습니다. 사람들이 너무 영리합니다. 네 복음서의 모순을 알아볼 수 있을 정도입니다. 하지만 7, 8세기 적 사람들 역시 네 복음서의 모순을 알아볼 수 있을 만큼은 영리했었습니다. 그 모순을 알아보기란 누워서 떡먹기입니다. 그런데 19세기가 들어서자 그 모순을 검사하기 시작하는 것입니다. 삶의 모든 영역에서도 마찬가지입니다. 지성을 과대평가합니다. 그리고 골고다의 신비에 대한 감각, 의식은 잃어버렸습니다. 종교적 감각을 의식에서 잃어버렸습니다. 하지만 영혼의 아주 깊은 내면에서는 그 감각을 잃어버리지 않았습니다. 그래서 젊은이들이 알고 싶어 합니다. "골고다의 신비는 과연 어떠했었는가?" 늙은이들은 그에 대해 무엇을 말해야 할지 몰랐습니다. 그렇다고 해서 젊은이들이 무엇인가를 알고 있다고도 저는 말하지 않겠습니다. 대학교가 그에 대해 알고 있으리라고도 말하지 않겠습니다. 그들이 그에 대해 실은 어떤 것을 알고 있어야 한다고 표현하겠습니다.

²⁷ 영혼의 깊은 저변에서 혼돈스럽게 부침하는 것을 명료하게 요약

하자면 이렇습니다. "영혼의 내면에서 골고다의 신비를 이해하려는 갈망이 있다." 새로운 그리스도 체험을 찾고 있는 것입니다. 우리는 필연적으로 그리스도 사건의 새로운 체험을 직면하고 있습니다. 그 사건의 첫 번째 형태는 낡은 영혼 유산의 나머지로 체험해 왔습니다. 그 영혼 유산이 15세기에 이르러 모두 탕진되었기 때문에 전통을 통해서 연명해 왔습니다. 19세기 후반의 30년 동안에 비로소 완전한 암흑 상태가 되었습니다. 낡은 유산이 전혀 남아 있지 않았습니다. 인간 영혼의 암흑으로부터 빛을 다시금 찾아야만 합니다. 정신세계가 새롭게 체험되어야만 합니다.

28 이것이 바로 오늘날 청년 운동의 더 깊은 성격에 박혀 있는, 영혼 안에서의 의미심장한 체험입니다. 인류의 세계 역사적 발달 내에서 처음으로 철저하게 인간 스스로에서 나오는 무엇인가가 체험되어야만 한다는 사실이 절대로 피상적인 의미에서가 아니라 아주 심오한 의미에서 분명해집니다. 이 사실을 모르는 한 교육에 관해 논의할 수 없습니다. 가장 깊은 저변으로터 이렇게 물어보아야만 합니다. "어떻게 인간 영혼 내에서 가장 원초적인 정신 체험에 이를 수 있는가?" 이 점을 분명히 해야만 합니다.

29 인간 영혼 내에서의 가장 원초적인 정신 체험이 새 세기가 들어서는 시점에, 완전히 포괄적이면서 무언의 인간 수수께끼로서, 세계 수수께끼로서 인간의 깨어남 앞에 서 있습니다. 질문은 이렇습니다. "인간이 자신 내면에 지닌 가장 깊은 것을 어떻게 일깨울 수 있는

가? 어떻게 인간이 스스로 깨어날 수 있는가?" 성장하는 세대에서도 가장 열정적인 정신의 소유자들이 다음과 같은 상태에 있다고 말할 수 있습니다. —— 이런 주제는 형상으로만 표현할 수 있을 뿐입니다. —— 어떤 사람이 아침에 비몽사몽 간에 깨어납니다. 사지가 노곤하고 문자 그대로 잠을 자는 상태에서 벗어나질 못합니다. 바로 그런 식으로 오늘날의 인간이 흡사 잠을 자는 상태를 벗어날 수 없는 것처럼 느낍니다.

[30] 지난 수십 년간 다양한 형태로 표현되었고, 지금도 역시 공감이 가는 방식으로 영혼으로 비쳐드는 그 추구의 근저에 이 사실이 놓여 있습니다. 젊은이들의 공동체적 추구 내에 그것이 표현됩니다. 인간이 무엇인가를 찾고 있습니다. 제가 어제 이렇게 말했습니다. "인간이 인간을 잃어버렸다. 인간이 다시금 인간을 찾고 있다." 15세기에 이르기까지는 사람들이 서로를 잃어버리지 않았었습니다. 당연히 세계 발달을 다시 되돌릴 수는 없는 일입니다. 그렇게 하기를 바란다면 그 역시 끔찍한 일이겠지요. 우리는 절대로 반항적으로 대처해서는 안 됩니다. 그래도 역시 이렇게 말하지 않을 수 없습니다. "15세기에 들어서까지도 인간이 인간을 여전히 발견할 수 있었다." 15세기 이래로는 타인이 인간이라는 사실을 알려 주는 흐릿한 사고 형상을 전통으로부터, 그리고 아버지들이 말해 줄 수 있었던 것으로부터 얻을 수 있었습니다. 자기 옆에 살고 있는 형상, 그것도 역시 인간이라는 사실을 흐릿하게 감지했었습니다. 20세기와 더불어 그것

역시 사라졌습니다. 이제는 무엇인가를 말해 줄 전통도 더 이상 남아 있지 않습니다. 그래도 인간이 인간을 찾습니다. 정말로 인간을 찾고 있습니다. 왜? 실은 완전히 다른 것을 찾고 있기 때문입니다.

³¹ 세기의 전환기를 전후해서 일어났던 식으로 계속 간다면, 아무도 깨어나지 않을 것입니다. 다른 사람들 역시 아무도 깨울 수 없기 때문입니다. 궁극적으로는 사람들이 서로 간에 무엇인가가 되어야만 합니다. 공동체 내에서도 역시 사람들이 서로 간에 무엇인가가 되어야만 합니다. 발도르프 학교 교육 내에 살고 있는 모든 것을 통해서 처음부터 두루 비추었던 것 역시 바로 그 점입니다. 발도르프 학교 교육은 원칙으로 이루어진 체계가 아니라 일깨우기 위한 자극이 되어야 합니다. 기술이 아니라 예술이 되어야 합니다. 생동감 넘치는 행동, 일깨우는 행위가 되어야 합니다. 일깨워야 한다면 그것이 관건입니다. 인간이 세계 발달을 통해서 일단은 잠에 빠져들었기 때문입니다. 지성적인 꿈으로 가득 찬 잠에 빠져들었습니다. 평상시의 꿈에서도 인간은 자주 과대망상적입니다. 그런데 그 평상시의 꿈은 지성적 꿈에 비하면 하잘것없는 녀석입니다.

³² 일깨움에 관한 일이라면 지성주의를 지속하면서는 아무것도 할 수 없습니다. 세상에 배회하는 객관적 과학은 모든 낡은 옷들을 벗어던졌습니다. 낡은 옷가지 사이 어디엔가 조금이라도 인간적인 것이 숨겨져 있을까 두려워서입니다. 그리고 짙은 안개로 된 껍데기, 객관성이라는 껍데기로 무장했습니다. 바로 그래서 과학의 객관성

으로서 돌아다니는 것에 관해서는 아무것도 알아볼 수 없습니다. 인간적인 것이 다시 필요합니다. 사람들이 일깨워져야만 합니다.

[33] 네, 사랑하는 여러분, 일깨워져야 한다면, 바로 그 골고다의 신비를 다시 한 번 체험해야만 합니다. 그런데 골고다의 신비에서는 지상의 예수 외에 다른 정신 존재가 역시 지상으로 내려왔습니다. 옛날에는 사람들이 낡은 힘을 통해서 그 사실을 파악했습니다. 20세기부터는 새로운 힘을 통해서 그 사실을 파악하도록 요구되고 있습니다. 오늘날의 젊은이들이 스스로를 올바르게 이해한다면, 의식 속에서 — 당시처럼 선잠 상태의 낡은 힘 속에서가 아니라 — 일깨워지기를 요구합니다. 그것은 정신을 통해서만 가능합니다. 찾고 있는 그 공동체 내로 실로 정신의 섬광이 내리쳐 들어와야 합니다. 정신이 그 일깨우는 자명종이 되어야만 합니다. "우리가 실은 무를 마주 대하고 있다." 우리 시대에 일어나는 세계 사건의 이 비극적 형상을 분명히 인식해야지만 우리가 계속 전진할 수 있습니다. 우리가 사실 무를 마주 대하고 있습니다. 지구 발달 내에서 인간적 자유의 기본 토대를 마련하기 위해서 필연적으로 그 무에 이르렀어야 했다는 사실을 분명히 해야만 합니다. 무를 마주 대해서 우리는 정신 내에서 깨어나야 할 필요가 있습니다.

[34] 그 무엇도 아니고 오로지 정신만, 제가 어제 이야기했던 그 덧창문을 열 수 있습니다. 정신이 없다면 그 덧창문은 꼭꼭 닫혀 있을 것입니다. 객관적 과학, 저는 그것을 비난하지 않습니다. 그것의 위대

한 공로를 부인하지도 않습니다. 그럼에도 불구하고 그 객관적 과학은 덧창문을 잠궈 둘 것입니다. 과학은 지상적인 것만 다루려고 하기 때문입니다. 그런데 15세기 이래로 지상적인 것에는 인간을 일깨울 만한 것이 더 이상 없습니다. 인간 자신의 내면에 있는 초지상적인 것, 그것에서 찾아야만 합니다. 오늘날 등장하는 형태에서 보아 그것은 실로 가장 심오한 구함입니다. 조금은 새로운 것에 대해 말하면서 진지하게, 진실하게 자신의 내면에 존재하는 이들이 이렇게 자문해 보아야 합니다. "우리가 우리 자신 안에서 어떻게 그 초지상적인 것, 초감각적인 것, 정신적인 것을 찾을 수 있는가?" 그것에 다시금 지성주의적 형태의 옷을 입힐 필요는 없습니다. 진정으로 아주 구체적인 형태로 그것을 찾을 수 있습니다. 그런 형태로만 찾아야 합니다. 지성주의적 형태로는 그것을 절대 찾을 수 없다고 장담합니다. 왜 여러분이 오늘 여기에 모였는지 제게 물어보신다면 저는 이렇게 대답할 수 있을 뿐입니다. "우리가 어떻게 정신을 발견하는가?"라는 질문이 여러분 안에 살고 있기 때문이라고. 여기까지 오도록 여러분을 몰아댄 것을 올바르게 조명해 보십시오. 그 다음에 자문해 보십시오. "현대라는 시대로부터 우리 안에서 일하고 있는 그 정신을 어떻게 발견할 수 있는가? 우리가 어떻게 그 정신을 발견할 수 있는가?" 앞으로 남은 일정 동안 그 정신을 발견하도록 노력해 봅시다, 사랑하는 여러분.

3강 진정한 정신에 대한 감각을 키우라

1922년 10월 5일, 슈투트가르트

⁰¹ 제가 앞으로 며칠간 여러분께 말씀드리고 싶은 내용의 근거를 얻기 위해서 가장 구체적인 의미에서의 정신에 관해 먼저 말씀드려야만 하겠습니다. 특정한 측면으로부터 부탁드리고 싶은 바는, 여기에서 정신으로서 의도되는 것에 대해 여러분이 적어도 기본적인 감각을 발달시키라는 것입니다.

⁰² 오늘날 과연 무엇이 인간에게서 실제로 고려됩니까? 아침에 깨어나서 밤에 잠들 때까지 인간이 의식을 가지고 하는 체험만 고려됩니다. 오늘날에는 깨어 있는 상태에서의 체험만 고려되고 세계로 간주됩니다. 여러분이 직접적인 시대의 소리에 귀를 기울이고, 그 소리의 의미에서 느끼도록 습관을 들인다면 아마도 이렇게 자문해 볼 수 있을 겁니다. "항상 그러했었던가? 옛사람들은 깨어 있는 상태의 체험 외에 혹시 다른 것도 그들이 실재라고 이해했던 것에 역시 포함시키지 않았었을까?"

⁰³ 인류가 옛 문화기로 회귀해야 한다고 말하려는 게 절대로 아닙니다. 그런 생각은 제게 너무나 소원합니다. 앞으로 전진해야지 퇴보하자는 말이 아닙니다. 그런데 적어도 우리가 방향을 잡기 위해 한번 되돌아가 볼 수는 있습니다. 15세기의 그 시점 이전으로, 제가 어제 강조했던 그 시점 이전으로 돌아가 볼 수 있습니다. 그러면 이렇게 말할 수밖에 없습니다. "당시 사람들이 세상에 대해 말했던 모든 것에, 오늘날에는 사실이라기보다는 공상이라고 간주되는 것이 들어 있었다." 옛 시대에 대한 내용이 담긴 문헌들을 —— 문헌이 그에 대한 최소한의 것이기는 하지만 —— 아주 피상적으로 뒤져 보기만 해도 알 수 있습니다. 오늘날 《소금》, 《수은》, 《유황》이라는 명칭으로 표시하는 것들이 거기에서 언급되는 경우를 보면, 우리가 그 명칭들을 말할 때 아주 두려워하면서 배제시키는 것들을 옛 사람들은 상당히 많이 포함시켜 이해했었다는 점을 알 수 있습니다. 이렇게 말입니다. "당시 사람들은 소금, 수은, 유황 등에 대해 말하면서 상상에서 나온 것도 덧붙였었다."

⁰⁴ 왜 오늘날에는 그런 것을 두려워하면서 배제시키는지, 그에 관해서는 언급하지 않겠습니다. 하지만 옛사람들은 예를 들어서 유황에서 관조했던 것을 감각적으로 주어진 유황에 더해서 감지했었습니다. 오늘날의 사람들이 색을 보는 것과 같은 이치였습니다. 사물의 주변이 정신적·에테르적인 것으로 은은히 빛났습니다. 예전에는 전체 자연이 인간에게 정신적·에테르적인 것으로 빛을 뿜어내

는 듯했습니다. 4, 5세기 경에 이르면서 비록 그 빛이 상당히 바래지긴 했지만 그래도 인간을 위해서는 여전히 존재했었습니다. 빨간색이 우리의 환상에서 나오지 않듯이 그런 것 역시 그들의 환상에서 나오지 않았습니다. 그들은 그것을 보았습니다.

[05] 어째서 옛사람들은 그런 것을 보았겠습니까? 그 이유는 잠들어서 깨어날 때까지 했던 체험에서 무엇인가가 여전히 흘러나왔기 때문입니다. 깨어 있는 상태에서는 당시의 사람들 역시 유황이나 인燐, 소금에서 오늘날의 사람들이 체험하는 이상으로는 체험할 수 없었습니다. 그런데 옛사람들의 경우에는 깨어 있는 상태에서도 잠이 영적으로 비생산적이지 않았습니다. 잠이 하루의 일상으로 여전히 건너왔습니다. 사람들이 외부에 있는 것을 더 포화된 상태로, 더 집중적인 방식으로 체험했었습니다. 이 사실을 근거로 삼지 않고는 옛 시대를 전혀 이해할 수 없습니다.

[06] 옛사람들이 인이나 유황 등에서 체험했었던 것이 나중에는 명칭이 되었습니다. 추상적인 것이 되었다는 말이지요. 정신이 전통이 되어 추상성으로서 전해졌습니다. 19세기 말에는 사람들이 그것들에서 정신에 대해 더 이상 생각할 수 없는 상태에 이르렀습니다. 적어도 더 이상 느낄 수 없게 되었습니다. 그런데 엄청나게 많이 진보했다고 자부하는 외적인 문화에서는 당연히 인간이 깨어 있는 의식으로 개입하는 것이 아주 본질적입니다. 당연히 깨어 있는 의식으로 기계를 고안해 내겠지요. 하지만 그렇게 하면 자신에게 할 수 있는

것이 별로 없습니다. 우리가 항상 깨어 있어야 한다면 우리는 금세 노인이 될 것입니다. 늦어도 이십대 말에 백발의 노인이, 오늘날의 노인들보다 훨씬 더 소름끼치게 호호백발의 노인이 될 것입니다. 우리가 언제나 깨어 있을 수는 없습니다. 우리 유기체에 내적으로 일하기 위해 필요한 힘은 오로지 잠이 든 후부터 깨어나기 전까지만 체험되기 때문입니다. 사실이 그렇습니다. 인간이 깨어 있는 의식으로는 외적인 문화를 위해서나 아주 잘 일할 수 있습니다. 하지만 자신에게는 오로지 잠자는 의식으로만 일할 수 있습니다. 옛 시대에는 그 잠자는 의식으로부터 깨어 있는 상태로 많은 것들이 흘러들었습니다.

⁰⁷ 잠자는 의식으로부터 깨어 있는 의식으로 방울방울 조금씩 떨어져 들어오던 것이 멈추었습니다. 그것이 바로 15세기 중반에 일어난 격변이었습니다. 제가 형상적으로 표현하자면 이렇게 말씀드릴 수 있을 테지요. 서양 문화에서 10세기, 11세기에만 해도 사람들이 잠들어서 일어날 때까지 자신 내면에서 신적·정신적 힘들이 일을 한다는 느낌을 깨어난 상태에서도 지니고 있었습니다. 의식이 깨어 있는 동안에 쾌적하게 내리쬐는 햇빛에서 무엇인가를 느끼듯이 신적·정신적 힘들로부터 나오는 무엇인가를 느꼈습니다. 그리고 잠이 들기 전에 모든 사람 내에, 저는 자연력에 의한 근원적인 기도정서라고 말하고 싶은데, 그런 종류의 것이 있었습니다. 좀 더 인식의 경향이 강한 사람이었다면 적어도 어느 정도까지는 그들의 영혼을

신적 · 정신적 힘들에 위탁한다는 마음가짐으로 잠이 들고자 애썼습니다.

08 그 당시에 정신적인 삶을 위해 선택된 사람은 제가 방금 성격화한 정서를 실제로 연마하도록 교육되었습니다. 19세기 말에는 그것이 이미 다른 것으로 대체되었습니다. 가장 정신적이라 자부하는 사람들이 다른 방식으로 잠을 준비하게 되었습니다. 사람들이 어떻게 잠을 준비하는지 저는 자주 듣고 보았습니다. "맥주를 한잔 해야겠다. 그래야 잠들기 좋게 노곤해지니까." 그런 식이 되었습니다. 정말 기괴하게 들립니다. 옛 시대에는 입문하려는 사람이, 달리 말하자면 당시의 학생들이 정말로 성스러운 방식으로 신전의 잠을 준비했었습니다. 그 과정에서 인간 공동체를 정신세계와 함께 주목하도록 했었다는 사실은 도외시하더라도, 잠의 상태를 통해 정신세계를 들여다보는 것이 지난 문화 시대의 사람들에게는 전적으로 의식적인 추구였습니다. 그것은 전적으로 역사 속에 존재하는 사실입니다.

09 특히 오늘날에는 문화 발달 내에서 일어났던 것들을 고찰하면서 한 번쯤 이렇게 물어보지는 않습니다. "인류 내에서 교육적인 면에서는 어떻게 되었는가?" 인간 전체가 아니라 항상 한 부분만 주시하기 때문에 그렇습니다. 옛날 사람들은 정말로 아주 어린애들 같았었던 반면 우리는 오늘날 굉장히 진보해서 특정한 것들에 대해 진실을 알고 있다고 믿는다면, 바로 눈앞에 있는 정신적 지평선보다는 조금 더 멀리 내다볼 수 있는 사람에게 기이한 인상을 줍니다. 오늘

날의 물리학 역사가 어떻게 쓰여 있는지 한번만 읽어 보십시오! 흡사 얼마 전까지만 해도 유치한 표상들이 만연했다가 마침내 오늘날 영원히 남을 지식에 이른 듯합니다. 특정한 것들에 관해서는 전적으로 그런 식으로 상상합니다. 인류가 아동기적 시대에 자연에 대해 형성했던 표상과 오늘날에 달성한 것 간에 엄격한 경계선을 긋습니다. 오늘날 과학적으로 수용하는 것이 세계 역사의 맥락 내에서, 교육 방식에 있어서 인간에게 어떻게 작용하는지를 물어보려는 생각은 하지 않습니다.

 [10] 모든 교육적인 면은 일단 차치하고 현재의 관점에서 좀 오래된 자연 과학 서적을 고찰해 봅시다. 우리에게 유치해 보입니다. 그런데 현재의 관점과 입장을 일단 무시하고 이렇게 물어봅시다. "당시의 책이 어떻게 인간을 교육했을까? 그리고 오늘날의 책은 어떻게 교육하는가?" 오늘날의 책들은 아주 영리하고, 당시의 책들은 아주 몽상적이라고 할 수 있습니다. 하지만 대체적인 교육적 가치를 물어보면 이렇게 말하지 않을 수 없습니다. "당시 사람들이 책을 읽을 기회가 있었다면, —— 책 읽을 일이 그리 흔치 않았습니다. 그것은 엄숙한 의식과 같았습니다. —— 그러면 책이 그 사람의 영혼 깊은 곳으로부터 무엇인가를 이끌어 내었습니다." 책을 읽는다는 것이 진정으로 성장과 유사했습니다. 생산적인 힘이 인간의 유기체로부터 떨어져 나왔습니다. 인간이 그 생산적인 힘을 느꼈습니다. 거기에 실재적인 무엇인가가 있다고 느꼈습니다. 오늘날에는 모든 것이 논

리적 · 형식적입니다. 모든 것을 형식적으로, 지적으로 받아들입니다. 그런데 의지는 없이 머리로만 받아들입니다. 머리로만 받아들이고, 오로지 신체의 머리 조직에만 의존하기 때문에 책이 진정한 인간됨을 위해서는 비생산적입니다.

[11] 오늘날 사람들이 물질주의에 대항합니다. 사랑하는 여러분, 물질주의와 투쟁하지 않는 편이 오히려 더 현명합니다. 물질주의가 과연 무엇을 주장합니까? 사고가 두뇌의 산물이라고 주장합니다. 오늘날의 사고는 두뇌의 산물입니다! 사고가 두뇌의 산물이라는 점, 바로 그것이 비밀입니다. 오늘날의 사고와 관련해서는 물질주의가 완전히 옳습니다. 15세기 중엽 이전의 사고에 대해서는 그렇지 않습니다. 당시에는 사람들이 두뇌로만이 아닌 두뇌 안에 살고 있었던 것으로 생각을 했었습니다. 살아 있는 개념을 지녔었습니다. 당시의 개념들은 살아 있었기 때문에 흡사 개미떼를 보는 듯한 인상을 주었습니다. 오늘날의 개념들은 죽어 있습니다. 오늘날의 사고가 영리하기는 합니다. 하지만 끔찍히도 게으릅니다. 사람이 사고를 감지하지 않습니다. 사람이 그것을 덜 감지할수록 더 사랑합니다. 예전에는 사람이 생각을 하면 그것이 영혼의 실재였기 때문에 굼실거리는 느낌이 들었습니다. 요즘 사람들은 사고가 항상 오늘날과 같았다고 사기칩니다. 오늘날의 사고는 두뇌의 산물입니다. 과거의 사고는 두뇌의 산물이 전혀 아니었습니다.

[12] 오늘날의 사고가 두뇌에 의존적이라는 사실을 깨닫게 해 준 물

질주의자들에게 감사해야 합니다. 왜냐하면 사실이 그렇기 때문입니다. 상황은 생각보다 훨씬 더 심각합니다. 물질주의를 잘못된 세계관으로 여깁니다. 그런 생각은 전혀 옳지 않습니다. 물질주의는 세계 발달의 산물입니다. 그런데 죽은 산물입니다. 이미 죽어 버린 상태의 삶을 성격화하는 산물입니다.

[13] 15세기 이래 주로 서양 문화에서 발달한 사고 —— 반면에 동양 문화는 비록 퇴폐적이 되었다 하더라도 낡은 사고를 보존했습니다. —— 그 사고는 아주 특이한 성격을 지닙니다. 서쪽으로 이동할수록 동양인들에게는 열등해 보이는 사고가 더 만연합니다. 그런 사고는 동양인들에게 외경심을 불러일으키지 않습니다. 오히려 그들은 그것을 경멸합니다. 그렇다고 해서 동양인들에게 새로운 것이 있느냐 하면 그렇지도 않습니다. 영락 중인 옛것만 남아 있을 뿐입니다. 유럽 사람들은 베다 경전의 근거가 되는 사고로 자신을 전치시켜야 한다고 하면 아주 편찮아 합니다. 미국인들은 더욱더 불편해 합니다. 그러면 두뇌 속에서 무엇인가가 스멀거리기 때문입니다. 심지어 그들은 죽은 사고를 더 좋아합니다. 그래야 사고를 하면서 사람이 사고 중이라는 사실을 전혀 알아차리지 못하기 때문입니다. 누군가가 터무니없는 것을 말할 때뿐만 아니라 살아 있는 것에 대해 말을 해 주는 경우에도 사람들은 머릿속에서 물레방아가 빙빙 돌아가는 듯 어지럽다고들 합니다. 사람들은 살아 있는 것을 원치 않습니다. 항상, 오로지 죽은 것만 낚아채려 합니다.

¹⁴ 예를 하나 들겠습니다. 저는 물론 문화사적 관심에서이지 논쟁을 벌이려는 게 아닙니다. 광물에 속하는 것들, 식물에 속하는 것들, 동물들이 색의 오라_{aura}로 둘러싸여 있는 것을 어떻게 다시금 바라볼 수 있는지에 대해 제가 언젠가 설명했습니다. 제 저서인 『고차 세계의 인식으로 가는 길』에서 제시했던 양식과 방식이 바로 죽은 사고가 아닌 살아 있는 사고를 불가피하게 만드는 종류입니다. 최근에 소위 말하는 진짜 대학교수가 그 이야기를 들었습니다. 이른바 철학과 교수였습니다. 살아 있는 사고에 정통해지기란 그에게 고려할 가치조차 없다고 했습니다. 자신이 그렇게 할 수 없고, 그래서 그런 것은 있을 수 없다는 식이었습니다. 돌멩이 주변에 색으로 된 오라가 있다니! 식물과 동물의 주변에 색으로 된 오라가 있어야 한다니! 그 교수는 색을 태양 스펙트럼에서만 보았습니다. 그래서 저 역시 그 교수처럼 색을 태양 스펙트럼에서만 볼 수 있을 터이고, 그 태양 스펙트럼에서 광물계로, 식물계로, 동물계로 색을 전이시켰으리라는 것이었습니다. 그러면서 제가 설명한 양식과 방식으로부터는 한 단어도 이해할 수 없다고 했습니다. 그래서 그 사람은 제 책을 장황설이라고 명명했습니다. 그에게는 장황설입니다! 전혀 이해를 할 수 없으니까요. 대다수의 대학 교수들에게는 그럴 것입니다. 그 사람들 머릿속에 물레방아가 빙빙 돌아갑니다. 너무 어지러워서 얼른 신경을 끊어 버립니다! 그런 식으로는 당연히 아무것도 나오지 않습니다.

¹⁵ 살아 있는 인간이라면 역시 살아 있는 사고를 요구합니다. 살아 있는 사고에 대한 그 요구가 그의 핏속에서 들끓습니다. 여러분이 그 점을 분명히 해야만 합니다. 여러분의 머리를 다시금 튼튼하게 만들어서 논리적, 추상적 사고뿐만 아니라 살아 있는 사고도 견뎌 낼 수 있도록 해야 합니다. 생동적인 사고를 해야 할 때 금세 두통이 생겨서는 안 됩니다. 죽은 사고는 순전히 물질적인 서양의 교육을 위한 것이었습니다. 순수하게 지성적인 특성을 지녔던 이들을 위한 것이었습니다. 그 방향으로 계속 나아가면 전망이 상당히 걱정스러워 보입니다.

¹⁶ 옛 시절에는 사람이 사고를 잠 속으로 가지고 갈 수 있었습니다. 당시에는 사람이 잠들어서도 조금은 무엇인가가 될 수 있었습니다. 다른 존재들 사이의 존재였습니다. 살아 있는 사고를 잠 속으로 가지고 갔기 때문에 인간이 잠 속에서도 어떤 것이었습니다. 깨어나면서 사고를 가지고 나왔고 잠이 들면 다시금 사고를 함께 가지고 들어갔습니다. 오늘날의 사고는 두뇌에 얽매여 있습니다. 그런데 그런 사고는, 우리가 잠을 자는 동안에는 완전히 무용지물입니다. 오늘날 현대 과학의 조류에 따르면 우리가 가장 영리하고, 가장 많이 배운 존재들일 수 있습니다. 그런데 단지 낮을 위해서만 그렇습니다. 밤이 되면, 우리 스스로에게 일할 수 있는 그 세계를 마주 대하면, 우리는 그런 존재이기를 멈춥니다. 바로 그래서 사람들이 스스로에게 일하는 습관을 버렸습니다. 깨어나서 잠이 들 때까지 우리가 발달시

키는 개념으로는 역시 깨어나서 잠들 때까지만 무엇인가를 이룰 수 있습니다. 사람 자체에게서는 아무것도 이룰 수 없습니다. 인간이 스스로를 구축하도록 만드는 그 힘으로부터만 자신에게 일할 수 있습니다. 인간이 가장 많이 스스로에 일하면서 구축해야 하는 시기에, 즉 인간이 아직 어린아이일 적에는 대부분 잠을 자야만 합니다. 열일곱, 열여덟 살짜리 청소년들에게 가르치는 것을 젖먹이에게 가르칠 수 있는 방법을 발견한다면, 그 젖먹이들이 어떤 모습을 할지 머지않아 볼 수 있을 것입니다. 젖먹이들이 학교 교단에서가 아니라 아직은 엄마의 품에서 길러진다는 게 참으로 다행입니다. 인간이 스스로에게 일할 수 있도록 만드는 것을 바로 잠으로부터 이끌어 내어야만 합니다.

[17] 우리가 과학에서, 외적인 관찰에서, 외적인 실험에서 실험의 단순한 숙달을 통해 형성하는 모든 개념들, 그런 개념들로부터는 아무것도 잠 속으로 함께 가져갈 수 없습니다. 우리가 잠을 자는 동안 발달시키는 것으로부터도 역시 질료적인 것에 대한 개념들로 들여올 만한 것이 전혀 없습니다. 정신적인 것과 지적인 것, 이 양자는 완전히 의식적인 세계에서 결혼하지 않는다면 서로 사이좋게 지낼 수가 없습니다. 옛 시대에는 그것을 좀 무의식적인 방식으로 했었습니다. 오늘날에는 그것을 완전히 의식적인 방식으로 해야만 합니다. 그런데 사람들이 그렇게 하려고 하질 않습니다.

[18] 옛 시대의 사람들이 영혼과 함께 잠 속으로 빠져들면 무슨 일이

일어났었겠습니까? 그 당시에는 인간이 역시 조금은 어떤 것이었습니다. 왜냐하면 요즘 사람들은 몽상이라고 치부하는 것을, 사물 주변을 맴도는 것을 지니고 있었기 때문입니다. 그것을 잠 속으로 함께 가지고 갔었습니다. 당시에는 인간이 잠든 후에 육체 밖으로 나와 정신세계 안에 있는 경우에 자신을 여전히 유지할 수 있었습니다. 잠이 들어 깨어날 때까지 정신세계 안에서 인간이 조금은 무엇인가 될 수 있었습니다. 오늘날에는 훨씬 더 적어졌습니다. 인간이 잠들면서 자신의 몸을 떠나면 자연의 정신성에 의해 거의 모두 흡수되어 버리고 맙니다. 세상을 제대로 관조해 보면 그것이 영혼 앞에 즉시 드러납니다. 그저 보기만 하면 됩니다. 여러분이 그런 것을 보려고 진정으로 노력하면 볼 수 있습니다. 돌멩이나 동물에 대해 말하는 방식으로 정신에 관해서 말할 수 없다고 주장해서는 안 되는 시대에 우리가 살고 있기 때문에 인류가 그런 것을 볼 수 있는 눈을 얻어야만 합니다. 그러면 카이사르가 신체적으로는 그렇게 살찌지 않았었지만 잠들면서 그의 영혼이 육체를 떠나면 제법 그럴듯한 크기를 지녔었다는 것을 볼 가능성을 얻게 됩니다. 물론 공간적으로가 아니라 느낌상의 크기를 말합니다. 카이사르의 영혼은 당당했었습니다. 오늘날 아주 뚱뚱한 은행가라 하더라도 잠을 자는 동안 그의 영혼이 산책 나가서 자연의 정신성 내에 머무는 것을 보면, 실은 여러분이 그것을 봤어야 하는데, 아주 끔찍하게 말라비틀어진 형상을 하고 있습니다. 뚱뚱한 은행가가 아주 허약해 빠진 것이 되고 맙니다. 19세기의 마지막 30년 이후로 인류가 완전히 정신적인 영양 실조에 걸렸습니다. 지성은 정신을 먹여 살리지 않습니다. 그것은 정신을 부풀릴 뿐입니다. 바로 그래서 인간이 정신성으로부터는 아무것도 잠 속으로 함께 가져갈 수 없습니다. 그리고 잠들어서 깨어날 때까지 아주 말라빠진 영혼의 해골로 정신적인 자연 속에 들어서면 거의 흡입되고 맙니다.

[19] 이런 연유에서 물질주의에 관한 문제는 오늘날 정말로 이론적인 것이 아닙니다. 물질주의, 영성주의, 관념주의 간의 이론적 논쟁만큼이나 쓸데없는 짓은 없습니다. 오늘날 그런 것은 본질이 전혀 없습니다. 물질주의를 부정한다고 해도 아무 소용이 없기 때문입니다. 아무리 자주 물질주의를 부정할 수 있다 하더라도, 그렇게 해서 되는 일은 아무것도 없습니다. 물질주의를 부정하기 위해 적용하는 근거들이 궁극적으로는 이상주의를 옹호하거나 부정하기 위해 적용하는 근거들과 꼭 마찬가지로 물질주의적이기 때문입니다. 오늘날 이론적 반박으로는 어느 방향으로든 무의미합니다. 문제는 세계를 고찰하는 전반적인 양식 내에 다시금 정신이 있어야 한다는 것입니다. 그렇게 함으로써 우리의 개념들이 다시금 인간에게 양분을 주는 힘을 얻게 됩니다. 그 점을 좀 더 명확하게 하기 위해 다음의 이야기를 해 드리겠습니다.

[20] 제 생각에는, 자칭 물질주의자들과 특정하게 국한된 종파에 속하는 무리들, 예를 들어서 신지학자라 자칭하는 이들이라고 합시다.

그 양자 간에는 그렇게 뚜렷한 차이가 전혀 없습니다. 왜냐하면 전자가 물질주의를, 후자가 신지학을 증명하는 그 양식과 방식에 있어서 본질적인 차이가 없기 때문입니다. 전적으로 두뇌에 의존적인 사고로 신지학을 증명하려고 하면, 그야말로 그렇게 하면서 신지학이 물질주의적으로 되고 맙니다. 무슨 단어로 표현하느냐는 중요하지 않습니다. 문제는 정신을 표현하느냐입니다. 적잖은 신지학적 허튼소리들을 헤켈주의와 비교해 보면 헤켈에게는 정신이 있습니다. 반면에 신지학자들은 정신이 흡사 물질인 양 이야기합니다. 그 물질이 엷게 희석되었을 뿐입니다. 정신에 대해 말을 하는지는 실로 문제가 되지 않습니다. 사람이 정신을 가지고 말하느냐가 관건입니다. 물질에 대해서도 역시 충만한 정신성을 가지고 이야기할 수 있습니다. 달리 말하자면 물질적인 것에 대해서도 유동적인 개념으로 말할 수 있다는 의미입니다. 그것이 정신에 대해 정신없이 말하는 것보다 훨씬 더 영적입니다.

[21] 오늘날 너무나 많은 사람들이 등장해서 온갖 가능한 논리적 이유를 들어 영적인 세계관을 방어하려고 하는데, 그런 것은 우리에게 도움이 되지 않습니다. 전혀 소용이 없습니다. 밤에는 우리가 여전히 바짝 말라 있습니다. 낮 동안 수소, 염소, 취소$_{臭素}$, 요오드, 산소, 질소, 탄소, 규소, 칼륨, 나트륨 등등에 대해 생각하면서 이론을 형성하든, 인간이 어떻게 신체, 에테르 체, 아스트랄 체로 구성되어 있는지에 대해 생각하든 마찬가지입니다. 그런 모든 것들은 살아 있는

것들과 아무 관계가 없습니다. 어떤 사람이 칼륨과 칼슘에 관해 생동감 있게 논의한다면, 달리 말하자면 그 사람이 살아 있는 화학을 한다면 그것이 지성적이고 죽어 있는 신지학을 논하는 경우보다 훨씬 더 가치 있습니다. 신지학 역시 죽어 있는 상태에서 지성적으로 할 수 있기 때문입니다. 우리가 지성적으로 말하는지, 물질적으로 말하는지는 중요하지 않습니다. 우리가 하는 말 속에 정신이 담겨 있는지가 관건입니다. 정신이 살아 있는 것으로서 우리를 관통해야만 합니다. 그런데 오늘날에는 사람들이 그런 것을 전혀 이해하지 못하기 때문에 누군가가 그런 주제를 한번쯤 진지하게 거론하면 아주 불편해 합니다.

[22] 지난 옥스포드 대학에서의 강연들에서 제가 그 점을 진지하게 거론했습니다. 그리고 명확하게 하기 위해서 다음과 같이 말했습니다. "오늘날 사람들이 영성주의, 사실주의, 관념주의, 물질주의 등에 대해 말들 하는데 나는 그런 것에 전혀 관심이 없다. 외적인 현상을 성격화하기 위해서 한 가지 언어를 선택해야 하는 문제라면, 나는 물질주의적 언어를 이용할 것이다. 그 안에도 역시 정신이 살도록 할 수 있다. 정신 영역에서 나오는 말로 표현한다면 비록 물질주의적 형태를 취하더라도 역시 영적으로 된다." 이 점이 바로 여기에서 인지학으로서 행해지는 것과 저 바깥에서 유사한 이름으로 행해지고 있는 것 간의 차이입니다. 요즘 인지학을 반박하는 책들이 한 달에 두어 권씩 발간됩니다. 제가 하는 말에 일치되는 상술을 제시한

다고들 합니다. 그런데 그 사람들이 공격하는 것들이 제게는 항상 완전히 새롭습니다. 제가 평상시에 그들이 제시하는 그런 것들을 전혀 말하지 않기 때문입니다. 되는 대로 갖가지 쓸데없는 것들을 적당히 엮어서 두꺼운 책들을 씁니다. 사람들이 논란을 벌이는 것들은 제가 평상시에 하는 말과는 아무 관계가 없습니다. 물질주의의 극복에 저는 전혀 관심이 없습니다. 정신세계 자체로부터 개념을 덜어내기, 그것들이 살아 있는 개념들이라는 점을 체험하기, 그것이 제게는 중요한 안건입니다. 여기에서 인지학으로서 옹호되고 수용되는 것은 세상이 오늘날 그에 대해 말하는 것과는 정말로 완전히 다릅니다.

[23] 요즈음 사람들은 상당히 물질적으로 인지학을 반박합니다. 인지학의 옹호 역시 그런 식으로 합니다. 정신의 체험을 진지하게 만드는 문제임에도 불구하고 그것을 정신 없이 한다는 말입니다. 그렇게 하면서 사람들이 정말로 머리로는 아무것도 할 수 없어지기 시작합니다. 감각 세계 내에서 식물이나 동물에 대해 말하듯이 누군가가 정신세계 내의 정신적 존재들에 관해서 말하기 시작하면, 그 사람을 완전히 바보 취급을 하기 때문입니다. 저는 그런 것도 역시 이해할 수 있습니다. 오늘날에는 간과되고 마는 사소한 사실이 존재하기 때문에 그렇습니다. 그 사소한 사실이란, 바로 그 바보 같은 짓이 진정한 실재라는 것입니다. 좀 더 정확히 말하자면 인간을 위해 사실상 살아 있는 그 실재입니다. 다른 실재는 기계를 위해서 좋습니다.

하지만 인간을 위해서는 좋지 않습니다.

²⁴ 제가 다시 한 번 아주 분명하게 말씀드리고 싶습니다. 사랑하는 여러분, 여기에서 제가 의도하는 것, 그리고 지금까지 의도해 왔던 것은 정신에 대해 이야기하려는 것과는 아무 관계가 없습니다. 정신 으로부터 이끌어 내서 말하기, 말하기 자체 내에서 정신을 발달시키 기, 그것에 관한 문제입니다. 그러면 그것이야말로 정신입니다. 그 정신이 비로소 진정 교육적으로 우리의 죽은 문화 생활 내로 다시 금 내리쳐 들 수 있습니다. 그 정신이, 다시금 삶으로 불타오르기 위 해 우리의 죽은 문화로 내리쳐 들어오는 번개가 되어야만 합니다. 여러분이 이곳에서 《신체》, 《에테르 체》, 《아스트랄 체》 등 도식적인 개념들의 방어를 발견하리라 믿어서는 안 됩니다. 대학 강 의실에서 칼륨, 나트륨 등을 원자량과 함께 보여 주듯이 신지학 지 부에서도 그런 개념들을 도식적으로 걸어 놓고 지휘봉으로 짚어 가 면서 보여 줍니다. 칼륨염을 원자량과 함께 오늘날의 도식표에서 보 여 주든, 에테르 체를 보여 주든 전혀 다를 바가 없습니다. 똑같습 니다. 그런 것에 관한 문제가 아닙니다. 그런 의미에서는 신지학이 나 심지어는 인지학의 양식조차도, 여러분이 부르고 싶은 대로 불러 도 됩니다. 그런 양식조차도 새로운 것이 아니라 낡은 것의 찌꺼기 일 뿐입니다.

²⁵ 이런 관계에서 보자면 사람들이 갑자기 한번쯤 정신을 대리하고 싶어 하는 바로 그곳에서 정말 믿을 수 없는 일을 체험하게 됩니다.

제가 이런 것을 예까지 들어가면서 말씀드리는 이유는 그렇게 하는 사람들을 비판하기 위해서가 아닙니다. 그저 증상으로서 보여 드릴 뿐입니다. 이제 제가 여러분께 두 가지 이야기를 해 드리겠습니다. 그 중에 하나는 이렇습니다. 제가 언젠가 서 유럽의 한 모임을 방문 했었습니다. 사람들이 신지학에 관해 논의하는 모임이었습니다. 연속강의가 끝난 후에 한 인물과 그 강의들의 가치에 대해 대화를 나누게 되었습니다. 신지학적·종파적으로 그 모임에 등장했던 것의 충실한 추종자였던 그 인물이 강의에서 받은 인상을 이런 말로 종합했습니다. ≪지금 이 강당에 기적 같은 진동이 존재합니다.≫ 쾌적한 느낌을 진동으로, 즉 물질적으로 표현했던 것이지요.

[26] 또 다른 이야기는 이렇습니다. 사람들이 정신적 영역에서 갑자기 어떤 것을 발견해 냈다며 저를 성가시게 굴었습니다. 반복했던 지상의 삶들, 요컨대 진정한 정신적 관조일 경우에만 영혼 앞에 드러날 수 있는 그 전생들이 지상적인 모양으로 눈앞에 드러나야 한다고 주장했습니다. 그것에 물질주의적 사고의 옷을 입힐 수 있어야 한다는 말입니다. 사람들이 갑자기 모든 지상의 삶들을 통해 존재하는 ≪영구한 원자≫에 대해 말하기 시작했습니다. 이렇게 말들 했습니다. "내가 지금 지구상에 살고 있다. 그리고 수백 년 후에 다시 태어난다면, 그 사이에 내 몸의 원자들이 사방으로 흩어져 사라졌을 것이다. 그런데 그 중에서 단 하나의 원자가 다음 생으로 건너간다." 그것을 영구한 원자라고 명명했습니다. 오로지 정신을 통해서만 파

악할 수 있는 것으로, 반복되는 지상의 삶으로 이제 가장 물질적인 것을 운좋게 들여갔습니다. 4, 5세기 적에 살아남은 원자 한 개가 지금의 내 두뇌 속에 돌아다니면 흡사 어떤 대단한 것이라도 얻을 수 있다는 듯이 생각합니다! 예를 들어 저승의 외과 의사가 있어서 당시의 제 위장을 저장해 두었다가 현재의 삶에 그것을 다시 끼워 넣어 저를 만들었다고 해도 저와는 무관합니다. 마찬가지로 영구한 원자 역시 관심사가 될 수 없습니다. 그 양자 사이에 원칙적으로 어떤 차이도 없습니다.

²⁷ 웃자고 드리는 말씀이 아닙니다. 정신에 관해 이야기하려고 하면서 정신적 진동의 쾌적함에 관해 말하는 사람들, 반복되는 지상의 삶에 대해 다른 사람들이 알고 있는 것을 단순한 사고내용의 모방을 통해 받아들인 후 그것을 포장해서 영구한 원자라고 하는 사람들, 그런 사람들에 대한 흥미로운 증상으로서 제가 말씀드릴 뿐입니다. 그 영구한 원자에 대해서 심지어는 신지학하는 사람들이 온갖 종류의 책을 썼습니다. 수소 원자, 산소 원자, 염소 원자 등의 배치에 대한 기이한 소묘도 그 책들에 실려 있습니다. 이런 이야기들을 들여다보면, 물질주의자들이 원자에 대해 입안한 그림들보다 끔찍함에 있어서 덜하지 않습니다. 이것은 정신적이고 저것은 물질적이라고 주장하는지 마는지는 상관없습니다. 살아 있는 정신으로 들어가야만 한다는 사실을 인정하는지, 바로 그것이 관건입니다. 이 점 역시 제가 논쟁적인 의미에서가 아니라 여러분께 상황을 분명하게

하기 위해서 말씀드릴 뿐입니다.

²⁸ 이런 의미에서 다음의 현상이 비상한 성격을 보여 줍니다. 아주 풍부한 정신의 소유자, 마게어라는 베네딕트 파의 신부가 있습니다. 그는 수도회에서 최상의 두뇌 중 한 사람입니다. 베네딕트 수도회에는 근본적으로 최상의 두뇌들만 있습니다. 그 마게어라는 인물이 《신의 현존 내에서의 변화》에 관해 흥미진진한 소책자를 저술했습니다. 그런데 그 소책자는 베네딕트가 베네딕트 수도회를 건립했던 초창기에 머물러 있습니다. 달리 말하자면 그 책이 당시에 저술되었더라면 시대에 완전히 걸맞았으리라는 말입니다. 그래도 어쨌든 누군가가 신의 현존 내에서의 인간의 변화에 관해 소책자를 썼다면 어느 정도는 역시 경탄할 만합니다. 저 역시 경탄합니다. 그런데 그 신부가 인지학에 관한 의견도 말합니다. 이제 그가 신물나는 물질주의자가 됩니다. 먼저 그 신부의 그렇게 뻣뻣한 사고로 입장을 바꾸어야만 하는 사람에게는 그의 주장을 성격화하기가 정말로 끔찍하게 어렵습니다. 그가 가장 심하게 비난하는 것은 구상적 상상의 인식 내에 존재하는 지각입니다. 그것이 하나의 내용에 이를 경우에 제가 최초의 것이라 주장하는 그 지각이 그 신부에게는 그저 형상일 뿐입니다. 그 이상으로는 더 나아가질 못합니다. 이제 그가 이렇게 말합니다. "과학적 양심에 완전히 맡기자면 인지학이 실로 세상을 물질화한다고 말하지 않을 수 없다." 인지학이 세상을 물질화시킨다고 엄청나게 비난합니다. 그 말은, 인지학이 본질 없는

추상적 개념들에만 머물지 않음을 의미합니다. 그런데 그는 그런 추상적인 개념들을 사랑합니다. 그곳에서는 가장 추상적인 개념들을 선호합니다. 가톨릭의 철학책을 한번만 읽어 보십시오. 존재, 변화, 현존, 미 등에 관한 가장 외적인 추상성들을 거기에서 발견하실 겁니다. 세상에는 손끝도 대지 말 것! 그 신부가 이제 알아봅니다. 실재 사물에 이르기까지, 실재 세계에 이르기까지 정말로 내려올 수 있는 살아 있는 개념들을 인지학이 이해한다는 사실을 말입니다. 그에게는 소름끼치는 일입니다. 너무나 소름끼치는 일입니다!

²⁹ 그 신부에게는 이렇게 말해 줘야겠지요. "그래, 인식이 어떤 실재라야 한다면, 사실 신이 세계와 더불어 함께 했던 발자취를 따르는 모방일 수밖에 없다. 그런데 세계는 영적인 것에서 출발해서 점점 더 물질화되었다! 처음에는 세계가 영적이었는데 그 후에 점점 더 물질화되었기 때문에 올바른 인식이라면 그 과정을 모방할 수밖에 없다." 인지학에서 그 과정을 찾지 않더라도 그것에 이르기 마련입니다. 형상이 실재 속으로 가두어 넣습니다. 그 신부는 바로 그 점을 비난합니다. 그런데 그것이야말로, 그 신부가 자신의 믿음에 올바른 내용을 부여하고자 한다면 스스로 믿어야만 합니다. 하지만 그 신부는 그것을 인식의 물질화라고 부릅니다.

³⁰ "살아 있는 개념만은 절대로 안 된다!"는 생각에 철석같이 들러붙어 있는 사람에게는 당연히 해 줄 만한 것이 전혀 없습니다. 왜냐하면 그 살아 있는 개념들이 재빠르게 실재 속으로 가두어 넣기 때

문입니다. 그런 사람들은 자신의 개념들과 함께 실재로부터 될 수 있으면 멀리 있을 수밖에 없고, 결국은 깨어 있는 의식을 위한 개념들만 얻습니다. 정신세계 자체로부터 인간에 일할 수 있는 개념들은 전혀 얻지 못합니다. 그런데 우리는 바로 그것이 필요합니다. 살아 있는 인류 발달, 살아 있는 인류 교육이 필요합니다. 온전히 감지할 수 있는 사람은, 현대 문화가 얼음같이 차갑고 메마르다고 느낍니다. 문화가 다시금 삶을, 내적인 활동성을 얻어야만 합니다. 문화가 변화해서 인간을 삶으로 채워야만 합니다. 그리고 바로 그것만, 우리가 정신에 대해서는 더 이상 아무것도 말해서는 안 된다고 고백해야 하도록 이끌지 않는 유일한 것입니다. 추상적인 단어가 아니라, 정신 안에서의 내적인 활동을 위한 경향을 우리 내면에서 발달시키기 위한 선한 의지가 우리에게로 흐르도록 하는 유일한 것, 애매모호하고 안개 같은 신비주의가 아니라, 자신의 인간적 본성을 용감하고 힘차게 정신성으로 관통시키도록 하는 유일한 것이 그것입니다. 그러면 정신성으로 관통되어 있는 상태에서 물질에 관해 말할 수 있습니다. 물질적으로 중대한 발견에 대해 말하는 경우에도 우리가 정신적인 양식으로 그에 대해 말할 수 있기 때문에 물질에 현혹되지 않습니다. 그러면 우리가 전진하기 위한 갈망으로서 우리 안에서 흐릿하게 느끼는 것을 우리 스스로의 내면에서 실제로 인류를 교육하는 힘으로 형성할 수 있게 됩니다. 그에 대해서 내일 계속 논의하기로 합시다.

4강 진실 감각을 발달시키라

1922년 10월 6일, 슈투트가르트

 오늘은 제가 19세기 말까지 윤리가 어떤 식으로 발달했는지, 그러니까 윤리학의 평가로 시작하겠습니다. 윤리학의 철학적 상술들이 인간 도덕을 위해 고무적으로 작용할 수도 있다는 점을 입증하기 위해서가 아닙니다. 완전히 다른 저변으로부터 윤리적으로 인간을 규정하면서 작용하는 것이 어떻게 윤리성의 철학적 상술들 내에 증상적으로 표현되는지를 여러분께 분명하게 보여 드리기 위해서입니다.

 지성에서 출발하는 철학 사조가 직접적으로 어떤 방향을 제시할 수 있으리라는 생각은 애초에 포기해야만 합니다. 그런데 철학자들이 하는 말에 전반적인 시대 자극이 역시 표현됩니다. 예를 들어서 어떤 방에서 느낄 수 있는 기온이 온도계에서 보이는 온도의 영향을 받는다고는 아무도 주장하지 않을 테지요. 온도계의 온도 자체는 방의 온기 상태라고 부를 수 있는 것에 의존적이라는 사실을 누구

나 알고 있습니다. 그와 마찬가지로 윤리성에 관해 논하는 철학자들의 경우에서 일반적인 윤리 상태라고 하는 것을 볼 수 있다고 저는 말하겠습니다.

⁰³ 제가 통례적인 방식과는 좀 다르게 윤리성의 철학적 상술들을 다루고 있다는 점을 여러분이 보십니다. 저는 그것들을 기온 상태에 대해 온도계가 보여 주는 온도 같은 것으로 다룹니다. 간단하게 온도계의 온도를 알려 주면 방의 온기 상태를 알 수 있습니다. 그와 마찬가지로 시대의 철학자들이 그들의 저술에서 무엇을 표현했는지 알면 그 시대의, 그 지역의 일반적인 인간 생활 저변에 대해 헤아릴 수 없이 많은 것을 알아볼 수 있습니다.

⁰⁴ 이제 짧은 문장 하나를 읽어 드리겠습니다. 여러분은 그것을 제가 방금 설명드린 그 관점으로부터만 고찰하시기 바랍니다. 그 문장은 스펜서의 『윤리학 원리』에 대해 다루었던 비평의 한 부분으로, 1893년 〈독일 문학지〉에 실렸습니다. 이런 내용입니다. "본인이 믿는 바와 같이 그 상술에는, 윤리성의 인간 보편적인 내용이나 불변의 도덕률이 전혀 없다는 사실에 대한 가장 완벽한 증거들이," —— 그 평론가가 그렇게 썼습니다. —— "압도적인 자료로 받쳐지는 증거들이 담겨 있다. 인간적 특성과 행위의 평가 근거가 되는 유일한 기준, 그 기준은 그 평가가 이루어지는 사회의 기존 상황에 대해 하나의 특성이나 하나의 행위가 지니는 실질적 적합성이나 부적합성일 뿐이다. 바로 그래서 다양한 문화 상황 내에서 그것들이 아

주 다양하게 평가되어 왔다. 본인의 의견으로는, 이 대가의 업적이"
—— 스펜서의 『윤리학 원리』를 의미합니다. —— "…… 직관, 타
고난 느낌, 그 자체로서 명백한 공리 등을 근거로 해서 윤리적 판
별判別을 정립하려는 마지막 시도를 적어도 과학 내에서는 침묵시켜
야만 한다." 제가 이 문장을 읽어 드리는 이유는, 이 문장이 19세기
말 이래의 문명화된 세계 거의 전체에 팽배해 있는 윤리적 정서를
성격화하기 때문입니다. 윤리적 정서가 철학적인 문장으로 표현될
수 있을 정도로 발달했습니다.

[05] 이제 실제로 말해진 것을 한번 분명히 해 봅시다. 실로 대단히
의미심장한 저술물인 스펜서의 『윤리학 원리』에서 압도적인 자료들
을 근거로 해서 —— 이 점은 평론가가 말한 그대로입니다. —— 인
간의 영혼 생활로부터 소위 말하는 도덕적 직관, 도덕적 공리 혹은
그와 유사한 것을 더 이상 건져 낼 수 없다는 점을, 사람이 그런 도
덕적 직관에 대해 말하기를 결국은 멈출 수밖에 없다는 점을 증명
했다고 합니다. 왜냐하면 오직 이렇게만 말할 수 있기 때문입니다.
"인간은 천성적인 자질에 따라 행위한다. 그 행위는 사회 환경에 의
해 평가된다. 그래서 인간은 자신의 행위를 사회 환경의 평가에 맞
추도록 강요된다." 그 사실에서 관습적인, 윤리적인 판단이 생겨나
고, 그 판단은 시대마다 변화하는 인간 사회에 따라 조절된다고 합
니다. 지난 19세기의 90년대 초에 그 평론가가 말하기를, 영혼으로
부터 직접 건져 낸 도덕적 직관이 존재한다는 식으로 윤리학과 윤

리적 사상에 대해 말할 수 있는 모든 시도를 적어도 과학이 고려되는 한도 내에서는 침묵시킬 수 있는 가능성이 드디어 생겨났다고 합니다.

⁰⁶ 제가 이 현상을 선택한 이유는, 그 시절에 윤리학에 대해, 윤리적 동기에 대해 숙고할 때 직면했던 것을 그 현상이 실감나게 성격화하기 때문입니다.

⁰⁷ 이런 시대 정서 내로 제가 『자유의 철학』을 들여보냈습니다. 『자유의 철학』의 절정은, 현재 그러니까 19세기 후반에, 인간이 어떻게 더욱더 인간 영혼 자체의 본질로 되돌아감으로써만 윤리적 자극을 발견할 수 있는지, 바로 그 점의 숙고가 가장 첨예한 의미에서 불가피한 시대에 이르렀다는 생각에 있습니다. 심지어는 일상 생활에서의 윤리적 자극조차도 더욱더 도덕적 자극에서 도움을 구해야만 합니다. 왜냐하면 인간 영혼 내에서 직접적으로 밝혀 내야 할 도덕적 직관 외에 다른 자극들이 지니는 규정 가능성이 점점 적어지기 때문입니다. 당시 제가 그런 상황을 면전에 대하면서 이렇게 말하도록 강요된다는 느낌이 들었습니다. "도덕적 직관의 힘이 날마다 점점 더 강해지느냐 여부에 전적으로 인간 윤리의 미래가 달려 있다." 이로써 도덕 교육과 관련해서는 우리가 인간 영혼 내에 도덕적 직관의 힘을 점점 더 강화하는 경우에만, 인간 영혼 내에 있는 도덕적 직관에서 싹틀 수 있는 것을 점점 더 의식할 수 있는 방향으로 각각의 인간 개인을 이끌어 주는 경우에만 우리가 전진할 수 있다는 점 역

시 언급되었습니다.

[08] 그 건너편에, 모든 도덕적 직관을 과학적으로 침묵시켜야만 한다는 점이 압도적인 자료를 통해서 입증된 시대가 마침내 도래했다는 의견이 있었습니다. 그 의견은 아주 일반적이었습니다. 전적으로 보편타당한 것만 표현하였기 때문입니다. 그래서 제가 필연적으로 책을 써야만 했습니다. 그 책에서 저는, 당시에 과학이 침묵시켜야만 한다고 강력하게 주장했던 바로 그 관점을 그들과 똑같이 강력한 방식으로 대리하고자 했습니다.

[09] 이런 것을 여러분께 말씀드리는 이유는, 어제와 그제 제가 말씀드렸던 내용, 즉 19세기 말 서양의 전반적인 정신 발달 내에 있었던 엄청나게 의미심장한 전환점을 구체적인 상황에서 보여 주기 때문에서입니다. 지금까지의 모든 제 저술물들이, 19세기 말 이래로 성장한 인류가 그 이전의 세기와는 완전히 다른 영혼 상태에 처해 있다는 점을 주목하도록 합니다. 제가 언젠가 한번 이런 말을 한 적이 있습니다. "19세기 말에는 인간 영혼으로서 정신적인 것과 관련해서 무를 마주 대하고 있다" 바로 윤리성에 있어서 일단은 명철한 방식으로 반드시 밑줄을 그어 강조해야 했습니다. 미래를 위해서 필수 불가결한 것이라고 정신적 저변으로부터 표현해야만 하는 것, 즉 도덕적 직관이 있습니다. 그 도덕적 직관이 어떻게 과거로부터 올라오는 것을, 그 발달에 있어서 이미 끝에 이른 무를 대치하고 있는지를. 19세기 말의 그 전환점이 하필이면 독일 문화 내에서 정말로 비극

적인 방식으로 표현되었습니다. 그리고 그 비극을 암시하기 위해서라면 니체라는 이름만 거론하면 됩니다.

¹⁰ 19세기에서 20세기로 넘어가는 과도기를 깨어 있으면서 의식적으로 체험했던 사람들에게는 니체야말로 그 비극을 온몸으로 살아 내었던 인물로 여겨집니다. 영혼이 처음에는 무엇인가 된다고 여기면서 받아들였지만 실은 아무것도 아니었던 그 '무를 마주 대하기', 그것을 연속되는 삶의 주기에서 가장 예민한 방식으로 영혼을 다해서 체험했던 인물이 니체라고 말할 수 있습니다.

¹¹ 그 니체를 지금 이 순간에 몇 마디로 짚고 넘어간다면, 향후 며칠간 여러분의 영혼이 수용해야 할 내용을 위해 그렇게 쓸데없는 군소리가 되지는 않을 겁니다. 특정한 의미에서 니체는, 19세기 인류의 정신적 발달 내에서 석양을 향했었고 20세기의 시작과 더불어 새 아침의 여명을 필수적으로 만들었던 것을 그의 비극적인 운명을 통해 예리하게 암시했던 인물입니다.

¹² 니체는 완숙된 과학적 관점이 만들어 내었습니다. 그는 19세기 중반에 문헌학을 통해 과학적 관점을 처음으로 배웠습니다. 니체는 내적으로 비범하게 유동적인 정신을 가지고 그 문헌학적 관점을 수용했고, 그 문헌학과 더불어 전반적인 그리스 시대정신을 흡수했습니다. 그렇게 하면서도 니체는 일반적인 문화에 대해 자신을 전혀 고립시키지 않았습니다. 그는 세상 물정 모르는 책벌레가 아니었습니다. 그러했기 때문에 니체는 19세기 중엽에 당대의 철학적 관점으

로서 그에게 필연적으로 다가왔던 것 역시 수용했습니다. 쇼펜하우어의 철학, 쇼펜하우어식의 철학적 비관주의 등. 이 쇼펜하우어식의 철학적 비관주의가 그에게 깊은 인상을 남겼습니다. 니체는 자신이 그 한가운데에서 살고 있었던 정신생활의 영락을 쇼펜하우어보다 더 많이 감지했기 때문에 그런 인상을 얻을 수 있었습니다. 미래를 암시하는 빛은 니체에게 오로지 바그너의 음악 형태로만 주어졌습니다. 니체를 알게 되었던 그 시기에 바그너는 쇼펜하우어의 세계관을 추종했습니다.

[13] 그렇게 니체는 19세기의 마지막 30년이 시작되는 시점에서, 지성주의를 통해 온전한 인간적 내용을 질식시키는 시대가 이미 그리스 문화 내에서 등장했었다는 관조를 형성해 냈습니다. 그에게는 그 관조가 결코 이론이 아니라 삶의 내용이었습니다. 물론 지성주의의 완전한 형성과 발달에 관한 니체의 생각은 잘못된 것이었지요. 니체는 모든 것을 파괴하는 정신적인 것으로서 지성주의를 체험했습니다. 그런데 그런 형태 내에서의 지성주의는, 제가 어제와 그제 말씀드렸듯이 사실 15세기 이후에야 비로소 생겨났기 때문입니다. 어쨌든 간에 니체는 시대의 지성주의를 직접적으로 체험했고, 그것이 후기 그리스 문화에서 시작된다고 가정했습니다. 그는 생동적·정신적인 것을 완전히 절멸시키는 것이 실제로는 소크라테스에서 시작되었다는 관조를 형성했습니다. 그래서 니체는 반反소크라테스주의자가 되었습니다. 그리스 정신생활에 소크라테스가 등장하면서 어

떻게 지성주의가, 오성적인 것이 그리스 정신생활에서 오래된 정신성을 몰아내는지를 보았습니다.

¹⁴ 아이스킬로스, 소포클레스 같은 인물들에서, 고대 그리스 조형미술과 헤라클리트, 아낙사고라스의 위대한 철학에서 조우할 수 있는 바와 같은 그리스적인 것, 아직은 정신적 자극으로 가득 찼던 그 그리스적 영혼 생활과, 사실상의 정신적인 것을 서서히 파괴하면서 짓눌러 버리는 것 사이에 놓인 상반성의 기본적인 크기를 극소수의 사람들만 느낄 수 있었습니다. 니체는 그런 상황이 소크라테스와 함께 시작되었다고 여겼습니다. 소크라테스는 세상의 모든 질문에 대해 오성의 질문을 세웠고, 모든 것에 대해 정의하는 예술을 제시했습니다. 그 정의하는 예술에 대해 니체는 의심의 여지 없이 이렇게 느꼈습니다. "그것이 시작하는 바로 그곳에서 인간이 색안경을 쓰고 직접적·생동적인 정신을 대한다." 이로써 니체가 개념을 짜내지 않고 스스로 다시금 지성주의로 들어서면서 매우 의미심장한 무엇인가를 감지했습니다.

¹⁵ 보시다시피 사람들이 정신적인 것을 조우하는 어디에서나, 정신적인 것의 진정한 체험은 개인주의가 됩니다. 정의 내리기는 어디에서나 일반성이 됩니다. 삶을 살아가면서 개별적인 인간을 만납니다. 그러면 바로 그 사람만을 위한 열린 가슴, 열린 마음을 지녀야만 합니다. 말하자면 각기의 개별적, 개체적 인간을 마주 대하면서 매번 완전히 새로운 인간 느낌을 발달시킬 수 있어야만 한다는 것입니다.

개별적인 인간 각자 내면에 존재하는 하나의 새로운 인간을 볼 때에만 그 사람을 정당하게 대하는 것입니다. 바로 그래서 우리를 대하는 각기의 인간이, 우리가 그를 대할 때 하나의 새로운 인간 느낌을 발달시키라고 주장할 권리를 지닙니다. 왜냐하면 우리가 일반적인 개념을 가지고 와서 인간은 이러저러해야 한다고 말한다면 우리는 그 사람을 부당하게 대하는 것이기 때문입니다. 인간에 대한 모든 정의 내리기와 더불어 실제로 우리는 그 개별적인 인간을 보지 않으려고 색안경을 끼는 것입니다.

[16] 니체는 정신생활 전반에 있어서 그런 것을 감지했고, 바로 그래서 소크라테스주의의 반대자가 되었습니다. 그런 식으로 지난 19세기의 60년대에, 그리고 70년대 초에도 역시 이런 관조가 니체의 영혼에 나타났습니다. "정말 진정한 그리스적 사조, 살아 있는 그리스적 사조가 실은 그 세계 감각의 저변에 일종의 비관주의를 내포하고 있다." 그리스 인들은 근본적으로 보아, 인간에게 기본적으로 주어진 그대로의 직접적인 삶이 어떤 만족도, 인간 존엄성에 대한 어떤 총체적 느낌도 주지 않는다고 확신했었으리라는 말입니다. 그래서 그리스 인들은 그들에게 예술이었던 것으로 도피했습니다. 그리스 발달의 전성기에 가꾸어졌던 예술이 그리스 인들에게는 순전히 물질적인 현존의 부족함을 메꿀 수 있었던 가장 큰 위로자였습니다. 이렇게 니체는 그리스 문화를 그리스 인들의 비극적인 삶의 정서에서 나온 것으로만 파악할 수 있었습니다. 초기의 니체는 예술의 그

사명을 바그너의 예술을 통해서, 그리고 바그너의 작품에서 예술적으로 나올 수 있었던 모든 것을 통해서 다시금 부활시킬 수 있다고 믿었습니다.

[17] 그리고 70년대가 왔습니다. 이제 니체는 그것이 그렇게 될 수 없다고 느꼈습니다. 그리스 인들이 그들의 위대한 위로자로서 직접적인 물질적 삶 위에 위치시켰던 것을 진정으로 발견할 수 있는 자극을 자신의 시대에서는 찾을 수 없다고 깨달았기 때문입니다. 니체가 이렇게 자문하는 시기에 이르렀습니다. "바그너의 예술에서 그리스 예술의 갱신처럼 찾았던 것, 그것은 실제로 무엇이었던가?" 그것은 이상이었습니다. 그제서야 그 이상이, 니체가 자신의 영혼에 작용하도록 했었던 그 이상이 얼마나 당대의 이상들과 유사한지 알아차렸습니다.

[18] 19세기의 70년대 언젠가 그의 인생에 너무나 비극적인 순간이 들이닥쳤습니다. 니체가 자신의 이상이 당대의 이상과 유사함을 느꼈던 그 순간. "이로써 우리 시대가 이상이라 말하는 것과 내가 유사하다. 궁극적으로 내 시대가 이상을 건져 올리는 바로 그 힘으로부터 나도 퍼내고 있다."라고 말할 수밖에 없었던 그 순간이 왔습니다. 니체에게는 말할 수 없이 고통스러운 순간이었습니다. 바로 그 이상주의적인 시대 현상을 그가 주변에서 체험했기 때문입니다. 예를 들어서 다피트 프리드리히 슈트라우스를 체험했습니다. 당대가 그를 위대한 인물이라 칭송했지만 니체는 그가 고루한 속물임을 밝

혀냈습니다. 오로지 바그너주의와 그리스 예술이라는 채찍질로 불러일으킨 자신의 이상이 얼마나 당대의 이상과 유사한지를 이제 알아보았습니다. 그런데 진정한 정신을 파악하기에는 시대의 이상이 그에게 무력한 것으로 다가왔습니다. 자신에게 이렇게 말합니다. "내가 진실이라면, 사실 내 시대와 같은 이상을 지닐 수는 없어야 할 것이다." 비록 니체가 이런 문장으로 표현하지는 않았지만 그에게는 역시 그것이 하나의 비극적 발견이었습니다. 제가 지금 말씀드리는 그 즈음에 니체가 겪었던 것에 깊이 침잠해 보면, 니체를 위한 커다란 비극의 순간이 언젠가 왔었다는 사실을 알아볼 수 있습니다. 그때 니체는 자신의 방식으로 이렇게 말했습니다. "현시대의 인간이 이상에 대해 말하는 경우에, 타인이 이상이라고 부르는 것과 그 이상이 어떤 방식으로든 일치한다면, 그러면 그는 상투어의 영역에서 움직이고 있다. 살아 있는 몸이 아니라 정신의 시체인 그 상투어의 영역."

[19] 그런 정서로부터 니체는 다음과 같은 말을 새겼습니다. "그래, 내가 지금까지 형성해 온 이상을 전력을 다해 포기해야만 한다." 그리고 제가 방금 성격화한 의미에서의 모든 이상을 포기하기가 70년대 중반에 시작됩니다. 『인간적인 것, 너무나 인간적인 것』, 『서광』, 『유쾌한 과학』을 저술했습니다. 그 저술들에서 니체는 특정한 방식으로 볼테르에게 경의를 표했습니다. 그 방식은 다시금 인간 윤리의 특정 관조와 역시 연결되어 있습니다.

²⁰ 당시에 니체는 폴 레를 알게 되었습니다. 그것이, 니체가 과거에 지녔던 이상주의로부터 벗어나 삶의 두 번째 주기에서 그의 인생관이 되었던 것으로 방향을 바꿀 수 있었던 외적인 계기를 주었습니다. 인간 윤리를, 인간의 윤리적 본성을 순수하게 자연 과학적으로 다루는 사람이 폴 레라고 저는 말하고 싶습니다. 폴 레는 인간적 윤리 생활의 발달을 전적으로 당대의 자연 과학적 의미에서 다루었습니다. 『도덕적 감각의 원칙』이라는 비상하게 흥미로운 소책자를, 그리고 멀리는 『양심의 생성』을 저술했습니다. 19세기의 마지막 30년에 사고가 어떤 성격을 지녔었는지 알고 싶은 사람이라면 사실 도덕적 감각에 대한 그 소책자를 반드시 읽어 보아야 합니다. 그 책이 니체에게 깊은 영향을 미쳤습니다.

²¹ 그렇다면 그 소책자에서는 과연 어떤 정신이 지배합니까? 제가 설명을 하는 이유는 여기에서도 역시 철학이 삶에 직접적인 영향을 미친다고 생각해서가 아닙니다. 당시의 윤리적 자극의 상태가 어떠했는지, 윤리적 자극에 대한 사상과 관조들이 어떠했는지를 읽어 낼 수 있는 문화 온도계를 보여 드리고 싶어서입니다. 폴 레의 주장에 따르면, 인간에게는 폴 레가 염두에 두는 식의 어린이가 지니는 것만 원천적으로 있다고 합니다. 충동적인 삶, 무의식적이고 본능적 행위를 위한 충동 외에 인간이 지니는 것이라고는 아무것도 없다는 말입니다. 개별적인 인간이 움직임으로써 어느 정도까지는 모든 방면에서 타인과 부닥치기 마련입니다. 인간이 외부를 향해 발달시키

는 그 움직임에서 그것들이 타인에 적합한지, 타인에게 유용한지가 드러납니다. 그 행위들이 해를 끼친다는 사실 역시 타인에 의해 드러납니다. 거기에서 이런 판단이 형성됩니다. 인간의 본능적인 움직임으로부터 유용한 것이 흘러나오는 경우에 사람들이 점차적으로 ≪좋다≫고 말한다. 타인에게 해를 끼친다는 사실이 증명되면 그것에 ≪나쁘다≫라는 딱지를 붙인다. 물론 삶이 점점 더 복잡해집니다. 그러하다 보니 어째서 그런 딱지를 붙였는지는 잊어버립니다. 여전히 ≪좋다≫와 ≪나쁘다≫에 대해 말하면서, 처음에는 사실 누군가를 행복하게 만드는 것만 ≪좋다≫고 했으며, 해를 끼친다고 느끼는 것만 ≪나쁘다≫고 했다는 점은 잊어버렸습니다. 그런 식으로 생성된 것이 결국에는 본능으로 변형되었습니다. 예를 들어서 어떤 사람이 다짜고짜로 팔꿈치로 밀어댄다고 합시다. 그 팔을 쓰다듬어 주면 좋다고 말합니다. 따귀를 때려 주면 나쁘다고 말합니다. 그런 것에서 판단이 축적됩니다. 그런 판단들에서 짜낸 것, 그것이 바로 본능이 됩니다. 왜 사람이 손을 이렇게 드는지 전혀 모르듯이, 소위 양심의 소리라 불리는 그 음성이 어떻게 영혼에서 나와서 이러저러한 도덕적 판단을 내리는지 전혀 모른다는 말입니다. 그 ≪양심의 소리≫란 유용한 것과 해를 끼치는 것에 대한 본능적 판단의 퇴적물일 뿐입니다. 어떻게 양심의 소리로서 내면으로부터 울려 나왔는지, 그 원천을 망각했기 때문에 자체적으로는 다시금 본능이 되었다는 의미입니다.

[22] 니체의 정신생활은 아주 밝고 생기에 차 있었기 때문에 당연히 모두가 폴 레처럼 주장하지는 않는다는 사실을 알아볼 수 있는 위치에 있었습니다. 그러나 그의 시대가 사고하는 식으로만 자연 과학적인 것에 대해 사고할 수밖에 없다면, 도덕적인 것에 대해서도 폴 레와는 다르게 사고할 수 없으리라는 점 역시 니체에게는 확실했습니다. 니체는 그야말로 솔직했을 뿐입니다. 폴 레가 그렇게 했듯이 니체 역시 수미일관적인 결론을 내렸습니다. 그런 것을 쓴 철학자가 등장했다고 해서 니체는 속상해 하지도 않았습니다. 온도계가 근접한 주변의 온도 상태 외에 다른 것은 제시하지 않는다는 사실과 마찬가지로, 니체에게는 그 사실이, 폴 레가 책을 쓴 방에서의 일로 끝난 것일 뿐 그 이상으로는 별 의미가 없었습니다. 그럼에도 불구하고 그것이 일반적인 무엇인가를 보여 주었고, 그것을 니체가 감지했습니다. 그는 그 책에서 당대의 윤리적 퇴적물을 감지했고 역시 그런 의미에서 그것을 긍정했습니다. 그에게 중대사는 낡은 상투어를 포기하고 이렇게 단언하는 것이었을 뿐입니다. "사람들이 안개 같은 이상에 대해 말한다면, 그것은 당연히 안개처럼 흐릿한 것일 뿐이다. 진실에서 보자면 모든 것이 본능이다." 니체는 기회만 되면 자주 이렇게 말했습니다. "어떤 사람이 나타나서 이러저러한 이상에 열광하면서 다른 사람들 역시 그에 열광하기를 바란다면, 그런 것은 결국 그가 이상에 대해 생각할 때 소화를 제일 잘 시킬 수 있는 체질을 타고났기 때문이다. 그런 생각을 하는 동안 그가 먹은 음식물

들이 가장 잘 소화되기 때문이다." 물론 제가 조금은 과격하게 표현
합니다. 그래도 니체가 70년대, 80년대에 어떻게 느꼈을지는 전적으
로 그런 의미에서였습니다. 니체 스스로 이렇게 말했습니다. "사람
들이 온갖 정신적인 것에 대해 말하면서 그것을 이상이라 부른다.
이 사람이나 저 사람이 바로 그렇게 소위 말하는 이상을 감지하면
서 자신의 체질에 따라 소화나 다른 신체 기능을 위한 최상의 방식
을 지닐 뿐, 실제로는 그 모든 것이 무용지물이다. ≪인간적≫이라
부르는 것을 사람들은 상투어로 포장해야만 한다. 그렇게 하는 것이
진정으로 너무나 인간적이기 때문이다."

[23] 실로 솔직함에 대한 장엄한 헌신이라고 저는 표현하고 싶습니
다. 니체는 당시에 그렇게 솔직하게 모든 이상주의에 전쟁을 선포했
었습니다. 니체의 이런 면이 전혀 강조되지 않는다는 사실을 저는
잘 알고 있습니다. 니체에 대해 말해졌던 많은 것들은 점잖은 체하
지만 조금도 진지한 면이라고는 없이 가식적이기만 합니다. 이렇게
자신의 첫 번째 정신적 주기의 끝에 니체는 무를 마주 대하고 있는
자신을 발견했습니다. 『인간적인 것, 너무나 인간적인 것』으로 두 번
째 주기를 시작했고, 모든 정신과 관련해서 특정한 의미에서 의식적
으로 무를 대한 채 『유쾌한 과학』으로 마무리지었습니다. 사실 니체
는 궁극적으로 오로지 한 가지 정서만 발달시킬 수 있었을 뿐입니
다. 그가 했던 방식으로 모든 이상을 인간의 신체적 기능으로 소급
시키면 근본적으로 어떤 정신적 내용에도 이를 수 없습니다. 어떻게

니체의 사상이 서서히 변해 갔는지 단 하나의 예에서 확실히 알아볼 수 있습니다. 그는 대략 이렇게 말했습니다. "금욕을 추구하는 사람들이 있다. 육체적 쾌락을 억제하는 사람들 말이다. 그들은 왜 그렇게 하는가? 그들의 소화 기능이 극히 좋지 않기 때문에, 육체적 쾌락을 억제하면 그들이 최상의 상태에 있기 때문에 그렇게 한다. 바로 그래서 그들은 금욕이야말로 가장 추구할 만한 가치가 있다고 여긴다. 헌데 그들이 의식의 저변에서 실제로 원하는 바는 육체적으로 최상의 상태에 있을 수 있는 바로 그것이다. 그들은 향유하지 않음에서 최고의 향유를 느끼고자 한다. 거기에서 그들의 속성을 알아볼 수 있다. 그들에게는 향유하지 않음이 최고의 향유임을."

[24] 절대적으로 솔직했던 니체에게서 그 정서가 압축되면서 이런 말로 표현했던 순간까지 왔습니다.

내 집에서 산다.
아무도, 아무것도 절대 모방하지 않았다.
그리고 —— 스스로를 조소하지 않는 대가들
그들 모두를 비웃었다.

시적으로 선취한다고 저는 말하고 싶은데, 이 문장에서 실은 19세기와 20세기의 전환기를 정점으로 삼았던 그 정서가 수려하게 표현되었습니다. 그 정서는 당시에 이미 있었고, 좀 더 깊은 영혼생활에 의해 전적으로 체험될 수밖에 없었습니다. 니체는 두 가지 관념에 대한 정서 내용을 만들어 냄으로써 두 번째 주기의 그 '무를 대하고 서 있음' 으로부터 벗어났습니다. 그는 그 두 가지 관념을 시적으로 표현했습니다. 그 중 하나는 초인간의 관념입니다. 인간으로부터 거듭나야 하지만 아직은 존재하지 않는 것에 호소하는 길 외에는 할 수 있는 것이 결국은 없었기 때문이었습니다. 그리고 —— ≪무를 마주 대함≫을 그렇게 장엄한 방식으로 체험한 후에 —— 변치 않는 것의 영원한 귀환이라는 관념이었습니다. 니체는 그것을 진화론에서 얻었습니다. 니체는 자연 과학의 시대에 진화론을 배웠습니다. 그런데 니체는 진화론이 제시하는 것에 심취하면서도 진화를 앞으로 이끌어 갈 만한 요소는 그 이론에서 전혀 발견하지 못했습니다. 그 이론에서 동일한 것의 끊임없는 귀환이라는 관념이 생겨났습니다. 그리고 그것이 니체의 마지막 주기였습니다. 그에 대해서는 우리가 여기서 계속해서 논의할 필요가 없습니다. 심리학적으로 성격화한다면 물론 극히 많은 것들이 나올 수 있을 테지요.

[25] 하지만 저는 니체의 성격을 묘사하고 싶지는 않습니다. 지병으로 인해 80년대 말에 집필을 포기해야만 했던 니체가 19세기에서 20세기로의 전환기에 깊이 사색하는 모든 영혼들의 정서가 될 수밖에 없었던 것을 어떻게 앞서서 감지했었는지를 주목시키고자 할 뿐입니다. 니체는 19세기의 마지막 30년에, 그의 관념의 보고에서, 그리스 철학과 예술에서, 바그너의 예술 작업들에서, 쇼펜하우어의 철

학에서 덜어 낸 언어로 그 정서를 표현해 내려고 애썼습니다. 자신이 특성으로서 제시했던 바로 그것에서조차도 니체는 항상 다시금 떠났습니다.

[26] 『우상 숭배의 여명기, 혹은 어떻게 망치로 철학을 하는가?』가 니체의 마지막 저술물입니다. 니체는 자신이 낡은 관념의 파괴자라고 느꼈습니다. 참으로 기이한 일이기는 했습니다. 문화 발달의 정신에서 낡은 관념은 이미 파괴되었기 때문입니다. 니체가 청소년이었을 적에 그 관념들은 이미 파괴된 상태였습니다. 14세기, 15세기 이래로 그 관념은 전통으로나 전래되었습니다. 19세기 후반 30년에 이르러서는 그 전통 역시 끝났습니다. 낡은 정신의 파괴는 이미 이루어졌습니다. 단지 상투어에서만 그 관념의 보고가 지속되었을 뿐입니다.

[27] 니체가 시대정신에 걸맞게 살았던 사람이라면 망치로 이상을 두들겨 부셔야 한다고는 느끼지 않았을 것입니다. 필연적이고 올바른 인류 발달로 인해 그저 그렇게 파괴되었다고 느꼈을 테지요. 그렇지 않았더라면 인류가 자유에 이르지 못했을 겁니다. 하지만 니체는 어디에서나 상투어 속에 이상이 피어난다고 느꼈고, 이미 오래 전에 일어났던 것을 자기가 스스로 하고 있다는 착각에 빠져 있었습니다. 옛 시대에는 정신적인 삶의 내적인 연료였던 것이 어쨌든 사라져 버렸습니다. 인간 내에서 정신을 점화시킬 수 있었던 것, 그 점화된 정신으로 인간이 자연뿐만 아니라 인간 자신의 삶 역시 두루 비출 수

있었던 것이 더 이상 없었습니다. 그것이 윤리성의 특별 영역에서는 이런 말로 표현됩니다. "도덕적 직관이란 더 이상 있을 수 없다."

[28] 세계관으로서의 물질주의를 이론적으로 부정하는 것이 우리 시대에는 사실 무의미하다고 제가 어제 말씀드렸습니다. 물질주의가 우리 시대를 위해서는 정당하기 때문입니다. 우리 시대가 정당시할 수밖에 없는 사고내용, 그것은 바로 두뇌의 산물입니다. 바로 그래서 우리 시대에 물질주의의 부정은 그 자체가 상투어입니다. 그리고 솔직한 사람은 물질주의의 부정을 가치 있는 일이라고 인정하지 않습니다. 왜냐하면 이론적인 부정이 중점은 아니기 때문입니다. 발달 과정에서 내적으로 살아 있는 정신은 더 이상 없고 신체적인 두뇌에 여지 없이 의존하는 정신 반사만 남은 그 지점에 인류가 마침내 이르렀습니다. 그 반사 정신을 위해선 이론적 세계관으로서의 물질주의가 완전히 정당합니다. 잘못된 세계관을 가지고 있는지, 혹은 그것을 부정하는지는 문제가 되지 않습니다. 정신이 없는 내적인 생활 태도와 영혼의 자세에 서서히 이르렀다는 점이 문제입니다. 바로 그 사실이 비극적인 방식으로 예감되면서 마치 비명처럼 니체의 철학을 관통했습니다.

[29] 자연스럽게 느낄 수 있는 젊은이들의 영혼이 20세기의 그런 형편에서 세계의 정신적 상황을 조우했습니다. 오늘날의 인류 발달 주기 내에서 전반적인 정신생활과 더불어 필연적으로 생겨난 그 격변을 들여다보지 않는다면, 여러분이 요즘 젊은이들의 체험이라 부르

는 것과 여러분 영혼의 저층에서 불확실하게 들끓고 있는 것을 이해할 수 있는 느낌에, 명확함에 이를 수 없을 것입니다.

³⁰ 여러분이 불확실하게 감지하는 것을 다른 저변으로부터 성격화하려고 하면 얼마 지나지 않아서 항상 이렇게 느끼실 것입니다. "그런 성격에는 항상 다시금 이별을 고하지 않을 수 없다." 여러분은 진실이 아니라 항상 상투어에만 이를 뿐입니다. 살아 있는, 움직이는 정신에 이르러야만 한다고, 지성주의에는 그것의 실재란 더 이상 없고 그것의 시체만 있는 그 정신에 이르러야만 한다고 사람들이 오늘날 솔직하게 고백하지 않는 한 시대의 혼돈으로부터 벗어날 길은 전혀 없습니다. 인간의 시체가 인간의 외형일 뿐인 바와 마찬가지로 이제는 겨우 정신의 외형으로만 남아 있는 지성주의 내에서 정신을 발견할 수 있다고 믿는 한, 인간의 자아 발견은 불가능합니다.

³¹ 인간의 자아 발견은 이렇게 솔직하게 고백함으로써만 이루어질 수 있습니다. "정신 본성에 대한 지성주의의 관계는 인간에 대한 인간 시체의 관계와 같다." 지성주의가 정신의 외형은 여전히 지닙니다. 하지만 정신의 삶은 이미 빠져나갔습니다. 이집트 미라에서처럼 형태로 보존할 수 있는 성분이 인간 시체로 스며들 수 있는 것과 마찬가지로, 정신의 시체 역시 관찰 결과와 실험 결과로 장식해서 보존할 수 있습니다. 그렇게 한다고 해도 살아 있는 정신을 얻지는 못합니다. 인간 영혼의 살아 있는 자극과 자연스럽게 연결할 수 있는 것은 전혀 얻지 못합니다. 오로지 죽은 것만 얻을 뿐입니다. 미라에

서 인간적 형상을 보면서 경이로워하듯이 그 죽은 것이 경이로운 방식으로 다시금 죽은 것을 세계에 줍니다. 하지만 미라에서 실재의 인간을 만들어 낼 수 없듯이 지성주의에서도 실재적인 정신은 나오지 않습니다.

[32] 관찰과 지성의 결혼을 통해 보존해야 할 것을 보존하는 문제에 그치는 한 이렇게 말할 수 있을 뿐입니다. "근대 들어서의 성과는 대단하다." 인간이 영혼의 심연 속에서 오로지 그의 정신 스스로 내적으로 앞에 두고 있는 것과만 연결하려는 과제를 정하는 그 순간, 그 순간에는 인간 영혼과 지성주의 간에 어떤 연결도 존재하지 않습니다. 그러면 단 한 가지만 남습니다. 사람이 이렇게 말합니다. "목이 너무 마르다. 세상에서 지성의 저변으로부터 나와서 나와 마주치는 모든 것들, 그것들은 내 목마름을 적셔 줄 물을 주지 않는다."

[33] 당연히 그런 말로 표현되지는 않지만 바로 그것이 오늘날 젊은 이들의 느낌 속에 살고 있습니다. 오늘날의 젊은이들이 이러저러한 것에 대해 말을 하는 경우에, 그것들의 저변으로 내려가 보면 사실 그들이 말하는 것들이 상당히 거슬립니다. 하지만 그런 거슬림을 곧 바로 잠재울 수 있습니다. 그런 거슬림은 상스럽게 과장된 단어들로 표현되기 때문에 생겨날 뿐입니다. 그 단어들은 당사자들의 느낌이 아니라 오히려 다른 모든 것에나 적절합니다. 상투어가 공중 곡예를 합니다. 그래서 정신 내에서 살기를 이해하는 사람에게는 청년 운동의 성격으로서 등장하는 것이 흡사 끊임없이 터져 버리는 비눗방울

처럼 다가옵니다. 그것은 사실 공중 곡예를 하는 지성주의입니다. 이런 것으로 여러분의 마음을 상하게 하고 싶지는 않습니다. 제가 어떤 분의 마음을 상하게 했다면, 그것은 제 책임이 아닙니다. 만일 그렇다면 죄송하기는 하지만 아주 정당하다고 생각하는 바입니다. 제가 마음에 드는 말만 할 수는 없지 않겠습니까? 어떤 사람들의 마음에는 들지 않는 것도 역시 한 번쯤은 말해야만 합니다. 저는 진실이라고 알아본 것만 말할 수 있습니다. 그래서 여러분께 이렇게 말씀드릴 수밖에 없습니다. "젊은이들의 영혼 안에 정당하게 존재하고 있는 것을 성격화하기 위해서는 상투어로 공중 곡예를 하는 낡은 개념들을 짜내기와는 완전히 다른 것이 필요하다. 그렇게 하기 위해서는 강렬하게 발달된 진실 감각이 필수적이다."

³⁴ 우리가 영혼의 근저에 필요한 것은 진실입니다, 사랑하는 여러분. 진실은 오늘날 우리가 필요한 첫 번째이자 마지막 것입니다. 우리가 사실 ≪정신≫이라는 단어를 더 이상 말하고 싶지 않을 만큼이나 진보했다고 여러분의 대표가 어제 말했는데, 그것이 이미 진실에 대한 고백이나 다름없습니다. 사실 훨씬 더 영리하기는, 정신을 잃어버린 우리 시대가 정신에 관해 더 이상 말하지 않기를 실천하는 경우입니다. 그러면 사람들이 정직한 방식으로 다시금 진정한 정신에 대한 목마름을 얻을 것이기 때문입니다. 그 대신에 오늘날에는 온갖 가능한 것들을 ≪정신≫이라고, ≪정신적≫이라고 부릅니다. 우리가 필요한 것은 진실입니다. 오늘날의 젊은이들이 자신의 영혼

상태에 대해 진실을 고백하고자 한다면 이런 말 외에 다른 것을 말해서는 안 됩니다. "시대가 내 영혼에서 모든 정신을 몰수해 버렸다. 내 영혼이 정신을 목말라한다. 내 영혼이 새로운 무엇인가를, 정신의 새로운 정복을 목말라한다."

35 이 사실이 가장 정직하게, 그야말로 진정으로 감지되지 않는 한 청년 운동은 자기 스스로에 도달하지 않습니다. 우리가 아직 찾아야만 하는 것의 특성으로서 제가 제시했던 모든 것에 이제 다음과 같이 덧붙이겠습니다. "우리는 영혼의 가장 깊은 곳에서, 가장 내면에서 빛을 찾아야만 한다. 무엇보다도 우리는 깊고 깊은 정직성과 깊고 깊은 진실성에 대한 감각을 얻고자 애써야만 한다." 우리가 정직성과 진실성을 신뢰한다면, 그러면 우리가 전진할 것입니다. 인류는 전진해야만 합니다. 그러면 역시 인간 천성과 가장 유사한 그 정신에 관해 우리가 다시금 말을 해도 되는 상태에 도달할 것입니다. 영혼은 정신과 가장 유사하고, 바로 그래서 영혼이 원한다면 정신을 다시 발견할 수 있습니다. 하지만 우리 시대에는 영혼이 상투어, 관습, 틀에 박힌 생활 방식을 벗어나려고 애써야만 합니다. 상투어를 벗어나서 진실의 파악으로. 관습을 벗어나서 인간과 인간의 직접적이고 근본적인, 충심어린 관계로. 틀에 박힌 생활 방식을 벗어나서 삶의 모든 개별적인 행위에 다시금 정신이 박혀 있도록. 그래서 오늘날 너무도 흔히 하듯이 그렇게 자동적으로 행위하지 않고 일상 생활에 다시금 정신이 살도록. 우리는 행위의 정신성에, 사람들 서로

간의 직접적인 체험에, 진실의 정직한 체험에 이르러야만 합니다.

5강 무에서 삼라만상을 찾으라

1922년 10월 7일, 슈투트가르트

[01] 제가 어제 19세기 말부터 20세기 초까지의 정신적 상황을 여러분께 성격화해서 보여 드리고자 했습니다. 그렇게 성격화해 보면서 어떻게 저 스스로 그 상황을 직접적으로 체험했었는지, 어떻게 그 체험이 제게『자유의 철학』을 쓰도록 종용했었는지를 여러분께 전달하고 싶었습니다.

[02] 『자유의 철학』은 하나의 자극을 근거로 해서 구축되었습니다. 세계 발달 내에서 미래의 윤리 생활을 위한 기초 놓기로 계속해서 이끌어 가야 할 요소는 바로 인간 내면에 있는 도덕적 직관이라는 생각이 바로 그 자극입니다. 제가『자유의 철학』을 통해 보여 주고 싶었던 것은, 윤리적 자극과 관련해서 인간이 자기 존재의 가장 깊은 내면으로부터, 완전히 개인적으로 도덕적 자극으로서 퍼 올릴 수 있는 것에 호소하는 길 외에 다른 방식으로는 윤리가 더 이상 발달할 수 없는 시대가 인류 발달에 마침내 도래했다는 사실입니다. 도덕적

직관은 일종의 불가능성임을 마침내 알아보았고, 그에 대한 모든 논의를 침묵시켜야만 한다는 생각이 만연되어 있었던 그 시기에『자유의 철학』이 출판되었다고 제가 여러분께 암시했습니다. 말하자면 저는 도덕적 직관의 근거를 제시하는 일이 불가피하다고 여길 수밖에 없었습니다. 철학적 사고와 함께 현대 과학의 단단한 지반 위에서 있다고 믿었던 바로 그 세력들 내에서는 도덕적 직관을 침묵시켜야만 한다고 주장했습니다. 그렇기 때문에 시대로부터 가장 인정받았던 정신들 대다수가 옳다고 여겼던 것과 제가 인류 발달의 근거로부터 옳다고 여길 수밖에 없었던 것 사이에 극명한 차이가 있었습니다.

[8] 그런데 그 차이가 사실상 어디에 근거합니까? 그 차이를 발견하기 위해서 이제 인간의 영혼 생활이 오늘날의 서양에서 어떤 형상을 띠고 있는지 그것의 깊은 저층으로 한번 내려가 봅시다. 과거에도 사람들이 도덕적 직관에 대해 논의했었습니다. 개별적 존재로서의 인간이 행위를 위한 원동력을 외부 생활과는 독립적으로 자기 존재의 심연으로부터 건져 올린다고 말했었습니다. 하지만 도덕적 직관에 대해 그런 방식으로 말했던 모든 것이 이미 15세기 초반 30년 이래로, 그리고 이어졌던 세기들에서는 더욱더, 순수하게 인간적인 입장에서 보아 점점 더 진실로부터 멀어졌습니다. 외부의 사실들을 관찰함으로써 윤리를 세울 수는 없다고 사람들이 말을 하기는 했지만, 자신의 내면을 들여다보면서 진정 빛으로 충만한 것을 거기에서

더 이상 찾아볼 수 없었기 때문입니다. 그래서 도덕적 직관이 존재한다고 주장을 하기는 했지만 그것이 무엇인지는 사실 더 이상 알 수 없었습니다. 그런 모든 주장 속에 15세기 이전의 인류에 속했던 사고가 수백 년 이래로 자동적으로 계속 굴러가고 있는 형상입니다. 과거에는 정당했지만 이제는 그 정당성이 없어진 사실을 사람들이 아직도 주장하고 있다는 말입니다.

⁰⁴ 그런 주장이 생겨날 수 있었던 데에는 제가 지난 며칠 동안 여러분께 설명을 했던 그 전통, 수백 년 동안 계속해서 전해 내려왔던 그 전통이 나름대로 일조했습니다. 15세기 이전에는 인간이 그런 주제에 대해 그렇게 애매모호한 태도로 말하지 않았었습니다. —— 그 애매모호한 언어가 이미 정직하지 못합니다. —— 직관에 관해 말했던 경우에, 뿐만 아니라 역시 도덕적 직관에 관해 말했던 경우에, 그것이 인간의 내면에서 솟아오르는 것인 듯 말했었습니다. 아침에 잠에서 깨어나 눈을 뜬 후에 자연을 바라보면서 실재에 대한 표상을 지녔던 것과 똑같이 도덕적 직관에 대해서도 역시 실재, 사실에 대한 표상을 지녔었습니다. 인간이 외부의 자연을 보았습니다. 식물과 구름을 보았습니다. 자신의 내면을 들여다보면 솟아오르고 있는 정신적인 것을 지녔었습니다. 그 정신적인 것이, 당시의 인간이 주어진 것으로서 지녔던 그대로의 도덕적인 것을 포괄하고 있었습니다. 인류 발달에서 더 먼 과거로 거슬러 올라갈수록, 인간의 체험 내에서 내적인 현존의 실재적인 부상이 당연했었다는 점을 더 많이 발

견합니다. 제가 여러분께 방금 말씀드린 바와 같이 정신과학에서 나오는 이 사실들을 역사 속의 특정한 외적 증상들에서도 역사적으로 연구할 수 있습니다. 예를 들어서 말하기가 내적인 실재성을 벗어나 점점 더 허위성으로 빠져들었던 그 시기에 신의 존재를 증명하려는 생각이 등장합니다.

[05] 신의 존재를 증명하기 위해 켄터베리가 했던 방식으로 기독교적 정신 발달의 초반 몇 세기에 말을 했었더라면, 그것이 무엇을 의미하는지 당시의 사람들은 이해할 수 없었을 겁니다. 더 먼 과거에는 그런 것에 대해 더욱더 알 수 없었을 테지요. 그리스도가 탄생하기 이삼백 년 전에 신의 증명에 대해 말했었더라면 그것은 필시 이런 식이었을 겁니다. 여기 첫 번째 줄에 앉아 있는 사람들이 일어섭니다. 그래서 제가 "누구누구가 저기에 서 있다!"라고 말합니다. 그런데 좌중의 누군가가 이런 요구를 합니다. "그 점이 일단은 증명되어야만 한다!" 옛사람들이 신적인 것으로서 감지했던 것이 그들에게는 직접적인 존재, 영혼 앞에 서 있는 존재였습니다. 신적인 것이라 불렀던 것을 위한 지각 능력이 그들에게 들러붙어 있었습니다. 역사 속의 옛 시대에 신적이었던 것이 현대인들의 감각으로 보아 다소간에 원시적이고 불완전하기는 합니다. 태고 시대의 사람들은 당시에 알고 있었던 그 지점을 벗어나지 못했었습니다. 하지만 증명에 대해서는 듣고 싶어 하지 않았을 겁니다. 증명은 그들에게 허무맹랑하게 보였을 터이기 때문입니다. 인간이 내적으로 신적인 존재를 잃어버

렸던 시대에, 내면의 정신적 관조를 위해 더 이상 아무것도 없었던 시대에 비로소 사람들이 신의 존재를 증명하기 시작했습니다. 사실상의 세계를 편견 없이 고찰한다면 신의 존재를 증명하려고 하는 것이, 신성을 직접적으로 관조할 능력을 잃어버렸다는 사실을 보여 주는 증상으로 간주될 수밖에 없습니다. 그런데 그 신성은 당시의 윤리적 자극에 곧바로 연결되어 있었습니다. 당시에 윤리적 자극이었던 것을 오늘날에는 더 이상 그런 것으로서 간주할 수 없습니다. 하지만 그 당시에는 그랬었습니다. 바로 그래서 15세기의 초반 30년에 신적 · 정신적인 것을 위한 낡은 의미에서의 관조 능력이 고갈되었을 때에, 역시 윤리적인 것을 위한 직접적인 관조 역시 고갈되었습니다. 남은 것이라고는 윤리성에 관한 전통적인 도그마였고, 그것을 사람들이 해석하기를 ≪양심≫이라고 불렀습니다. 하지만 그 단어로도 아주 애매모호한 것만 추측할 수 있었을 뿐입니다.

06 마침내 19세기 말에 도덕적 직관에 대한 모든 논의를 침묵시켜야 한다는 주장이 등장했을 적에, 그것은 역사 발달의 최종적인 결과였을 뿐입니다. 그때까지만 해도 언젠가 그런 직관이 있었다고 사람들이 흐릿하게 느꼈습니다. 이제는 사람들이 그런 것들을 검사하기 시작했습니다. 마침내 인간의 지능이 적어도 인간 스스로를 검사할 수 있는 것을 만들어 내는 수준에 이르렀습니다. 자연 과학적으로 생각하도록 길들여진 방법으로는 도덕적 직관에 도저히 접근할 수 없다는 사실을 발견했습니다.

⁰⁷ 이제 그 낡은 도덕적 직관을 한번 들여다봅시다. 이 관계에서 우리 역사는 상당히 구태의연합니다. 외적인 역사가 있습니다. 19세기에 우리는 문화 역사의 근간을 세워 보려고 애를 쓰기는 했습니다. 하지만 인간의 영혼 생활도 고려하는 역사는 새 시대가 만들어 낼 수 없었습니다. 그래서 영적인 것이 고대로부터 15세기 초반 30년까지 어떻게 발달했었는지 알 수 없습니다. 고대로 거슬러 올라가서 당시에 도덕적 직관으로서 언급되었던 것을 살펴보면, 인간 영혼이 그것을 내적으로 작업해 내지 않았었다는 사실을 발견합니다. 바로 그래서 예를 들어 구약 성서는 당시에 도덕적 직관으로서 형상화되는 것을 인간 영혼이 작업해 낸 것이 아니라, 아주 당연히 외부에서 인간에게로 부어 넣어진 신적인 계시로 감지했었습니다. 더 먼 과거로 거슬러 올라갈수록 인간이 윤리적인 것을 관조하면서 바라보았던 것을 그의 바깥에 살고 있는 신성의 내적인 선물로 느꼈었다는 사실을 더 빈번하게 찾아볼 수 있습니다. 그러니까 도덕적 직관이 신적인 계시로, 좀 더 정확히 말하자면 상징적, 비유적 의미에서가 아니라 완전히 실재적인 의미에서의 신적인 계시로 간주되었습니다.

⁰⁸ 그래서 오늘날 특정한 종교 철학이 지상의 역사 시대 이전에 있었던 원초 계시에 대해 언급한다면, 그런 것에는 상당한 진실이 담겨 있습니다. 외적인 과학은 그런 문제에 있어서, 저는 영적인 고생물학이라고 부르고 싶은데요, 그런 고생물학적 양식보다 더 멀리 나

아가지 못합니다. 먼 과거의 삶을 암시하는 화석 형태를 땅 속에서 찾아내는 것과 꼭 마찬가지로 화석화된 도덕관념 내에서 언젠가 살아 있었던, 신으로부터 주어졌던 도덕관념을 참조하는 형태를 발견할 수 있습니다. 그렇기 때문에 원초 계시라는 개념에 이르러서 이렇게 말할 수 있습니다. "그 원초 계시가 고갈되었다. 인간은 그 원초 계시를 의식할 수 있는 능력을 소실하고 말았다." 이 소실의 정점이 바로 15세기 초반 30년에 있었습니다. 사람들이 자신의 내면을 들여다보았지만 더 이상 아무것도 지각할 수 없었습니다. 예전에 들여다보았던 것의 전통만 여전히 간직했습니다. 그 전통이 점차적으로 외적인 종파를 장악했습니다. 외적으로 변해 버린, 단순한 전통에 불과한 내용을 도그마의 형태로 만들었고, 사람들이 그것을 그냥 믿어야 했습니다. 그와 달리 과거에는 사람들이 그것을 살아 있는 방식으로, 하지만 인간 외적인 것으로서 체험했었습니다.

[09] 신으로부터 주어진 낡은 직관이 더 이상 존재하지 않고, 머리로 선조들의 생각을 증명하려고 하면 "도덕적 직관이란 존재하지 않는다!"라고만 말할 수 있는 것, 그것이 19세기 말에 있었던 아주 의미심장한 상태였습니다. 과학이 도덕적 직관을 침묵시켰습니다. 그저 받아들이려는 자세만 취하는 인간에게 도덕적 직관은 더 이상 주어지지 않습니다. 수미일관적이었다면 이미 당시에 일종의 슈펭글러가 되어서 이렇게 말했어야만 합니다. "도덕적 직관 같은 것은 없다. 결과적으로 인류는 미래에 서서히 말라 죽는 수밖에 달리 할 수 있

는 일이 없다." 조부님께 기껏해야 이렇게 여쭈어 볼 수밖에 없었을 테지요. "언젠가 도덕적 직관과 그것의 영향이 있었다고들 하는데 들어 보신 적이 있으신지요?" 그러면 조부님께서 이렇게 대답하셨을 겁니다. "장롱과 서가를 뒤져 봐야만 한다. 그러면 여러 다리를 거쳐서 간접적으로 도덕적 직관에 대한 지식을 아직 얻을 수도 있을게다. 하지만 직접적인 체험으로는 그것을 더 이상 얻을 수 없다." 그러면 이렇게 말했어야만 합니다. "그러니까 도덕적 직관에 관한 문제라면 말라비틀어져서 호호백발 노인이 될 수밖에 없구나. 청소년기라고는 더 이상 있을 수 없다." 그렇게 말했었더라면 수미일관적이었을 겁니다. 그런데 감히 그렇게 말을 할 용기가 없었습니다. 하필이면 그 일관성이, 떠오르고 있던 지성주의적 시대의 두드러진 성격은 아니었기 때문입니다.

  [10] 어쨌든 간에 무엇인가라도 할 용기가 전혀 없었습니다. 뒤부아-레이몽이 자연 인식의 한계에 대한 강의에서 그렇게 했듯이 어떤 의견을 개진하면서도 그저 절반만 개진했습니다. 뒤부아-레이몽이 그 강의에서 초자연주의는 지식이 아니라 믿음에 불과하기 때문에 그것으로는 자연 과학에 이를 수 없다고 주장했습니다. 초자연주의에서는 과학이 더 이상 성립될 수 없다는 말이었습니다. 그런데 그 영역에서 상세한 것은 더 이상 다루지 않았습니다. 어떤 사람이 그에 대해 좀 더 상세하게 다루면, 비방을 하면서 그런 것은 더 이상 과학이 아니라고 주장했습니다. 일관성은 저물어 갔던 세기의 특성이

더 이상 아니었습니다.

¹¹ 그렇게 한편으로는 '말라비틀어지기' 라는 대안이 있었습니다. 정신적인 것이 서서히 영적인 것으로 들어갑니다. 영적인 것이 신체적인 것으로 들어가서 수십 년 후에는 영혼이 도덕성에 대해서 그저 골동품적 자극이나 뒤져 볼 수 있게 되겠지요. 그 골동품적 자극이 결국에는, 사람이 삼십대까지 기다릴 필요도 없이 이십대에 벌써 대머리가 되고, 열다섯에 흰머리를 휘날리며 돌아다니게 되는 상태를 초래할 것입니다. 조금은 형상적으로 표현되기는 했지만 그것이야말로 실질적인 삶의 자극이라기보다는 사실상의 슈펭글러주의일 것입니다. 그것이 하나의 대안이었습니다.

¹² 다른 대안은 이랬습니다. "우리가 낡은 직관을 잃어버리고 무를 마주 대하고 있다."고 직접적으로 의식했습니다. 이제 무엇을 해야 하는가? 그 무 안에서 삼라만상을 찾기! 인간에게 주어지지 않은 것, 인간이 노력해서 이루어 내야만 하는 것을 그 무 안에서 찾아야 합니다. 과거에 있었던 수동적인 힘으로는 그렇게 할 수 없습니다. 이 시대에 인간의 재량에 맡겨진 가장 강화된 인식력으로만, 순수한 사고의 인식력으로만 그렇게 할 수 있습니다. 왜냐하면 순수한 사고의 경우에서는 사고가 곧바로 의지로 전환되기 때문입니다. 관찰과 사고는 여러분의 의지를 그렇게 힘들이지 않고도 할 수 있습니다. 실험이나 사고는 의지로 전환되지 않습니다. 하지만 순수한 사고, 그러니까 근원적이고 원천적인 활동을 펼치기, 그것에는 기력이 포

함되어 있습니다. 거기에서는 의지의 번개가 사고 자체로 직접적으로 들이칠 수밖에 없습니다. 거기에서는 의지의 번개가 역시 완전하게 개별적인 인간 개인성으로부터만 나옵니다. 거기에서 인간은 순수한 의지가 될 그 순수한 사고에 호소할 수 있는 용기를 일단은 지녀야만 할 것입니다. 그런데 그 순수한 의지가 새로운 능력으로 변화됩니다. 옛 시대에 그러했듯이 그저 주어진 것이 아니라 이제는 애를 써서 이루어 내야만 하는 바로 그 도덕적 직관을 인간 개인으로부터 직접적으로 얻어 낼 수 있는 바로 그 능력입니다. 힘들여 노력해서 이루어 내야만 하는, 바로 그 직관에 호소해야만 합니다! 인간이 내적으로 노력해서 이루어 내는 것을 시대는 다름 아니라 상상력이라는 이름으로만 알고 있습니다. 그렇지 않아도 그 내적인 일을 침묵시켰던 이 시대에 바로 그 도덕적 상상력에서 미래의 도덕적 자극이 태어났어야만 했습니다. 달리 말하자면 인간이 단순한 시적, 예술가적 상상을 참조로 해서 생산적으로 도덕적인 상상으로 움직여 갈 수 있도록 했어야만 한다는 것입니다.

[13] 모든 낡은 직관들은 항상 집단에만 주어졌습니다. 원초 계시와 인간 집단 간에 비밀스러운 관계가 존재합니다. 낡은 직관들은 그 관계성에서 보아 항상 인간 집단에만 주어졌습니다. 노력해서 얻어 내어야만 하는 새로운 직관은 오늘날 각자의 무대에서, 즉 개별적 인간 영혼이라는 무대에서 애를 써서 이루어 내야만 합니다. 각기의 개별적 인간이 스스로 윤리성의 원천이 되도록 해야만 한다는 말입

니다. 인간 스스로 마주 대하고 있는 그 무로부터 직관 자체를 통해서 윤리성을 건져 올려야만 합니다.

¹⁴ 당시에 이미 솔직한 인간으로서 일종의 슈펭글러주의로 넘어가려고 하지 않았던 경우에 할 수 있었던 것이라고는 유일하게 그것뿐이었습니다. 그 ≪슈펭글러≫ 작업은 사실 그렇게 생동적이지는 않습니다! 그래도 그 작업은 인간이 마주 대하고 있는 듯이 보이는 그 무로부터 다시금 삶으로 가득 찬 실재를 찾으려 했습니다. 바로 그래서 일단은 당연히 시초에만 호소할 수 있었을 뿐입니다. 왜냐하면 그 호소의 대상이 될 수밖에 없었던 것은 인간 내면에서 창조하는 자이기 때문입니다. 외적인 인간 내면에서 내적인 인간을 창조하는 것이라 말할 수 있겠지요. 외적인 인간이 예전에는 도덕적 자극을 외부로부터 받았습니다. 이제는 인간 스스로 내적인 인간을 창조해 내야만 합니다. 그 내적인 인간과 더불어 동시에 새로운 직관을 받았습니다. 그 내적인 인간이 그것을 받는다고 말하는 편이 더 낫습니다. 그렇게 시대 자체로부터 나왔지만 동시에 가장 엄격한 의미에서 시대에 대항할 수 있는 것, 『자유의 철학』과 같은 것이 태어났어야만 했습니다.

¹⁵ 현대 인간이 지니는 영혼 상태의 고찰을 다른 방면으로부터 그 사실에 연결해 봅시다. 전前 지상적 인간 존재에 대한 의식, 전 지상적 인간 현존에 대한 의식이 서양 문명에서 —— 저는 이렇게 표현하고 싶습니다. —— 지성주의를 준비하기 위해 어떻게 이미 오래

전에 제거되었는지 여러분이 알 수 있습니다. 그 의식이 서양 문명에서는 상당히 일찍이 제거되었기 때문에 서양인들은 이렇게 생각할 수 없습니다. "내가 지상적 발달에서 태아 상태를 벗어나는 동안 정신적·영적 고지로부터 하강해서 이 육체적 지상 존재를 관통하는 다른 것이 나와 함께 합일한다."

[16] 바로 그 관통에서 다음 사실이 아주 구체적으로 관조를 위해 나옵니다. 제가 이미 여러분께 하나의 형상을 제시했습니다. 그 형상을 통해서 여기서 말씀드리고자 하는 것이 분명해질 것입니다. 인간의 시체를 보자면, 그 형태가 보통의 자연력을 통해서 생겨나지는 않았다는 점을 알 수 있다고 제가 말씀드렸습니다. 시체는 살아 있었던 인간의 나머지일 수밖에 없습니다. 인간 육체의 형태가 그 자체로서 살아 있는 것이라고 여긴다면 사실 어리석은 생각입니다. 살아 있었던 인간으로 되돌아가야만 합니다. 그런데 지성주의적 사고 역시 편견 없이 고찰해 보면 죽어 있는 어떤 것으로서 우리 앞에 드러납니다. "그것을 증명해 봐!"라고 사람들이 당연히 요구할 것입니다. 관조함으로써 곧바로 증명됩니다. 사실 부차적인 사항을 위해서나 존재하는 증명은 어떻든 간에 찾아낼 수 있습니다. 그런데 그 사실을 보여 주려면 상당 분량의 철학으로 개진해야 할 테고, 그것은 지금 우리의 과제는 아닙니다. 그런데 편견 없이 관찰하는 사람에게는, 오늘날 우리 문화 전체가 흘러나오는 그 지성주의적 사고가 살아 있는 사고에 대해 지니는 관계는, 시체가 살아 있는 인간에 대

해 지니는 관계와 유사한 것으로 드러납니다. 살아 있었던 인간에서 시체가 유래하듯이 오늘날 내가 사고에서 지니는 것 역시 과거에 지녔었던, 살아 있었던 사고에서 유래합니다. 건강하게 사고한다면 스스로 이렇게 말해야만 합니다. "이 죽은 사고는, 내가 태어나기 전에 이미 존재했었고 살아 있었던 것으로부터 나온다." 육체적 유기체는 살아 있었던 사고의 무덤입니다. 죽은 사고를 담아 놓는 저장 용기입니다.

[17] 그런데 기이한 것이 있습니다. 인생의 첫 두 주기에서, 그러니까 이갈이를 하는 여섯, 일곱, 여덟 살까지, 그리고 계속해서 사춘기에 해당하는 열셋, 열넷, 열다섯 살에 이르기까지는 요컨대 아직은 완전히 죽지 않은 사고내용을 인간이 지닌다는 사실입니다. 그 시기에는 사고가 죽어 가는 노정에 있습니다. 사고가 살아 있기는 어쨌든 간에 전 지상적 현존에서일 뿐입니다. 처음의 두 인생 주기 동안에 사고가 죽음에 이릅니다. 인간이 성적으로 성숙함과 동시에 사고가 완전히 죽게 된 것은 15세기 초반 30년 이래로 그렇습니다. 그 이래로 인간의 사고는 사실상 살아 있었던 사고의 시체입니다. 인류 발달에 있어서 항상 그렇지는 않았습니다. 15세기 이전으로 거슬러 올라가 보면 사고가 살아 있는 것을 아직은 조금 지니고 있었습니다. 오늘날의 사람들은 개미떼가 두뇌 속에 마구 기어다니는 듯하다고 느끼기 때문에 견딜 수 없어 하는 그 사고가 여전히 존재했었습니다. 오늘날의 사람들은 그들 안에 무엇인가가 살아 있으면 견딜 수

없어 합니다. 사람들은 머리가 아주 조용하고 편안하게 있기를 바랍니다. 사고 역시 머리 안에서 조용히 진행되어서 논리적 법칙으로나 조금 도와줄 정도만 되어야 할 뿐입니다. 그런데 순수한 사고는 흡사 개미떼가 머릿속에 돌아다니는 듯하고, 그런 것은 건강하지 않다고들 말합니다. 15세기 초반에만 해도 사람이 살아 있는 사고를 견뎌 낼 수 있었습니다. 비판을 하기 위해서 제가 이런 말씀을 드리는 것이 아닙니다. 비판은 격에 맞지 않습니다. 왜 암소가 이제는 더 이상 송아지가 아닌지 불평하는 것만큼이나 격에 맞지 않습니다. 그렇게 되지 않았더라면 인류를 위해서는 커다란 재앙이 되었을 것입니다. 머릿속의 개미떼를 견딜 수 없는 사람들이 생겨났어야만 했습니다. 죽은 것이 다른 방식으로 다시금 살아나도록 해야 하기 때문입니다.

[18] 사실이 이렇습니다. 15세기 중반 이래로는 사람들이 사춘기 이후에 본질적으로 죽은 사고를 내적으로 체험했습니다. 사람들이 사고의 시체로 가득 채워졌습니다. 여러분이 이 생각을 진지하게 파악하신다면, 그 시대 이래로 비로소 비유기적인 자연 과학이 생성될수 있었다는 점 역시 이해가 될 것입니다. 그 시대에 이르러서야 비로소 인간이 순수하게 비유기적인 법칙을 파악할 수 있게 되었기 때문입니다. 그제서야 비로소 갈릴레이와 코페르니쿠스 이래로 추구되었던 방식으로 죽은 것을 파악할 수 있게 되었습니다. 살아 있는 것이 일단은 내적으로 죽어야만 했습니다. 인간이 사고 내에서 내적

으로 살아 있었을 적에는 죽은 것을 외적으로 파악할 수 없었습니다. 내적으로 살아 있는 인식 양식이 외적인 것에 관여했기 때문입니다. 자연 과학이 점점 더 순수하게 되어 갔습니다. 그 상태가 계속되면서 19세기 말에는 자연 과학이 거의 수학에 불과하게 되었습니다. 자연 과학이 포로노미Phoronomie, 즉 일종의 운동 법칙학이, 일종의 순수 수학이 되어야 했고, 그것이 바로 자연 과학이 추구했던 이상이었습니다.

[19] 그렇게 근대 들어서 죽은 것이 점점 더 사실상의 인식 객체가 되었습니다. 오늘날에는 그것이 전적인 추구가 되었습니다. 그 과정이 물론 수백 년 걸렸지만 발달이 그 선상에서 흘러갔습니다. 예를 들어 라메트리처럼 천재적인 인물이 흡사 예언이라도 하듯 인간은 사실 기계와 같다고 말했습니다. 오로지 죽은 것만 파악하려는 인간은 자신의 내면에서도 역시 죽은 것만, 기계적인 것만 이용합니다. 그것이 새로운 인류에 자연 과학적 발달을 용이하게 만듭니다. 사춘기와 더불어 사고가 죽어 버립니다. 옛 시대에는 사고가 사춘기를 훨씬 더 지나서까지 여전히 성장력을 지니고 있었기 때문에 신이 내린 직관이 인간 내면에 있었습니다. 오늘날에는 사춘기를 지나면서 그 살아 있는 사고를 잃어버립니다. 그래서 사람들이 나중에 나이가 들어서는 더 이상 배우지 못하고, 이미 어린 시절에 습득했던 것을 인용만 할 뿐입니다.

[20] 죽은 사고로 죽은 세계를 포괄하기, 그것이 문화를 주도했던 구

세대에게는 사실 완전히 적절했습니다. 그것으로 특히 과학의 토대를 굳힐 수 있었습니다. 하지만 그것으로는 절대로 청소년들을 가르치거나 교육할 수 없습니다. 왜? 청소년들은 사춘기에 이르기까지 비록 무의식적 양식이기는 하지만 그 살아 있는 사고를 보유하고 있기 때문입니다. 바로 그래서, 근대 들어서 해 왔듯이 교육의 기본 원칙에 대한 온갖 숙고들에도 불구하고, 죽은 것을 포괄하는 과학이, 뻣뻣해진 객관적 과학이 교육자가 되어서 살아 있는, 청소년적인 것에 접근하면, 청소년들이 그 상태를 흡사 말뚝이 살을 뚫고 들어오는 것처럼 느낍니다. 말뚝을, 죽음을 청소년들의 심장 속으로 박아넣습니다. 네, 청소년들이 가슴속에 살아 있는 것을 도려내야 합니다. 오늘날 아직도 많은 사람들이 간과하는 것, 하지만 진정으로 통절하게 존재하는 것이 인간적 발달의 본질로 인해 도래할 수밖에 없었습니다. 늙은 세대와 젊은이들 간에 존재하는 그 심연이 생겨날 수밖에 없었습니다. 그 심연은, 머리가 오로지 지성주의로부터 만들어 낸 그 죽은 말뚝을 청소년들이 자기들의 살아 있는 심장을 뚫고 들어가도록 버려둘 수 없었기 때문에 생겨났습니다. 청소년들은 생동감을 요구합니다. 그 생동감은 인간 개인에 의해 오로지 정신으로부터만 노력해서 얻어 낼 수 있을 뿐입니다. 그리고 우리가 도덕적 직관에 일해서 그 생동감을 얻고자 시작을 해야 합니다.

²¹ 『자유의 철학』에서 제가 그 순수하게 정신적인 것과 관련해서 상술하고자 노력했듯이 —— 도덕적 직관이란 인간 개인성으로부터

노력해서 얻어 낸, 순수하게 정신적인 것이기 때문입니다. —— 그렇게 일단 시작한다면, 다른 사람들이 그런 것을 쥐 죽은 듯 입 다물게 해야 한다고 말하더라도 감히 입을 열고 이렇게 말할 용기가 있다면, "저기를 보라, 도덕적 직관에 대해 말하면 쥐 죽은 듯 입 다물게 만들어야 한다고 말했던 그 권력자들, 그들 스스로 쥐 죽은 듯 입 다물게 될 것이다!" 그렇게 제가 살아 있는, 순수한 정신에 호소했었습니다. 과학은 죽었습니다. 과학은 쥐 죽은 듯이 다문 입을 다시 열 수 없습니다. 어쨌든 간에 과학을 근거로 해서는 아무것도 구축해 낼 수 없습니다. 내면의 생동감에 호소해야 합니다. 그래서 우선은 제대로 찾기 시작해야만 합니다. 원천적으로 도덕적이고 정신적인 직관에 호소하는 데에 바로 신성이 놓여 있습니다. 정신적인 것을 파악했다면, 그러면 그것을 출발점으로 삼아서 세계 현존의 더 넓은 영역에서 정신적인 것을 파악할 수 있습니다. 그것이 바로 도덕적 직관으로부터 다른 정신적 내용으로 가는 길입니다.

[22] 초감각적 세계의 인식은 형상적 상상의 체험, 영감의 체험, 직관의 체험으로부터 점진적으로 구축된다는 점을 제 저서인 『고차 세계의 인식으로 가는 길』에서 서술하고자 했습니다. 외부의 자연을 관찰하면 형상적 상상에 이릅니다. 그 다음에는 영감에, 궁극적으로는 직관에 이릅니다. 도덕적 세계에서는 그렇지 않습니다. 그곳에서는 형상성에 이르면, 그러니까 형상적 상상에 이르면 그 형상적 상상과 동시에 도덕적 직관을 지닐 수 있는 능력 역시 발달합니다. 세

번째 단계에서야 비로소 이를 수 있는 것을 이미 첫 단계에서 획득합니다. 도덕적 세계에서는 외적인 지각에 즉시 직관이 따릅니다. 하지만 자연에서는 그 사이에 다른 두 단계가 이어집니다. 그래서 상투적이 아니라 솔직하고 진실하게 도덕적 영역에서 직관에 대해 말한다면, 그것을 순수하게 정신적인 것으로서 인정할 수밖에 없습니다. 그 다음에 역시 다른 정신적인 것을 찾기 위해서 지속적으로 노력해야만 합니다. 왜냐하면 도덕적 직관 내에서는 질적인 면에서 자연스러운 발달을 위해 일련의 내용이 —— 신비학이라 해도 됩니다. —— 되는 것, 바로 그것을 파악했기 때문입니다.

  [23] 그런 과정 내에 우리가 필요로 하는 바로 그것이 존재합니다. 사랑하는 여러분, 한편으로 우리는 외적인 과학이 필연적으로 단지 물질적인 것만 포괄할 수 있으며, 바로 그래서 물질주의뿐만 아니라 역시 현상주의도 물질적인 것의 관조에 머물러야만 한다는 점을 진지하게 고백할 필요가 있습니다. 그러나 자연 과학을 죽은 사고가 되도록 만드는 것을 다시금 살려 내도록 노력해야만 합니다. 그런 식으로 좀 더 고차적인 단계에서 성서에 쓰인 말들이 생동적으로 되리라 저는 말씀드리고 싶습니다. 여기에서의 제 분석을 성서에 담긴 말들과 감상적으로 뒤섞으려는 것이 아닙니다. 몇 가지를 분명히 하기 위해서 그것을 인용할 뿐입니다. 왜 오늘날에는 진정한 철학이 더 이상 없습니까? 제가 성격화한 바와 같이 사고가 실은 죽었기 때문입니다. 철학이 죽은 사고만 근거로 하면 처음부터

죽어 있기 마련입니다. 철학이 살아 있질 않습니다. 그런데 베르그송이 그랬듯이 어떤 사람이 나타나서 정말로 한 번쯤 철학에서 살아 있는 것을 찾아보려고 하면, 그가 살아 있는 것을 찾으려 발버둥을 치기는 하되 그것을 잡을 수가 없기 때문에 역시 되는 일이 없습니다. 살아 있는 것을 파악한다 함은 가장 먼저 관조에 이름을 의미합니다. 살아 있는 것에 이르기 위해서는 15세 이전의 우리 안에서 일했던 것을 15세 이후로 함께 들여가는 것이 필수적입니다. 그것은 우리의 지성에 의해 방해받지 않습니다. 스스로 활동하는, 살아 있는 지혜로서 우리 안에 작용하는 것, 그것을 죽어 버린 사고로 이끌어 들여가기를 우리가 배워야만 합니다. 죽은 사고가 성장력과 실재성으로 관통되어야만 합니다. 바로 그래서 —— 감상적이라서가 아니라 —— 제가 다음의 성서 문구에 연결시키는 것입니다. ≪너희가 어린이처럼 되지 않는다면 천국에 들어설 수 없으리라.≫

[24] 인간이 찾는 것은 궁극적으로 항상 신의 나라입니다. 사춘기 이전의 어린이처럼 되지 않는다면 그 신의 나라에 들어설 수 없습니다. 어린이다움, 청소년다움을 자신의 죽은 사고 내로 들여가야만 합니다. 그렇게 함으로써 그것이 되살아나고, 그렇게 함으로써 그것이 다시금 직관에 이릅니다. 우리가 어린이 같은 원초 지혜로부터 말하기를 배운다고 말씀드리고 싶습니다. 예를 들어서 마우트너가 서술한 바와 같은 언어 과학으로는 사실 도덕적 직관만 쥐 죽은 듯

이 입 다물게 만들지 않습니다. 그것으로는 사실 세계에 대한 논의 자체를 쥐 죽은 듯이 입 다물게 만듭니다. 세계에 대한 모든 논의가 단지 단어로만 이루어져 있고, 단어는 실재를 전혀 표현할 수 없다는 점을 마우트너가 증명했기 때문에 세계에 대해 논의하기를 그만두어야 합니다.

²⁵ 그런 식의 사고는 19세기 초반 30년 이래로 비로소 생겨나기 시작했습니다. 우리의 단어나 개념들이 단순히 무엇인가를 의미하는 게 아니라 그 자체로서 어떤 것이 될 수 있다면 과연 어떻게 될지를 사람들이 숙고하지 않을 뿐입니다. 만약에 그렇다면 그것들이 투명하지 않을 것입니다. 흡사 뿌연 렌즈처럼 우리 눈앞에서 감각적인 것을 가려 버릴 것입니다. 그래서 세상을 향한 모든 조망을 덮어 버립니다. 인간이 그 자체로서 의미심장한 무엇인가가 되는 개념들과 단어들을 지닌다면 인간에게서 아름다운 무엇인가가 나오기는 했을 것입니다. 그러면 인간이 그것들 안에 박혀 있을 것입니다. 개념과 단어는 투명해야 합니다. 그래야 인간이 그것들을 통해서 사물에 이를 수 있습니다. 실재에 대한 모든 논의를 침묵시키려 한다면 불가피하게 우리가 새로운 언어를 배워야만 합니다.

²⁶ 이런 형태로 우리가 새로운 언어를 배우면서 다시금 어린 시절로 돌아가야만 합니다. 우리가 어린 시절의 첫 해 동안에 배우는 언어는 죽어 버린 지성주의적 개념이 파고들기 때문에 점차적으로 완전히 죽어 버립니다. 우리는 그것을 다시금 되살려 내야만 합니다.

우리가 말하기를 배웠을 적에 무의식으로 그 입구를 지녔었듯이 우리가 생각하는 것으로의 입구를 다시 발견해야만 합니다. 살아 있는 과학을 찾아야만 합니다. 지난 19세기의 마지막 30년에 그 정점을 찍었던 사고가 도덕적 직관에 대해서 더 이상 말하지 못하도록 입을 막았다는 것은 자연스러운 일이었다고 생각해야 합니다. 정신이 우리의 입술을 움직이게 하면서 입 열기를 배워야만 합니다. 그러면 우리가 다시금 어린이가 될 것입니다. 달리 말하자면 나중의 연령기로 어린 시절을 들여간다는 것입니다. 우리는 그렇게 해야만 합니다. 어떤 청년 운동이 진실하다면, 그리고 상투어에 머물지 않으려 한다면, 그것은 필수적으로 정신을 통해서 인간의 입이 열리는 것에 대한 갈망, 인간 개인으로부터 솟아나는 정신을 통해서 인간적 언어를 되살리는 것에 대한 갈망일 수밖에 없습니다. 가장 먼저 어떻게 인간 개인성으로부터 개인적, 도덕적 직관을 건져 내야만 하는지를 봅니다. 그 다음에 어떻게 그것으로부터 최종적인 결론으로서 진정한 정신과학이라는 것이, 모든 인류학을 인지학으로 만드는 것이 생겨나는지를 보게 될 것입니다.

6강 행위에 대한 사랑, 인간에 대한 신뢰

1922년 10월 8일, 슈투트가르트

[01] 이곳에 머무는 동안 일정 내에서 펼쳐 보고 싶은 모든 활동과 관련해서 여러분 대다수가 무엇보다도 교육학적인 것을 염두에 두고 계십니다. 물론 사람들이 일반적으로 생각하는 그런 학교 교육학은 아닙니다. 우리 시대에 몇 가지 새로운 기미가 인류 발달 내로 들어서야만 한다는 점을 고려할 때에, 젊은 세대에 대한 구세대의 모든 태도가 다른 성격을 얻어야만 하고 사람들이 그 성격에 대해 표상을 형성하고 감각을 발달시키려 한다는 점을 고려할 때에 생겨나는 그 교육학을 염두에 두고 계십니다. 어느 정도까지는 시대의 근본 성격을 교육학적인 것으로서 파악한다는 말입니다.

[02] 이와 함께 저는, 여러분들 중 다수가 이미 알아보았다고 생각되는 인상을 설명드리고자 할 뿐입니다. 어쨌든 간에 그런 방식으로 자신의 시대를 주시하는 경우에, 혈기 왕성한 청춘으로 이 세기에 들어선 세대와, 제가 지난 며칠간 성격화했듯이 19세기의 마지막

30년에 해당하는 시점으로부터 무엇인가 조금은 이 세기로 함께 가지고 왔던 늙은 세대와의 관계만 주시해서는 안 됩니다. 특히 이렇게 자문해 보아야만 합니다. "뒤따르는 다음 세대들에게 나는 과연 어떤 태도를 취해야 하는가?" 다음 세대는, 19세기의 마지막 30년 이후의 첫 세대가 했던 식으로 이미 생겨난 무를 마주 대할 수 없을 것입니다. 구세대에 대한 일정한 반대자의 위치에 서 있는 최근의 세대에 현시대가 주었던 것조차 다음 세대는 지니지 않을 터이기 때문입니다. 그것은 바로 열정입니다. 비록 다소간에는 불확실한 것을 좇기는 하지만 적어도 열정은 있습니다. 앞으로 인류 내에 발달하는 것은, 관습적인 것에 대한 일정한 반대자의 위치에서 열정을 끌어낼 수 있었던 세대의 경우에 그랬던 것보다 훨씬 더 많이 불확실한 갈망의 성격을, 불확실한 동경의 성격을 지니게 될 것입니다.

[03] 그렇게 되면 제가 이미 말씀드렸던 것보다 훨씬 더 깊이 인간 영혼을 들여다볼 수 있어야만 합니다. 제가 이미 암시했듯이, 근대 들어서 인류의 발달 과정 중 서양에서는 전 지상적 영혼 현존에 대한 의식이 사라졌습니다. 우리가 종교적인 것으로서 인간의 영혼 발달 가장 가까이 있는 바로 그 표상을 예로 들자면, 그리고 서양 발달의 지난 수백 년을 주시해 보면 이렇게 말하지 않을 수 없습니다. "지상의 물체적 신체 내로 하강하기 전에 있었던 삶에 대한 시각을 인류는 이미 오래 전에 잃어버렸다." 인간과 더불어 무엇인가가 정신

적·신적 세계로부터 물체적인 인간 신체 내로 내려와서 물체적 인간 신체와 연결한다는 의식으로 관통되어 있다면 얼마나 엄청나게 다를지, 그 감각을 여러분이 한 순간이나마 형성해 보셔야 합니다. 그런 의식을 전혀 지니지 않는 경우에는 무엇보다도 성장하는 어린이들을 대하면서 완전히 다른 느낌을 얻습니다.

 그에 대한 의식이 있다면, 성장하는 어린이가 삶의 첫 호흡을 하는 그 순간부터, 아니 심지어는 그 이전부터 무엇인가를, 정신적인 세계로부터 현시하는 무엇인가를 우리에게 드러내 보여 줍니다. 날마다, 주마다, 해마다 무엇인가가 드러납니다. 그런 식으로 관조하면 어린이가 하나의 수수께끼가 됩니다. 출생 혹은 수태와 더불어 시작된 존재의 발달을 마주 대하고 있다고, 오늘날의 사람들이 태아라 부르는 출발점으로부터 발달하는 존재를 마주 대하고 있다고 여기는 경우와는 완전히 다른 방식으로 그 수수께끼에 다가서게 됩니다.

⁰⁵ 사람이 세계 수수께끼를 마주 대하는 경우에 대체적으로 지니는 기본 감각이 그 모든 것과 연결되어 있다는 점을 여러분이 주시한다면, 아마도 우리가 서로 좀 더 이해할 수 있을 것입니다. 여러분도 아시다시피 고대에는 세계 수수께끼에 대한 기본 감각을 ≪인간이여, 너 자신을 알라!≫라는 범례적 문장으로 표현했습니다. ≪인간이여, 너 자신을 알라!≫라는 이 문장은, 세계 수수께끼의 해답에 관해 논하면서 생겨나는 모든 이의를 견뎌 낼 수 있는 방식을 고려하는 경

우에 사실상의 세계 수수께끼를 암시하는 거의 유일한 것이라 할 수 있습니다. 저는 이런 관계에서 보아 조금은 역설적으로 한번 표현하고 싶습니다. 가정을 해 봅시다. 어떤 사람이 세계 수수께끼의 해답이라 부를 수 있는 것을 찾아내었다고 합시다. 세계 수수께끼가 풀린 그 발달 시점으로부터 인류는 그럼 무엇을 해야 합니까? 추구에 있어서의 모든 신선함을 인류가 더 이상 지니지 않을 테지요. 추구의 생동감이 모두 사라지고 맙니다! 세계 수수께끼가 인식의 차원에서 해결되었고 이 책이나 저 책을 들여다보기만 하면 해답이 들어 있다고 말해야 한다면, 그런 상태는 사실 엄청나게 절망스러울 테지요.

06 그런 식으로 세계 수수께끼에 대해 생각하는 사람들이 많지 않다고는 절대로 말할 수 없습니다. 그 사람들은 세계 수수께끼가 설명이나 성격화 혹은 그와 유사한 것으로 답을 제시해야 하는 질문이나 질문 체계라고 여깁니다. 그런 관조가 지니는 절멸성을 한번 느껴 보십시오! 이런 의미에서 어딘가에 세계 수수께끼의 해답이 있을 것이고 세계 수수께끼의 답을 연구할 수 있으리라고 생각하면 흡사 얼어붙는 듯한 느낌이 정말로 듭니다. 너무나 끔찍하고 공포스러운 생각입니다. 모든 삶이 그런 생각들에서 얼어붙고 맙니다.

07 하지만 ≪인간이여, 너 자신을 알라!≫라는 문장에 들어 있는 것은 완전히 다른 것을 의미합니다. 이 문장이 의미하는 바는 이렇습니다. "세계로 눈길을 돌려라! 세계는 수수께끼로, 비밀로 가득 차 있다. 인간 내부의 모든 하잘것없는 움직임이 광범위한 의미에서 우

주의 비밀에 대한 암시다.” 이제 그 모든 수수께끼들이 어디에 풀려져 있는지를 확실하게 암시할 수 있습니다. 그 암시를 위해서라면 아주 간단한 공식이 나옵니다. “세계의 모든 수수께끼는 인간 내부에 풀려져 있다.”라고 말할 수 있기 때문입니다. 다시금 광범위한 의미에서입니다. 살아서 세상에 거닐고 있는 그대로의 인간이 세계 수수께끼의 해답이다! 태양을 바라보면서 세계 비밀의 하나를 감지합니다. 자신을 들여다보면서 알게 됩니다. “세계 비밀의 해답은 바로 네 안에 존재한다.” ≪인간이여, 너 자신을 알라! 그러면 세계를 알 수 있다.≫

[08] 그런데 그 공식을 말하면 그와 동시에 어디에서도 해답이 완결되지 않았음을 역시 시사합니다. 인간이 자신을 알고자 하면 다시금 끝없이 많은 것들이 충만한 생동감으로 자신 앞에 드러납니다. 거기에서는 절대로 완결되지 않습니다. 세계 수수께끼의 답을 우리 안에 지니고 있다는 점을 우리가 압니다. 그런데, 우리 안에서 찾을 수 있는 것에서 절대로 해결될 문제가 아니라는 점 역시 잘 압니다. 그런 정의에서 우리가 알 수 있는 것은, 추상적으로 대답할 수 있는 추상적 질문들이 우주로부터 우리에게 주어지지 않는다는 점일 뿐입니다. 전체 삼라만상이 하나의 질문이고 인간이 그 답이라는 사실을 우리가 압니다. 우주 삼라만상의 질문 존재가 고래로부터 오늘날에 이르기까지 울려 퍼지고 있음을, 그 세계 질문의 대답이 인간의 심장으로부터 울려 퍼지고 있음을, 그 질문이 끝없이 머나먼 시간대에

이르기까지 계속해서 울려 퍼질 것임을, 끝없이 머나먼 미래에 이르기까지 그 답을 살아가도록 다시금 배워야만 함을. 속물적으로 고루한 방식으로 책에나 쓰여 있을 수 있는 것이 아니라 바로 인간 그 자체를 가리킵니다. 그런데 ≪인간이여, 너 자신을 알라!≫라는 문장 속에는, 학교와 교회 그리고 예술의 장이 비밀의식 내에 합일되었던 고대로부터 우리에게로 울려들어 오는 무엇인가가 있습니다. 설명이 아니라 해독해야 할 것에서, 그런데 오로지 무한한 활동을 통해서 해독해야 할 것에서 배웠던 내용을, 세상에 대한 책으로부터 배웠던 내용을 그 문장이 암시합니다. 세상에 대한 그 책, 그것은 바로 ≪인간≫입니다!

⁰⁹ 제가 어제 설명했던 것의 다양성을 파악한다면, 인식 감각의 그런 전환을 통해서, 인식을 대하는 그 양식을 통해서 인간의 인식하는 본성 전체가 삶의 불꽃 자체로 불붙여진다는 점을 곧바로 알 수 있습니다. 그것이야말로 바로 우리가 필요로 하는 것입니다.

¹⁰ 인류의 윤리적 발달이 의문스러워진 시점, 그러니까 15세기 초반 30년까지를 영혼 앞에 세워 보면, 제가 어제 신으로부터 받은 계시라고 성격화했던 것을 따르기 위해서 인간 내면에 온갖 다양한 동인이 필수적이었음을 발견합니다. 그지없이 다양한 시대에, 이를 데 없이 다양한 민족들 내에서 지배했던 그 동인을 우리 영혼 앞에 사열해 보면, 일련의 내적인 자극을 발견하게 됩니다. 그 자극들 모두 흡사 본능처럼 삶의 특정한 조건으로부터 방향을 잡았었다는 사실

이 드러납니다. 가족에서, 가문에서, 남녀라는 성에서, 필연성에서, 외적인 집단에서 함께 살기 위해서, 사리를 채우기 위해서 등등, 어떻게 그런 것들에서 낡은 윤리적 직관을 따르기 위한 자극들이 생겨나는지에 대해 아주 흥미로운 연구를 할 수 있습니다.

[11] 그런데 우리가 어제 주시해 보았던 그 역사 발달 내에서 낡은 윤리적 직관이 끝났던 것과 꼭 마찬가지로, 그 모든 자극 역시 개별적 인간을 위해 한때 지녔던 고무하는 힘을 더 이상 지니지 않습니다. 제가 어제 말씀드렸던, 스스로 작업해 낸 그 윤리적 직관이 이제 정말로 인간 내면에 등장하면, 세계 발달 내에서 각각의 개인들이 어느 정도 진정으로 일깨워져서 한편으로는 도덕적 직관을 자신의 영혼 작업에서 스스로 발견하고, 다른 한편으로는 그 도덕적 직관에 따라 살기 위한 자극을, 내적인 힘을 일깨운다면, 그 낡은 자극들은 사실상 아무 힘도 더 이상 지니지 못할 것입니다. 그러면 낡은 윤리적 자극들이 일정한 방향으로 점점 더 변화하리라는 생각에 이를 것입니다.

[12] 문명화된 인류 대부분이 오인하고, 오해하고 있지만 오늘날 두 가지 가장 중요한 윤리적 자극이 등장하고 있음을 우리가 알아볼 수 있습니다. 그 자극들이 영적인 것의 저변에서 자라나고 있습니다. 그것을 해석하려고 하면 보통은 가장 그릇된 생각에 이르기 마련입니다. 그것을 실용적으로 만들려고 하면 그것으로 할 수 있는 일이 별로 없다는 생각이 들기 마련입니다. 인간 내면과의 연관성에서 보자

면 그것은 윤리적 자극으로서의 사랑입니다. 인간 간의 관계와 연관시켜 보면 그것은 인간이 인간에 대해 지니는 윤리적 자극으로서의 신뢰입니다.

[13] 윤리적 사랑은 아주 가까운 장래에 이미 모든 윤리 생활을 위해 불가피하게 될 것입니다. 그런데 과거에는 그 강도나 양식에 있어서 그 윤리적 사랑이 그렇게 필수적이지 않았습니다. 물론 "욕구와 사랑이 위대한 행위를 향한 날개다."라는 속담이 옛 시대에도 역시 통용되었습니다. 하지만 상투적으로 되지 않고 진실되고자 한다면 여러 가지를 하도록 인간을 고무했던 그 욕구와 사랑은 제가 조금 전에 암시했던 그 자극의 변형이었을 뿐이라고 말해야만 합니다. 미래에는 내면으로부터 나오는 순수하고 위대한 사랑이 인간을 고무해서 스스로의 윤리적 직관을 실행할 수 있게끔 이끌어 갈 수밖에 없게 됩니다. 윤리성을 위해서 자신 영혼의 심연으로부터 사랑의 불을 지피지 않는 사람들은, 자신의 도덕적 직관을 통해서 이루어야 할 일을 면전에 대하는 경우에 윤리적 직관에 대해 의지가 박약하고 결단성이 없다고 느낄 것입니다.

[14] 거기에서 어떻게 시대가 분열되는지 볼 수 있습니다. 구세대에서 전해 내려오는 환원적 성격이라고 저는 표현하고 싶은데요, 환원적인 것으로서 다중적으로 우리 시대로 넘어 들어오는 것이 한 편에 있습니다. 그것의 건너편에 지금 막 우리 안에 서광처럼 살고 있는 것을 대조해 보면 시대의 분열을 가장 잘 알아볼 수 있습

니다. 칸트가 의무에 대해 써 내린 수려한 문장을 여러분이 자주 들으셨을 겁니다. ≪의무! 고귀하고 위대한 그 이름, 교묘히 환심을 얻어 내는 어떤 사랑스러운 것도 네게 어울리지 않고, 너는 오로지 복종만 요구한다.≫ 의무의 성격으로서, 제가 앞서 설명했던 바로 그것으로부터 나오는 자극의 성격으로서 제시할 수 있는 가장 유력한 것이었습니다. 거기에서는 의무의 내용이 외부로부터 주어진 도덕적 직관으로서 존재합니다. 다른 한편으로는 인간이 그 도덕적 직관을 마주 대해서 그것에 복종해야 합니다. 인간이 그렇게 복종하면서 윤리적으로 느끼는 바는, 의무를 수행함에 있어서 내적인 충족에 대해서는 알 필요가 없다는 것이었습니다. "나는 의무를 따라야만 한다."는 냉엄함만 거기에 있었습니다.

[15] 여러분도 잘 아시다시피 의무에 대한 칸트식의 표현에 이미 실러가 이렇게 대응했습니다. ≪친구들의 청을 즐겨 들어주기는 하는데, 불행히도 애정을 가지고 그렇게 한다. 그러니 내 덕이 높지 않은 듯해서 자주 속이 상하는구나.≫ 이렇게 실러는 칸트의 정언적 명령에 반어적 방식으로 대답했습니다.

[16] 보시다시피 구시대로부터, 낡은 윤리적 자극으로부터 건너오는 그대로의 소위 말하는 그 정언적 명령에 대치해서 인류에 대한 다른 요구 사항이 그 건너편에 있습니다. 처리해야 할 것, 행위가 되어야 할 것을 향한 바로 그 사랑을 영혼의 저변으로부터 점점 더 많이 펼쳐 내어야 한다는 것입니다. "마음을 다독여 주는 어떤 것도 내포하

지 않는 의무에 복종하라!"고 사람들에게 아무리 자주 말을 한다 한들 미래에는 그런 것이 전혀 소용없을 터이기 때문입니다! 육십이 넘어서는 젖먹이의 분위기를 발달시킬 수 없습니다. 그와 마찬가지로 인류 발달에 있어서도 역시 이전의 시대에 적합했던 식으로는 나중의 시대에 살 수 없습니다. 어떤 사람에게는 그런 것이 더 마음에 들 수도 있겠지요. 하지만 어떤 사람의 마음에 드는지 마는지의 문제가 아닙니다. 인류 발달 내에서 무엇이 필수적이고 가능한지, 바로 그에 관한 문제입니다. 가장 낡은 시대의 후예였던 칸트가 자신의 문장을 통해 말했던 것을 과연 미래로 함께 가지고 가야 할지, 그에 대해서는 논의할 여지조차 없습니다. 인류가 이미 그런 것을 넘어서서 발달했기 때문에, 미래의 인류를 위해서는 사랑에서 나오는 행위만 자극을 줄 수밖에 없을 정도로 인류가 이미 발달했기 때문에 그런 것은 미래로 함께 가져갈 수 없습니다.

[17] 우리가 이렇게 한편으로는 도덕적 개인주의라는 관조를 얻습니다. 그런데 다른 한편으로는 실현되어야 할 행위의 관조에서 나오는 사랑이 도덕적 개인주의를 떠받쳐 준다는 점 역시 필수적으로 알아보아야 합니다. 이는 주관적인 인간을 주시할 때에 그렇습니다.

[18] 이제 외적인 관계를, 사회 생활을 주목해 보면 사실이 이렇게 드러납니다. 사람들이 옵니다. 그 사람들 속에 무엇인가가 들끓고 있습니다. —— 그런데 그것은 전진하는 인류 발달 때문이 아니라 외부로부터 받아들인 온갖 종류의 의견으로 인해 그렇습니다. —— 그

들이 이렇게 말합니다. "그래, 인간의 개인성을 근거로 해서 윤리를 세우려면 사회 생활이 파괴되고 말 것이다." 그런 주장은 사실 내용이 전혀 없습니다. 그것은 흡사 이렇게 말하는 것만큼이나 똑똑한 생각입니다. "석 달 동안 여기 슈투트가르트에서 비가 이러저러한 정도로 자주 내리면 그 자연재해로 인해 여러 농작물들이 파괴될 것이다." 일정한 인식 책임감을 의식한다면 그보다 더 내용이 없는 것은 말할 수 없습니다. 인류가 개인주의라는 방향으로 발달하고 있다는 사실을 고려해 보면, 도덕적 개인주의로 인해 사회가 파괴되리라는 말은 전혀 수긍할 수 없습니다. 훨씬 더 중요한 문제는 인류의 지속적인 발달을 가능하게 하는 힘들을 찾는 것입니다. 도덕적 개인주의 의미에서 인류 발달을 위해 그 힘이 필수적이기 때문입니다. 그 도덕적 개인주의하에서 단결되어야 사회가 비로소 진정 생동적으로 될 수 있습니다.

  [19] 그런 힘 중에 하나가 신뢰입니다. 인간의 인간에 대한 신뢰, 우리의 내면을 들여다보면 도덕적 미래를 위해서 사랑에 호소해야만 하는 바와 꼭 마찬가지로 사람들 서로 간의 관계를 들여다보면 우리가 신뢰에 호소해야만 합니다. 인간이 세계 수수께끼 자체라고, 돌아다니는 세계 수수께끼라고 느끼면서 타인을 조우해야만 합니다. 그렇게 하면 우리가 한 인간을 마주 대할 때 우리 영혼의 가장 깊은 저변으로부터 신뢰를 이끌어 올리는 그 느낌들을 발달시키도록 배우게 됩니다. 전적으로 구체적인 의미에서의 신뢰, 개인적으로

그리고 개별적으로 형상화된 신뢰, 그것은 인간 영혼으로부터 고전 분투를 거쳐서 생겨나는 가장 어려운 것입니다. 하지만 신뢰에 방향을 맞추는 교육학, 그런 문화 교육학이 없이는 인류 문명이 더 이상 나아갈 수 없습니다. 인류는 미래를 향해서 한편으로는 모든 사회 생활이 신뢰를 바탕으로 구축되어야 한다는 불가피성을 감지해야만 합니다. 하지만 다른 한편으로는 인간 영혼 안에 하필이면 그 신뢰가 적합한 방식으로 자리 잡지 못하고 있다는 그 비극 역시 인지해야만 합니다.

[20] 오, 사랑하는 여러분, 미래에 바로 그 신뢰의 느낌이 무한히 심화된 이후에 비극적인 방식으로 사람에게서 실망을 한다면, 많은 것을 함께 쌓아 왔던 지인에게서 실망을 했을 때 영혼 저변에서 사람들이 느꼈던 것, 인류 발달의 노정에서 지금까지 그런 느낌으로 전개되었던 모든 것을 그 비극성에 있어서 훨씬 더 능가할 것입니다. 미래에는 사람에게서 실망을 하는 경우가 가장 혹독한 일이 될 것입니다. 삶에서 그런 것이 가장 혹독한 경우가 되는 이유는, 지금까지 사람이 사람을 실망시키지 않았기 때문에서가 아닙니다. 미래에는 신뢰와 실망에 대한 인간의 감각이 무한하게 심화될 터라서 그렇습니다. 사람들이 한편으로는 신뢰하는 행운을 통해, 다른 한편으로는 불가피한 불신의 고통을 통해서 영혼 안에 작용하게 될 것을 바탕으로 해서 끝없이 많이 구축하게 될 터이기 때문입니다. 도덕적 자극이 영혼의 저변으로까지 파고들 것입니다. 바로 그 영혼의 저변

에서 인간으로부터 인간에게로 향하는 신뢰로부터 직접적으로 도덕적 자극이 솟아날 것입니다.

[21] 인간이 행위를 위한 힘을 내면으로부터 얻을 수 있도록 사랑이 인간의 손을, 인간의 팔을 가득 채울 것입니다. 그와 마찬가지로 행위가 한 인간에게서 다른 인간을 향한 길을 찾을 수 있도록 신뢰의 분위기가 외부에서 우리 안으로 흘러들어야만 합니다. 미래의 윤리성은 인간 영혼의 깊고 깊은 심연으로부터 자유로워진 윤리적 사랑 안에서 부활해야만 합니다. 그리고 미래의 공동체적 행위는 신뢰로 관통되어야만 합니다. 인간적 개인성이 인간적 개인성을 윤리 내에서 조우해야 한다면, 다른 무엇보다도 그 신뢰의 분위기가 가장 필수적이기 때문입니다.

[22] 이렇게 우리는 미래의 도덕을, 미래의 도덕관을 바라봅니다. 그 미래의 도덕은 사람들이 낡은 양식의 도덕적 직관으로서 성격화했던 것에 관해서는 별로 논하지 않을 것입니다. 어린 시절부터 어떻게 발달해야만 그의 내면에 윤리적 사랑의 힘이 일깨워질 수 있는지에 대해 집중적으로 논할 것입니다. 그리고 미래의 교육학에서는 많은 것들이, 입밖에 내지 않으면서도 교육적으로 작용하는 것을 통해서 교사와 양육자로부터 자라나는 세대로 전승되어야만 합니다. 인간이 이러저러한 것으로 이루어져 있고, 인간은 이러저러하다는 식으로 추상적으로만 열거하는 인간 인식이 아니라, 무엇인가를 가르치되 그 가르치는 이에 대한 올바른 신뢰가 생겨나게끔 하는 인간 인

식으로부터 더 많은 것들이 수업과 교육 내에 드러나야만 합니다.

[23] 우리와 같은 인간을 대하는 데 있어서 우리를 싸늘하게 만들지 않고 신뢰로 가득 채우는 인간 인식이, 바로 그런 인간 인식이 미래 교육학의 핵심이 되어야만 합니다. 인류 발달 내에서 예전에는 심각하게 다루어졌지만 지성주의 시대에는 더 이상 진지하게 받아들여지지 않는 것을 이제는 새로운 양식으로 진지하게 다루는 것이 불가피해질 것이기 때문입니다.

[24] 여러분이 그리스 시대로 거슬러 올라가 보면 당시에만 해도 예를 들어서 의료 활동을 하는 의사 자신이 성직자 직업을 수행하는 사람과 대단히 유사하다고 느꼈습니다. 성직자는 다시금 특정한 양식에서 의사와 유사하다고 느꼈습니다. 비록 조금은 혼돈스러운 양식이기는 하지만 파라셀수스라는 인물에게서 역시 그런 의향이 비쳐 나옵니다. 당시나 오늘날이나 사람들은 파라셀수스를 거의 이해하지 못합니다. 오늘날에는 인류를 위한 추상적인 교시를 종교 영역으로 분류해 넣습니다. 그 추상적 교시에서는 사실 실재의 삶에서 멀어지게 하는 명령들이나 제시될 뿐입니다. 왜냐하면 종교적 교시에서는 신체를 지니지 않는 경우의 인간이 무엇인지에 대해서나, 아니면 그와 유사한 내용에 대해 세상사와는 너무나 소원한 방식으로 사람들에게 설교하기 때문입니다. 그것의 건너편에 문명의 다른 극이 존재합니다. 그 극에서는 문명이 만들어 내는 모든 것을 종교성으로부터 될 수 있으면 멀리 벗어나도록 밀쳐냅니다.

²⁵ 예를 들어서 병을 고치는 데에서, 의료 행위에서 오늘날 누가 과연 종교 의례를, 정신성으로 관통되어 있음이 중요한 역할을 하는 종교 의례를 알아봅니까? 파라셀수스는 그것을 느꼈습니다. 그에게는 여전히 종교적인 것이 의술에까지 연장되었습니다. 파라셀수스에게는 의술이 종교성의 한 지류였습니다. 고대에는 그랬었습니다. 그때에는 인간이 하나의 전체였었습니다. 인류에 봉사하기 위해서 행해야만 했던 것이 종교적 자극으로 관통되어 있었기 때문입니다. 우리는 다시금 —— 다른 방식으로, 즉 신으로부터 주어진 것이 아니라 스스로 작업해 낸 도덕적 직관을 통해서 —— 모든 삶이 그 종교적 성향으로 관통되는 상태에 이르러야만 합니다. 그런데 그것이 가장 먼저 교육과 수업의 영역에서 가시화되어야 합니다. 인간의 인간에 대한 신뢰, —— 그것이 바로 미래의 중대한 요구 사항입니다. —— 그 신뢰가 사회 생활을 관통해야만 합니다.

²⁶ "네가 미래에 윤리적인 인간이 되고자 하는 경우에 무엇을 가장 필요로 하느냐?"고 우리가 자문해 보면, 이렇게 대답할 수 있을 뿐입니다. "인간에 대한 신뢰를 반드시 지녀야만 한다." 이제 어린이가 이 세상으로 들어서면, 달리 말하자면 한 인간이 전 지상적 현존으로부터 내려와서 출생과 죽음 사이에 사는 지구상에서 도구로 사용할 물체적 신체와 합일하는 경우에, 인간이 어린이로서 자신의 영적인 것을 아주 분명하게 드러내면서 우리 앞에 들어서는 경우에 우리가 인간에 대한 신뢰로서 그에게 가져다 주어야 할 것, 그것은 과

연 어떠합니까? 한편으로는 어린이가 지구상에서의 첫 움직임과 함께 이미 인간이라는 점이 확실하듯이, 우리가 인간에 대한 신뢰로서 그에게 보여 주는 것이 동년배의 타인에게 보여 주는 신뢰와는 조금 다르다는 점 역시 확실합니다. 우리가 교육자로서 혹은 구시대에 속하는 사람으로서 어린이를 대한다면 인간에 대한 그 신뢰가 특정한 양식에서 변화합니다. 어린이는 정신적·영적인 전 지상적 현존으로부터 지상적인 현존으로 들어섭니다. 그런데 우리가 바라보는 것, 날마다 만족스러운 방식으로 영적·정신적 세계로부터 물체적인 것의 관통 내에서 드러나는 것은 역시 —— 진정으로 현대적인 의미에서의 표현을 차용하자면 —— 우리가 신성이라 부를 수 있는 것의 지배입니다.

[27] 우리는 다시금 신성이 필요합니다. 인간이 지상적 현존 내에서 자신의 지상적 신체성을 통해서 계속해서 살아가듯이, 그 신성을 통해서 인간이 전 지상적 현존으로부터 현재로 이끌어집니다. 우리가 윤리성의 범주 내에서 인간에 대한 신뢰를 말합니다. 그렇게 하면서는 윤리성을 언급하는 순간에 교육과 수업을 제시하는 것을 세분화해서 이렇게 말해야만 합니다. "신적·정신적 힘들이 우리에게 내려보낸 어린이, 그 어린이를 우리가 풀어야 할 수수께끼로서 마주 대하고 있다. 우리가 신의 신뢰를 마주 대하고 있다." 네, 어린이에게는 인간에 대한 신뢰가 심지어는 신에 대한 신뢰로까지 변화합니다. 미래의 인류 발달에서는 —— 저는 이렇게 표현하고 싶습니다. ——

좀 더 중립적인 양식으로 인간과 인간 간에 작용하는 것이, 어린이나 청소년 층에 연관되면, 그러니까 일단은 그 발달이 세상과 연결되어야 할 층에 관한 문제라면 저절로 종교적 뉘앙스를 띠게 될 것입니다. 지상적 현존 내에서 윤리성이 얼마나 직접적으로, 우리가 일상 생활에서 살아 내는 그 종교성으로 환원되는지를 알아볼 수 있습니다. 구시대에는 모든 윤리적 삶이 종교생활의 특수한 경우였을 뿐이었다고 말해야 옳습니다. 왜냐하면 종교적 계시가 동시에 윤리적 계시를 함께 제시했었기 때문입니다.

[28] 인류가 그런 것들과 함께 추상성의 시대를 거쳐 지나왔습니다. 그런데 이제는 다시금 구체성의 시대가 들어서야만 합니다. 어떻게 윤리성이 종교성으로 되는지를 이제 다시금 특정한 관점에서 확실하게 감지해야만 합니다. 미래에는 교육과 수업이라는 윤리적 활동이 현대적인 의미에서 종교적인 것으로 형상화되어야만 합니다. 사랑하는 여러분, 교육학은 단순한 기술이 아니기 때문입니다. 교육학은 그 본질에 있어서 역시 인간의 윤리적 행위의 특수한 사안입니다. 윤리성 내에서, 도덕성 내에서 교육학을 발견하는 사람만 그것을 올바른 방식으로 발견합니다.

[29] 제가 여기서 윤리성에 있어서의 특수한 종교적 뉘앙스로서 설명드리는 것은 근본적으로 보아 이렇게 말하면 올바르게 채색됩니다. "수수께끼로 가득 찬 삶이 우리 앞에 들어선다. 우리가 인간 본성 내에서 찾을 때에만 그 수수께끼의 답을 발견할 수 있다." 그

안에 답이 들어 있습니다. 하지만 교육자는 그 수수께끼의 해답에 사랑으로 가득 찬 방식으로 계속해서 작업을 해야 한다는 불가피성 앞에 세워집니다. 교육을 하면서, 수업을 하면서 어떻게 지속적으로 세계 수수께끼의 해답에 일하고 있는지를 느끼도록 배운다면, 그러면 그저 머릿속에만 세계 수수께끼에 대한 온갖 종류의 답을 찾는 경우에 비해서 세상으로 완전히 다르게 들어서게 됩니다. [30] 필시 여러분이 마음에 품고 왔을 교육학에 대한 그 느낌을 고려해 볼 때 관건은, 제가 말씀드린 교육학의 특성을 느낌으로서 함께 세상으로 가지고 나가는 것입니다. 이 느낌이 여러분을 세상에 위치시키되, 여러분이 그저 한 방향만 바라보면서 이렇게 질문하도록 두지는 않습니다. "구세대에 적응해야만 했던 청년들에게 어떤 비극이 일어났는가?" 여러분은 미래를 바라보면서 이렇게도 질문을 해야 할 것입니다. "후대에 올 사람들을 똑바로 바라볼 수 있으려면 나의 내면에서 어떤 생동적인 힘을 계발해야만 하는가?" 그들이 역시 이미 존재했던 이들을 다시금 되돌아볼 것이기 때문입니다. 청년 운동이 온전한 책임감을 가지고 삶을 주시한다면, 그것의 모든 형태는 야누스의 머리를 지닐 수밖에 없습니다. 구세대에 대해 지니는 요구 사항만 주시해서는 안 됩니다. 거대한 폭풍처럼 우리에게 닥쳐 오는, 다음 세대의 청년들이 우리에게 제시할, 아직은 불분명한 그 요구 사항 역시 주시할 수 있어야 합니다. 그저 늙은이들의 반대 세력으로만 머물지 않고 창조적으로 앞을 내다보기, 그것이 진정한 청년 운동을 위한 올바른 좌표입니다. 반대가 처음에는 열정을 위한 원동력이었을 수도 있습니다. 하지만 오늘날의 인류 발달 내에서는 작용력만이 창조를 위한 의지를, 창조적인 형상화를 위한 의지를 부여할 것입니다.

7강 어디에서 정신을 발견할 수 있는가?

1922년 10월 9일, 슈투트가르트

01 제가 어제, 오늘날의 젊은이들을 가득 채우고 있는 갈망이 특정한 관계에서 보아 어떻게 야누스의 머리를 지닐 수밖에 없는지를 여러분께 보여 드리고자 했습니다. 일단은 그 갈망이 반대자의 위치에서 오는 열정으로 가득 차 있는 듯이 보입니다. 그러나 20세기 초반에 청년들 사이의 그 감각이 아무리 강하게 현시대를 숨쉬었다 하더라도 우리는 오늘날 벌써 이렇게 말할 수 있습니다. "성격화한 갈망에 대한 감각이 있는 사람은 그 대립이 오늘날에는 더 이상 그렇게 격화되어 있지 않다는 사실을 발견한다." 아마도 여러 진영들이, 특히 청년들 스스로가 이 사실에 순순히 동의하지 않을 것입니다. 그럼에도 불구하고 저는 그 사실과 함께 아주 의미심장한 것이 암시된다고 생각합니다.

02 20세기 초반에 세계 발달을 마주 대하면서 이 자리에서 성격화한 ≪무 앞에 서기≫를 가장 깊은 인간적 느낌으로 지녔던 세대, 그

세대는 인류 발달 내에서 그야말로 완전히 새로운 것이었습니다. 오늘날에는 상황이 다시금 바뀌어 그 느낌이 그들 자신의 저변으로부터 준비되어 온 적잖은 실망을 고려해야만 합니다.

⁰³ 대략 20여 년 전에 관찰할 수 있었던, 바람을 가득 안은 돛, 오늘날에는 그것을 더 이상 찾아볼 수 없습니다. 소위 세계 대전이라는 참혹한 사건만 그 돛을 느슨하게 만들지는 않았습니다. 젊은층에서도 역시 내면으로부터 특정한 체험이 싹터 올랐고, 그것이 젊은이들이 지녔던 원래의 느낌을 근본적으로 완화시켰습니다. 20세기 초반에 벌써 나이가 좀 들었지만 내적으로는 노인이 되지 않았던 이들에게 다가왔던 느낌에 있어서 한 가지가 완전히 폭발적으로 분명해졌습니다. 그것이 말로 명확하게 표현되지는 않았습니다. 그러나 젊은이들이 하는 말을 그대로 들어 보면, —— 저는 암시적이라고 말하겠습니다 —— '대기시켜 놓은 피곤함' 이라 부르고 싶은 무엇인가가 적잖은 것들에 담겨 있었습니다.

⁰⁴ 여러분께 하나의 개념을 제시해 보도록 하겠습니다. 그 개념이, 정확하게 성격화할 수 없는 것을 조금은 정확하게 성격화할 수 있도록 도울 것입니다. 그것을 정확하게 성격화하기 힘든 이유는 아마도 청년 운동을 스스로 어느 정도 깨어 있으면서 체험했던 사람들만이 제가 실제로 의도하는 바를 이해할 수 있을 터이기 때문입니다. 대부분의 사람들은 청년 운동을 깨어 있지 않고 거의 잠을 자는 상태에서 흘려 보냈습니다. 제가 지난 몇 년 동안 논의해 왔듯이 말

을 하면 대다수의 사람들에게는 그런 것이 완전히 소원하게 들립니다. 사람들이 근본적으로 완전히 잠을 자면서 그런 것을 지나쳐 버립니다. 오늘날에도 역시 그런 문제에 대해서는 아직도 깊은 잠에 빠진 채로 대처합니다.

05 '대기시켜 놓은 피곤함'이라고 제가 말씀드렸습니다. 일상 생활에서도 활동성만 유기적 현존에 속하지는 않습니다. 일을 마친 후의 피곤함 역시 필수적으로 삶에 속하는 무엇입니다. 인간이라면 그저 피곤해질 수 있을 뿐만 아니라, 가끔은 정말로 피곤함을 내면에 지니고 돌아다닐 수 있어야 합니다. 밤이 되면 습관적으로 잠을 자야 한다는 이유만으로 잠자리에 들면서 하루를 보낸다면 실로 건강하지 않습니다. 저녁에 적당히 피곤해져서, 그 피곤함이 우리를 —— 저는 이렇게 말하고 싶습니다. —— 평범한 방식으로 잠에 빠져들도록 만드는 편에 비해서는 분명히 덜 건강합니다. '피곤해질 수 있음' 역시 삶에서 우리에게 다가오는 현상들을 두고 보았을 때 반드시 있어야만 하는 그 무엇입니다.

06 예를 들어서 교육학에 관해 논하는 자리에서 저는 이런 말을 자주 들었습니다. "어린이들을 위해 배움을 놀이로 만드는 교육학이 있어야만 한다. 어린이들이 학교에 가면 그저 즐거움으로 가득 차야 한다." 그런 식으로 말하는 이들은, 어린이들이 학교에서 그저 즐겁기만 하고, 항상 웃음꽃이 만발하고, 배움이 놀이가 되면서도 역시 무엇인가를 배울 수 있는 그 상태를 어떻게 만들어 낼 수 있는지 한

번 시도해 보아야 할 것입니다. 사실 그런 교육학적 안내서는, 어린이들이 근본적으로 아무것도 배우지 않도록 하기에 최상입니다.

⁰⁷ 올바르게 한다면 이렇습니다. "어린이들을 전혀 즐겁게 만들지 않는 것 역시, 심지어 그 순간에는 필시 힘이 들고 괴로운 것 역시 어린이가 아주 자연스러운 방식으로 떠맡아 하도록 만들 능력을 교육자로서 지녀야만 한다." 어린이에게 무엇을 가르쳐야 하는지는 아주 쉽게 말할 수 있습니다. 하지만 단순히 '놀면서 배우기'로는 아동기 전체가 망가지고 맙니다. 인간이 특정한 주제로 인해서 영적으로 피곤해지기, 말하자면 특정한 주제가 노고를 만들어 내는 것 역시 필수적이기 때문입니다. 비록 고루하게 들릴지언정 이렇게 표현해야만 합니다. "젊은이들이 살아 있는 것을 향하듯이 특정한 앎을 향해, 특정한 인식을 향해 기어올랐어야만 했던 그 시대에는, 배우고 싶어 하는 젊은 세대 앞에 이미 조금은 알고 있었던 이들이 일종의 육화된 이상인 양 서 있었던 그 시대에는 젊은이들에게 역시 그 피곤해지기도 있었다." 피곤해지기가 당시에는 있었습니다.

⁰⁸ 저는 잘 모르겠습니다, 사랑하는 여러분. 방금 말씀드린 문장을 나직한 회의를 가지고 따르는 사람이 지금 여러분들 중에 있는지를. 어쨌든 간에 오늘날에는 상당히 많은 사람들이 제 말에 적잖은 회의를 품을 것입니다. "당시에 배우고 싶어 하는 젊은 세대들 앞에 무엇인가 이미 조금은 알고 있었던 사람들이 일종의 육화된 이상인 양 서 있었다."라고 주장하면, 그런 생각이 많은 이들에게는 도저히 실

재화될 수 없어 보이기 때문입니다. 일종의 육화된 인식처럼, 육화된 앎처럼 누군가를 우러러보기, 누군가를 개인적인 이상으로 삼아 따르기, 그런 것을 오늘날에는 거의 상상할 수 없습니다. 그럼에도 불구하고 그런 느낌은 당연히 언급의 여지조차 없이 고대에서뿐만 아니라 중세 후반에 이르기까지 고도로 존재했었습니다. 중세 후반부까지 여전히 존재했었던 그 불가사의하게 고무하는 외경심, 삶을 진정으로 영적인 갱신력으로 가득 채우는 그 존경심이 대부분 소실되었습니다. 한때는 학문을 위해 인간을 격려하고 고무했었던 그 열망이 더 이상 없었기 때문에 젊은이들이 공부를 하면서 말하자면 제대로 피곤해질 수가 없었습니다. 제가 좀 더 구체적으로 표현하자면 이렇게 말할 수 있습니다. "학문이 사람들의 머릿속에 살아 있는 것이 아니라 도서관에 보관하는 것이 되었다." 학문이 점점 변해서 실은 전혀 더 이상 가지고 싶지 않은 물건이 되어 버렸습니다. 그래서 그 학문에서는 사람이 더 이상 피곤해지지도 않았습니다. 학문을 향한 열망으로 가득 차 있다는 느낌이 들지 않았기 때문에 그것에서 피곤해지지도 않았습니다. 노력해서 얻어 내야 할 인식에서 피곤해질 수 있는 가능성이 사라졌습니다.

⁰⁹ 그로 인해서 19세기에서 20세기로 넘어가는 과도기에 젊은이들을 가득 채웠던 것이 아주 특이한 성격을 지니게 되었습니다. 저녁에 피곤하지도 않은데 잠자리에 누워 이리저리 뒤척이면서 자기가 왜 그렇게 뒤척이는지 알지 못하는 사람이 지니는 삶의 힘에서 보이

는 성격입니다. 제가 그런 힘을 경멸해서 이렇게 말씀드리는 것이 아닙니다. 저녁에 피곤해지지 않아서 잠자리에서 뒤척이는 사람의 그 힘이 건강하지 않다고는 전혀 생각하지 않습니다. 그 삶의 힘은 아주 건강합니다. 다만 상황에 들어맞지 않을 뿐입니다. 19세기에서 20세기로 넘어오는 전환기를 전후해서 젊은층을 지배했던 힘들 역시 특정한 의미에서 그런 종류였습니다. 상당히 건강한 힘들이었습니다. 하지만 그것에 방향을 줄 수 있는 것이 세상에는 없었습니다. 늙은이들이 말했던 것에 그 힘을 쓰면서 피곤해지려는 욕구가 젊은이들에게는 더 이상 없었습니다. 그런데 그 힘은 어디엔가에 쓰이지 않고서는 이 세상에 존재할 수가 없습니다. 그래서 말씀드린 그 시기에 막대한 힘들이 활동을 갈망했지만 방향을 잡지 못한 채 갈팡질팡하는 것을 볼 수 있었습니다. 그런 힘들이 대학생들에게서도 역시 생겨났습니다.

¹⁰ 15세기 초반 30년 이래로 인식을 향한 모든 추구가 지성주의로부터 특이한 성격을 얻었습니다. 소위 과학이라고 부르는 것에 인간이 몰두해야 합니다. 그런데 그 과학이 인간을 거의 접촉하지 않습니다. 인간과 아무 관계가 없습니다. 12세기나 13세기에 쓰인 저술물들만 해도 인간적인 것이 얼마나 많이 지배하는지 오늘날에는 더이상 공감할 수 없습니다. 그렇다고 해서 12세기나 13세기로 돌아가서 당시의 저술물들이 담고 있는 것을 믿어야 한다고 말한다면 당연히 안 되겠지요. 특정 교회가 이 방향에서 요구하는 사항을 우리

는 결단코 따르지 않을 것입니다.

¹¹ 오늘날의 사람들이 생물학이나 다른 분야의 저술물에서 배울 때에 지니는 정도의 무관함으로는 예를 들어서 마그누스가 당대에 써 내렸던 저술에 전혀 몰두할 수가 없습니다. 그런 방식으로는 그 것을 배울 수 없습니다. 그런 책을 손에 잡으면, 오직 타인을 마주 대하고 앉아 있다는 느낌으로만 읽을 수 있습니다. 사람을 마주 대 하고 있으면 그가 하는 말을 —— ≪객관적≫이라고 흔히 말하듯 이 —— 그렇게 무관하게 받아들이지는 않습니다. 내적인 것, 영적 인 것이 개입되면서 살아서 움직이기 때문에 함께 올라갔다 내려 갔다 합니다. 예를 들어서 마그누스가 당시에 쓴 그 논설이 비록 어렵다 하더라도, 여러분은 여러분의 영혼을 다해서 그것을 읽어 야 합니다. 그런 논설에서 외관상으로는 가장 추상적인 것 역시 형 상적 표현의 힘으로 다루어야 하고, 가장 일반적인 관념을 다루는 경우라 하더라도 그런 것을 읽으면서는 흡사 삽과 가래를 가지고 —— 물론 영적으로 그러하다는 것입니다. —— 노동을 하고 있는 듯한 활동성을 느낀다는 사실은 완전히 간과합시다. 그런 저술에 서 그렇게 경험하게 되는 아름답고 인간적인 활동성은 간과하더라 도, 그 형상성으로 인해서 인식하는 자가 그렇게 논구하는 주제에 서 자신의 인식을 신뢰할 수 있도록 배려됩니다.

¹² 마그누스 같은 인물들이 찾는 과정에서 무엇인가를 발견했다 면, 그것이 신의 마음에 들 수 있을런지, 아니면 전혀 그렇지 않을

런지, 그런 문제가 그들에게는 진정으로 무관하지 않았습니다. 중세의 위대한 인식론자로서 마그누스가 제시하는 형상과, 19세기를 준비했던 정신들 중 예를 들어서 헤르바르트가 제시하는 것 간의, —— 다른 인물을 거론할 수도 있겠지만 헤르바르트가 19세기의 마지막 30년에 해당하는 시점에 이르기까지 교육학에 지대한 영향을 미쳤기 때문입니다. —— 그 양자 간의 차이를 한번 생생하게 그려 보면, 마그누스가 어디에서나 일종의 불타오르듯 빛나는 구름 속에 있는 듯이 보입니다. 마그누스가 인식에 몰두하는 경우에는 흡사 그의 내면에서 타오르는 듯 은은한 빛이 납니다. 그가 흡사 불타오르는, 빛나는 구름 속에 있는 것 같은 느낌이 듭니다. 그리고 마그누스의 그런 영혼으로 들어가 볼 수 있는 능력이 있다면, 차츰차츰 스스로 그런 불꽃으로 들어가게 됩니다. 비록 오늘날의 영혼을 위해서는 골동품이 되어 버렸다 하더라도, 윤리적인 것에 몰두하면서 그것을 적어 보고 표현해 보거나, 아니면 신적·정신적 존재들이 그런 것에 호감을 보일지, 아니면 반감을 보일지에 대해 그저 숙고를 해 보기만 해도 마그누스에게는 그런 문제가 무관하지 않았었다는 느낌이 듭니다. 그런 주제를 공부하면서는 호감이든 반감이든 어떻든 간에 느낌이 항상 생겨납니다.

[13] 그와는 반대로 헤르바르트의 경우에서 다섯 가지 윤리적 관념들, 즉 내적인 자유, 완벽함, 호의, 권리, 인과응보가 객관적·과학적으로 다루어지는 양식에 몰두해 보면, 네, 거기에는 사람을 온기

와 냉기처럼 둘러싸는 구름이 없습니다. 사람을 서서히 얼어붙도록 만드는 것이 거기에 있습니다. 실로 객관적으로 냉혹하게 만드는 것이 있습니다. 그것이 바로 모든 인식 양식에 스며든 정서입니다. 19세기 말에 그 정서가 절정에 이르렀습니다.

[14] 그렇게 모든 인식의 본질을 다루는 데에 있어서 역시 외적으로도 서서히 강한 저항을 조우하는 식으로 되어 갔습니다. 인식론자라고 소개되는 사람을 말하자면 주로 강단에서나 보게 되었습니다. 저만큼 나이를 먹은 사람들이 저와 유사한 것을 체험했었는지 잘 모르겠습니다만, 지난 세기의 90년대에 항상 엄청나게 분통터지는 경우를 저는 항상 반복해서 당했습니다. 당시에 제가 식자층의 모임에 적잖게 참여했습니다. 그런 식자층의 모임에서 즐거움이 있었으면 하는 욕구가 제게는 항상 있었습니다. 그리고 그런 곳에서 이러저러한 질문거리에 대해 말하고 싶은 생각도 간절했습니다. 예를 들어서 한 번쯤은 개체 신생설과 진화론의 차이에 관해 논할 수 있기를 기대했었습니다. 그런데 제가 그런 것을 논하기 시작하면 금세 이런 말을 듣곤 했습니다. "그러지 마, 자기 전문 분야만 그렇게 늘어놓으면 되는 일이 없어." 당시에는 자기 전문 분야에서 명성을 얻었다면 그에 관해서는 실로 입을 열어서는 안 되었습니다. 인식론자를 단지 강단에서만 만날 수 있었습니다. 강단에서 내려오면 더 이상 강단 위의 그 사람이 아니었습니다. 완전히 다른 사람이 되었습니다. 온갖 주제에 대해서 이야기할 수 있

었지만 자기 분야에 관해서만은 절대로 말하지 않는 것이 상례였습니다. 간단히 말하자면, 과학적 활동이 너무나 객관적으로 되어서 어떤 전문 분야에 있는 사람들이 그 분야 역시 객관적으로 다루었다는 것입니다. 자신의 전문 분야를 다룰 필요가 없이 사람들의 관심을 한 번 끌고 싶을 때 특히 더 그랬습니다. 그런데 그것에 역시 다른 느낌을 더 연결할 수 있습니다. 제가 방금 말씀드린 것은 단지 분명하게 하기 위해서일 뿐입니다. 이 문제의 실제적인 핵심을 다른 방식으로 암시해 보겠습니다.

[15] 교사가 대충 배운 것을 어떻게 해서든 청소년들에게 가르칠 수는 있습니다. 예를 들어서 이런 경우를 종종 봅니다. 청소년들에게 어떤 것을 가르치려고 하는 사람이 공책이나 심지어는 인쇄된 책을 들고 —— 그것도 자신의 책이 아닙니다. 필시 공책에 적힌 것도 스스로 생각해 낸 것이 아니겠지요. 하지만 꼭 그렇다고 가정하고 싶지는 않습니다. —— 반 앞에 서서 용감하게 그 책에 있는 것을 그대로 가르칩니다. 그렇게 한다는 자체가 이미 초감각적 세계가 존재하지 않는다고 정말로 전제하는 것입니다.

[16] 그렇다면 어째서, 교사가 공책이나 책을 들고 수업을 하러 들어가면 그로써 이미 초감각적 세계는 없다고 전제하는 것이라 말할 수 있습니까? 다른 여러 가지에서도 그랬었지만 이 주제에 있어서도 역시 니체가 아주 흥미로운 생각을 섬광처럼 얻었습니다. 니체도, 인간 내면에는 각기 다른 이가 박혀 있다는 점을 주시했습니다. 사

람들은 그것을 시적인 형태로 여기는데 실은 그렇지 않습니다. 모든 내면에는 다른 인간이 박혀 있습니다! 그 다른 인간이 현상으로 드러나는 인간보다 대부분 훨씬 더 똑똑합니다. 예를 들어서 어린이의 경우에는 그 다른 인간이 비교할 수 없을 정도로 더 지혜롭습니다. 그 다른 인간이 바로 초감각적 실재입니다. 그가 바로 인간 내면에 박혀 있습니다. 그리고 반 앞에 서서 —— 대략 서른 명의 어린이들이 있다고 합시다. —— 책이나 공책을 보조 삼아서 가르친다면, 그러면 어린이들의 드러나는 인간을 통해 서른 명 모두 그것을 유용하게 여기도록 훈련을 시킬 수는 있습니다. 하지만 앞에 앉아 있는 서른 명의 숨겨진 인간들은 —— 그들이 있다고 전적으로 확신할 수 있습니다. —— 그와는 다르게 판단합니다. 그 숨겨진 인간은 이렇게 말합니다. "선생님도 몰라서 지금 겨우 읽어 내릴 수밖에 없는 것을 내게 가르치려고 하잖아. 선생님이 지금 내게 읽어 주는 것을 무엇에 쓰기 위해 알아야 하는지 한번 알고 싶어. 지금 겨우 읽어 내리는 것을 알아야 할 이유가 없지 않아? 선생님도 모르잖아? 그렇지 않다면 저렇게 책을 들고 서 있지는 않을 텐데 말이야. 나는 이렇게 어린데, 나보다 훨씬 더 나이를 먹은 사람도 몰라서 저렇게 책을 읊어 주어야 하는 것을 벌써부터 알아야 한다는 말이야?"

[17] 이렇게 파악해야만 합니다. 초감각적 세계에 대해 말한다고 해서 환상적인 신비주의에 빠져들거나 "숨겨진" 것에 —— 제가 따옴표로 특히 표시합니다. —— 대해 말하라는 것이 아닙니다. 초감각

적 세계에 대해 언급한다 함은 바로 삶을 마주 보고 진정한 실재에 관해 말함을 의미합니다. 서른 명의 보이지 않는 어린이들이 서른 명의 보이는 어린이들의 교사에게 말하는 경우에서처럼 언급한다면, 그야말로 진정한 실재에 대해 언급하는 것입니다. 그들은 필시 교사에게 순종하지 않으면 안 되기 때문에 드러내어 놓고 큰 소리로 말하기를 두려워할 뿐입니다. 자기 방구석으로 돌아가서 그 사실을 곰곰이 생각해 보면, 그것이 그렇게 멍청하지는 않다는 생각을 하게 될 것입니다. 그 서른 명의 보이지 않는, 초감각적인 학생들이 전적으로 이성적인 존재라고 간주할 수 있습니다.

[18] 가르치거나 교육하려는 사람 앞에 앉아 있는 청소년기의 개인성 내에 외적인 관조를 위해서는 당연히 숨겨진 채로 많은 것들이 일어나고 있다는 사실을 분명히 해야만 합니다. 그래서 그런 방식으로 한 인간에게 다가오는 것에 대해 깊은 혐오감이 생성되었습니다. 점차적으로 19세기 후반에 보통이 되어 버렸던 그 객관적인 과학 영업소에서 나온 것을 가지고 한 인간 내면의 다른 인간을 마주 대하는 사람에게는 당연히 그렇게 큰 신뢰를 보일 수 없었기 때문입니다. 그렇게 내면에서 깊은 반감이 생겨났고, 인간으로서의 한 존재를 인생 전반에 걸쳐서 떠받쳐 주어야 할 것에는 더 이상 접근할 수 없었습니다. 바로 그래서 그것을 통해서는 역시 피곤해질 수도 없었습니다. 사람이 피곤해질 수 있는 것을 더 이상 전혀 원치 않게 되었습니다. 그래서 피곤하게 만들 수 있었던 그 힘으로 무엇을 해야

할지도 알 수 없게 되었습니다.

[19] 19세기에서 20세기로의 전환기에 청년 운동에 참여했던 사람들을 다른 지반에서도 역시 만날 수 있었습니다. 그런데 그 사람들이 매우 자주 신체적으로 젊지 않았고 늙어 있었습니다. 그런 사람들을 신지학 운동 같은 곳에서 여전히 만날 수 있었습니다. 더 이상 젊지는 않았지만 당대의 시대 인식이 그들에게 제시했던 것에 대해서 청년들이 느꼈던 바와 유사하게 느꼈던 사람들이 그런 운동 내에 무수하게 있었습니다. 그들은 당시의 시대 인식을 통해 피곤해질 수 없었기 때문에 그런 것을 원치 않았습니다. 청년들은 ≪피곤해질 수 없음≫으로 인해 —— 제 표현을 용서하시기 바랍니다. —— 난동을 부렸던 반면에, 많은 신지학자들은 그들의 신지학에서 수면제를, 일종의 아편을 찾았습니다. 신지학적 책들에 담긴 내용은 대부분 영적인 수면제이기 때문입니다. 정말로 스스로 자장가를 부르면서 잠이 듭니다. 정신을 무엇인가에 몰두하도록 하기는 했습니다. 그런데 그 정신을 어떤 식으로 바쁘게 만들었는지 확인해 보십시오. 어리석기 그지 없는 비유를 만들어 내면서 그렇게 했습니다! 고대의 전설과 신화에 대한 해석이라고 생각해 냈던 모든 것, 그렇게 하면서 비유와 상징으로 고안해 냈던 모든 것, 그 모든 것들을 듣고 있노라면 조금이라도 감각이 있는 인간 영혼에게는 '길길이 날뛸 정도로 분노'가 치밀어 올랐습니다! 영적·생리적으로 보아 그 모든 것들은 수면제였습니다. 피곤하게 만들지 않는 하루를 보낸 후에 이리저리

뒤척이는 그 모양새, 그리고 정신이 지니는 실재상의 활동성을 위해 스스로를 수면제로 마비시키는 그 모양새, 그 양자를 한번 나란히 세워 보면 정말로 아주 유익할 것입니다.

[20] 제가 여기서 여러분께 이런 말씀을 드릴 수밖에 없습니다. 그 모든 것들은 결코 이론이 아니라 시대 정서입니다. 상황을 다방면으로부터 고찰하면서 그 시대 정서에 적응해야 합니다. 19세기, 20세기의 전환기에 있었던 그 '피곤해질 수 없음'은 극히 의미심장하게 다가옵니다. 네, 그런데 바로 그것이 실제로 적절한 것을 찾을 수 없도록 만들었습니다. 왜냐하면 인류 발달이 마침내 한 시점에 도달했고, 거기에서 사람들은 상당히 열정적으로 이렇게 반복할 수 있었을 뿐이기 때문입니다. "외적인 것이라고는 아무것도 우리에게 다가오지 못하도록 하고 싶다. 모든 것을 우리의 내면으로부터 발달시키고자 한다. 교사나 부모, 심지어는 낡은 전통 역시 우리에게 줄 수 없었던 것, 그것이 우리 내면에서 생겨날 때까지 세상을 유랑하면서 기다리고자 한다. 새로운 것이 우리에게 다가올 때까지 기다리겠다." 사랑하는 여러분, 그런 식으로 말했던 이들에게 한번 물어보십시오. 과연 새로운 것이 그들에게 다가왔는지. 그 깊은 갈망을 발달시켰던 이들의 입 속으로 위대한 인류 구원의 비둘기가 정말로 잘 구워져서 날아 들어왔는지 한번 물어보십시오. 심지어는 이렇게 말할 수 있습니다. "여러 각도에서 보아 당시의 그 황홀했던 무아경에, 이제 벌써 자그마한 비애가, 필시 어떤 이들에게는 상당히 커다란

비애가 따르기 시작했다." 저는 단지 성격화해 보고자 할 뿐입니다. 비난을 하려는 의도는 절대로 없습니다. 등장했던 최초의 것은, 거기에 이미 존재하기는 했지만 가장 내적인 인간 본성을 위해서는 아무짝에도 소용이 없었던 것에 대한 위대한 거부였습니다. 그리고 그 위대한 거부의 배면에 바로 그 긍정적인 것이, 새로운 것에 대한 진정한 갈망이 숨어 있었습니다.

[21] 새로운 것을 향한 진정한 갈망은, 인간으로서의 자신을 이 지구 상에는 존재하지 않는 것으로 관통시키지 않는 한 다른 방법으로는 채워지지 않습니다. 영혼과 육체가 단순히 기능하려는 대로 기능하도록 버려두면 인간을 진정으로 충족시킬 수 있는 것이 절대로 생겨나지 않습니다. 아무것도 수용하려 들지 않는 인간은, 숨 쉴 공기를 발견하지 못하는 폐와 비교할 수 있습니다. 그 폐가 숨이 끊어지기 직전에, 비록 단 한 순간이라 하더라도 최고도로 숨을 들이마시고자 할 것입니다. 하지만 폐는 자체적으로 공기를 만들어 내어서 숨을 쉴 수는 없습니다. 공기가 자신에게 다가오도록 두어야 합니다. 우리가 지난 며칠 동안 논의해 온 그 목마름을 젊은 사람으로서 솔직하게 느끼는 사람이라면 진정한 의미에서 그와 하나가 될 수 있는 것, 그에게서만 나오지는 않는 그 무엇 외에 다른 것은 갈망할 수 없습니다. 영혼의 호흡을 위한 건강한 공기를 더 이상 지니지 않는, 낡아 버린 과학 같은 것이 아닙니다.

[22] 처음에는 일단 그렇게 느낍니다. 하지만 새롭고 젊은 과학이 있

어야만 한다고, 다시금 영혼과 합일할 수 있는 새로운 정신생활이 있어야만 한다고는 아쉽게도 거의 느끼지 못합니다. 여러분도 보시다시피 여러 관계에서 보아 오늘날과 미래에 다가올 시대에 속하는 것이 인류 발달 내에서 오래 전에 있었던 현상들에 연결되어야만 합니다. 인류 발달에 있어서 오래 전의 그 현상들은 형상들 속에 살았었고 꿈을 꾸는 듯했던 영혼 생활에서 나왔습니다. 그에 반해 오늘날 우리 내면에 존재하고 우리가 아직 추구해야 할 그 영혼 생활은 완전히 의식적인 것이 되어야만 합니다. 그것이 바로 차이입니다. 그럼에도 불구하고 우리는 여러 관계에서 다시금 그 옛 시대의 영혼 내용으로 돌아가야 합니다.

[23] 여기서 제가 고대 동양에서, 고대 브라만 계급에서 생성되었던 정신 상태로 여러분의 영혼 시각을 돌리고자 합니다. 브라만의 수련에서는 인간이 삶의 노정에서 인식을 얻는 데에 네 가지 방법이 있다고 가르쳤습니다. 그 인식 방식이 수백 년이 아니라 수천 년 전에 존재했었기 때문에 그 오래된 사고내용을 우리가 원하는 형태로 완전하게 다시 제시하기란 물론 어렵습니다. 그럼에도 불구하고 주제에 근사치로나마 접근하기 위해서 그 네 가지 인식 방법을 설명해 드리고자 합니다.

[24] 그 첫 번째는 전통과 기억의 중간에 떠도는 것입니다. 그것은 산스크리트어의 어간 《S-mr-ti》와 관계가 있습니다. 오늘날에는 사람들이 그것을 단지 관념으로만 지닐 뿐입니다. 그런데 그것을 성격

화할 수 있습니다. 기억이 무엇인지, 개인적으로 기억한다는 것이 무엇인지 누구나 알고 있습니다. 우리는 개인적인 기억에 특정한 개념을 엄격하게 곧이곧대로 연결시킵니다. 제가 여기서 주목하는 그 사람들은 관념을 대하면서 그렇게 하지 않았습니다. 더 정확히 말하자면 그들 자신의 어린 시절로부터 기억해 낸 것, 그리고 아버지나 할아버지가 그들에게 말해 주었던 것이 함께 섞여서 일종의 합일체가 되었습니다. 스스로 기억했던 것과 전승으로 물려받은 것 간에 차이가 거의 없었습니다. 여러분이 섬세한 심리학을 알고 있다면, 그 양자가 어린이의 영혼 내에서는 오늘날에도 여전히 함께 융합된다는 점을 알아볼 수 있을 것입니다. 어린이는 전통에 근거하는 많은 것을 수용하기 때문에 그렇습니다. 오늘날의 사람들은 자신이 어렸을 적에 배웠던 것만 주시합니다. 고대 인도인들은 그 내용에서 좀 더 많은 것을 보았습니다. 바로 그것이 그들을 어린 시절뿐만 아니라 그들의 아버지, 할아버지, 증조 할아버지로까지 거슬러 올라가도록 했습니다. 그래서 전통과 개인적인 기억이 분리되지 않은 채 서로 융합되어 있었습니다. 그것이 첫 번째 인식 수단이었습니다.

25 두 번째 인식 수단은 오늘날 《소개되다》라고 표현할 수 있습니다. 그런데 오늘날의 관습적 교류에서 이름을 말하면서 한 사람을 소개하는 것이 아니라 문자 그대로 《눈앞에 등장하다》를 말합니다. 오늘날에는 그것을 지각이라 부릅니다.

26 세 번째 인식 수단은 《총괄하는 사고》라 부를 수 있겠습니다.

²⁷ 이렇게 말할 수도 있습니다. 전통을 포함하는 기억, 관찰, 그리고 총괄하는 사고.

²⁸ 고대 브라만은 그 외에도 네 번째 인식 수단 역시 확실하게 가르쳤습니다. 그것은 ≪다른 사람으로부터 전해 듣기≫라고 성격화할 수 있습니다.

²⁹ 고대 브라만 계급에서는 ≪다른 사람으로부터 전해 듣기≫를 전승되는 전통과 혼동하지 않았었다는 점을 유의하시기 바랍니다. ≪다른 사람으로부터 전해 듣기≫가 네 번째 인식 수단이었습니다. 무엇이 전통이면서도 동시에 기억에 속하는지를 생각해 보면 필시 주제가 명확해질 것입니다. 전통이라 부르는 것의 경우에는 그것이 어떻게 한 사람에게 다가왔는지 그 양식과 방식을 의식하지 못합니다. 단지 그 내용만 알고 있을 뿐입니다. 그에 반해 네 번째 인식 수단의 경우에는 그것이 한 사람에게 다가오는 그 방식과 양식이 가장 중요한 요소입니다. 사람이 기억으로 지니는 것의 경우에는, 그것을 다른 사람에게서 전해 들었다는 점을 주목했습니다. 다른 사람으로부터 무엇인가를 전해 들어 알게 되었다는 그 사실이 인식 자체 내에서 일깨우는 역할을 했습니다.

³⁰ 오늘날 대다수의 사람들이, 그야말로 19세기의 자식들이라 할 수 있는 사람들이, ≪다른 사람으로부터 전해 듣기≫가 인식 수단에 해당한다는 말을 듣는다면 고개를 갸웃거릴 테지요. 아니, 머리를 절래절래 흔들며 아주 강하게 부정하리라 저는 생각합니다. 총

괄하는 사고로 실험을 하고, 다른 사람으로부터 전해 듣기를 인식 수단이라 여기는 철학자가 있다면, 그 사람의 박사 학위 논문은 절 대로 통과되지 않을 것입니다. 하물며 일개의 개인 강사가 하는 말 이라면 더 이상 언급의 여지조차 없습니다. 기껏해야 신학과에서 나 통과할 수 있겠지요. 거기에서는 그것을 다른 형태로 인정하기 때문입니다. 옛 시대의 그런 현상 근저에는 과연 무엇이 놓여 있 습니까? 상호 교류에 있어서 한 사람이 다른 사람의 내면에 어떤 것을 점화할 수 있다는 점을 고대에는 역시 통찰했었다는 사실이 그 근저에 놓여 있습니다. 자기가 아직 모르는 것을 다른 사람에 게서 전해 듣는 것이 삶을 살아갈 수 있기 위해서는 필수적이라 여겼었습니다. 그런 것들이 필수불가결하다고 확신했었기 때문에 눈이나 귀를 통한 지각과 대등하게 여겼었습니다.

[31] 오늘날에는 당연히 다음과 같이 완전히 다른 느낌을 지니기 마 련입니다. "한 사람이 모르는 것을 다른 사람이 전해 주도록 세상이 해결해 주니 정말 아름답고 좋기는 하다. 하지만 그런 것은 주제의 본질과 아무 상관이 없다. 어떤 주제가 있으면 그것을 관찰하고 실 험해서 그 결과로 나오는 것을 명확한 문장으로 표현할 때에 그 본 질을 다루는 것이다. 다른 것은 인식의 본질과 아무 관계가 없다." 이런 것이 현시대에서는 자연스러운 느낌입니다. 그러나 인간적 관 점에서 보자면 옳지 않습니다. 인간적인 관점에서 보자면, 특히나 정신적 · 영적인 영역에서는 제가 어제 《사회 생활의 수단》이라

표현했던 그 신뢰로 내면을 관통시킬 수 있는 것이 단순히 삶에 속합니다. 그 특이한 영역에서는 한 사람이 다른 사람에게 말하는 것이 정신적·영적 체험의 원천이 된다는 사실에 신뢰가 존재합니다.

[32] 제가 어제 신뢰로서 성격화했던 것이 무엇보다도 청소년들에게서 육성되어야만 합니다. 청소년들이 목마르게 찾고 있는 것이 그 신뢰로부터 발견되어야 합니다. 현재에 이르기까지의 모든 정신적 발달은 그와는 반대가 되는 방향으로 움직였습니다. 한 사람이 아직 알지 못하기 때문에 다른 사람이 그에게 무엇인가 그에 대해 말로 전해 주고자 하는 것, 그런 것에는 이론적 교육학조차도 아무 가치를 두지 않습니다. 이론적 교육학 역시 청소년들에게는 가능한 한 증명된 것만 가르쳐야 한다고 여깁니다. 그런데 그런 말은 별로 포괄적인 증거가 될 수 없습니다. 그래서 증거 능력에 관해서는 아주 유치하게 아동적인 수준에 머물고 말았습니다. 교육학은 말하자면 이런 식으로 생각합니다. "어린이들이 나를 전혀 믿지 않는다 하더라도 어떻게 하면 그들에게 무엇인가를 조금이라도 가르칠 수 있을까? 어떻게 보기 좋게 증명하는 방법을 도입할 수 있을까?" 그에 상응하는 메아리가 돌아왔습니다. 작금에는 모든 것에 대해 증거를 대라고 교육자들에게 요구하는데 전혀 놀랄 일이 아닙니다. "그래, 그것을 증명해 봐!" 사랑하는 여러분, 사실 여러분들께는 좀 구식으로 들릴 만한 것 한 가지를 말씀드리겠습니다. 저는 그것을 구식으로 느끼지 않습니다. 오히려 아주 새롭기만 하고, 청년 운동의 한 부분

으로서도 역시 새롭습니다.

³³ 오늘날 교육을 하려고 몇몇 청소년들 앞에 서면, 그 청소년들과 어느 정도 친해지기도 전에 그 어린 영혼들로부터 이런 정서가 울려 퍼져 나옵니다. "증명을 해 봐! 우리가 너를 믿어야 한다고 요구하지 마." 청소년들이 늙은이들한테 그런 식으로 교육되어서 삶을 위해 필수적인 것조차 받아들이려는 자질을 더 이상 지니지 않습니다. 청소년들이 그런 것에 시달린다는 것이 저는 비극적이라 느낍니다. —— 하지만 이 역시 비판하는 의미에서가 아닙니다 —— 바로 그래서 오늘날 우리에게 엄청난 질문들이 생겨납니다. 우리가 그 질문들을 다음 며칠 동안 다룰 것입니다. 저는 그 질문들을 조금 과격하게 성격화하려고 합니다.

³⁴ 이렇게 한번 상상해 봅시다. 청년 운동이 점점 더 젊은 사람들에게로, 점점 더 어린아이들에게로 확산되어서 마침내는 젖먹이들까지 포섭했다고 합시다. 그러면 ≪젖먹이 청년 운동≫이 생길 테고, 후대의 청년 운동이 그 젖먹이들에게 인식으로서 줄 수 있는 것을 돌아보라고 하면, 아직은 어머니의 젖을 물고 있어야 할 그 젖먹이들이 이렇게 말합니다. "우리는 그것을 거부한다. 외부로부터 아무것도 받아들이고 싶지 않다. 우리는 엄마의 젖을 더 이상 원하지 않는다. 모든 것을 우리 스스로에게서 얻어 내고자 한다."

³⁵ 제가 여기서 형상으로 만들어 낸 것, 그것은 청년 운동에 있어서 타는 듯한 질문입니다. 실은 "어디에서 우리가 정신적 양식을

얻어야 하는가?"라고 젊은이들이 묻고 있기 때문입니다. 그리고 그들이 지금까지 물어 왔던 그 양식과 방식이 제가 방금 젖먹이의 형상으로 제시했던 것과 똑같습니다. 그래서 다음 며칠 동안에 우리는 파우스트가 추구했던 삶의 그 원천에 대한 질문에 접근해 보기로 합시다. 제가 형상으로 여러분 앞에 제시했던 그 질문이 몇 가지를 위한 답을 알려 주는 계기가 되어야 합니다. 그런데 그 답은 여러분의 느낌을 위해서, 여러분의 감각을 위해서 인생 전반을 통해 무엇인가가 될 수 있어야만 합니다.

8강 가슴의 힘으로 사고를 활성화하라

1922년 10월 10일, 슈투트가르트

⁰¹ 인간 정신 문화가 수용했던 특이한 양식을 주시해 보면서 19세기, 20세기의 전환기를 전후해 성장했던 젊은이들의 체험을 외적으로 성격화해 보았습니다. 오늘은 진정한 자아 인식을 발견할 수 있는 통로를 발견하기 위해서 인간 본성을 내면으로부터 한번 고찰해 봅시다.

⁰² 서양의 정신 발달을 좀 더 외적으로 고찰하기 위해서는 15세기 초반 30년으로 거슬러 올라가야 하듯이, 좀 더 내적인 고찰을 위해서는 4세기 경으로 거슬러 올라가야만 합니다. 어느 정도 눈에 띄는 시점으로 시사되는 연도를 원하신다면, 그것은 서기 333년입니다. 물론 이 연도는 정확하게 알아낼 수 있는 것으로서의 의미가 아니라 근사치로 받아들여야 합니다. 이 연도는 대부분의 유럽 인들에게 일어났던 중요한 사실을 가리키는 접근점과 같습니다.

⁰³ 그 시점 이전에 그 문화 내에 살았던 사람들, 그중에서도 남 유

럽이나 혹은 북 아프리카의 몇몇 지역에 살았던 사람들, 그들의 영혼을 한번 들여다보기로 합시다. 사실 당대에 기준이 되었던 정신생활을 주시하려면 주로 그 지역을 고려 대상으로 삼을 수 있습니다. 제가 여기서 의미하는 그 사람들의 영혼은, 인간의 사고가 머릿속에서 생겨나지 않고 계시된 것이라는 사실에 대한 아주 직접적인 의식을 지니고 있었습니다. 비록 소수의 사람들에게만 계시되었고, 그런 계시에 대한 능력이 없는 사람들은 신뢰를 가지고 다른 사람들로부터 그런 계시를 간접적으로 얻을 수 있었다 하더라도, 당시에는 인간의 사고를 계시된 것이라 여겼습니다. 오늘날에는 대학 공부를 마쳤든 그렇지 않든 사람들이 보통으로 지니는 그 느낌, 인간이 사고를 머릿속에서 스스로 만들어 낸다는 그 표준적인 느낌을 당시의 사람들은 지니지 않았었습니다. 정확히 보자면 인간이 전환점에 서 있었습니다. 저 너머 근동에서는 당대의 걸출한 정신적 지도자들이, 어떻게 사고내용이 정신 영역으로부터 인간에게로 건너오는지에 대한 문제를 다루고 있었습니다. 남 유럽과 북 아프리카에서는 인간이 사고내용의 현시를 수용할 능력이 있는지 의심하기 시작했습니다. 그럼에도 불구하고 그 의심이 아주 아주 희미했었고, 다음과 같은 느낌이 대세였었다고 확신할 수 있습니다. "내가 하나의 사고내용을 지닌다면, 그것은 신이 불어넣어 준 것이다. 그런 것이 간접적일 수도 있고 인간적 유전을 통해서, —— 물론 자연적 유전이 아니라 —— 전통을 통해서 전달되었을 수도 있다. 하지만 사고내용은 오로지 계시된 것으로서만 지상 발달 내로 들어설 수 있다."

⁰⁴ 서양의 정신생활에서 이 방향에 대해 강한 의심을 보였던 최초의 구성원은 남 유럽 문화로 밀려 내려왔던 북 유럽 민족들에 속한 사람들이었습니다. 그들은 게르만적·켈트적 혈통을 지녔으며 다양한 민족 대이동의 흐름을 타고 북쪽에서 내려와 남 유럽에 이르렀습니다. 그들은 아마도 그들 자체의 본성으로부터 "우리 스스로 사고내용을 만들어 낸다."라고 말하게 되었을 수도 있습니다. 그런데 그 느낌이 그리스·라틴 문화로서, 동양적 문화로서 조우되었던 모든 것을 통하여 약화되었습니다. 4세기에 이르기까지는 문화들이 서로 극히 혼합되어 있었고, 온갖 가능한 요소들이 상호 작용했었습니다. 그럼에도 불구하고 남쪽으로 내려갈수록 사람이 다음과 같은 관조를 지니도록 교육된다는 느낌이 더욱 강하게 들었습니다. "사고내용이 초감각적 세계로부터 감각적 세계로 들어옴으로써만 인간이 그것을 파악할 수 있다."

⁰⁵ 우리에게는 외적인 역사만 있을 뿐입니다. 감성의 역사, 사고의 역사, 영혼의 역사는 없습니다. 바로 그래서 세월이 수백 년 흐르면 인류의 영적인 상태 역시 완전히 변화한다는 점을 주시하지 않습니다. 기원 후 4세기 경에 인간의 내적인 감각에 일어났던 돌변이 얼마나 강했는지는 상상을 초월합니다. 인간이 사고 세계의 원천에 대해 생각을 하도록 만든 무엇인가가 당시에 최초로 생겨났습니다.

그래서 그 이전에는 자명했던 것이, —— 사고내용은 계시된 것이라는 점이 —— 인정을 하기 위해 이론이 필요한 것으로 점점 바뀌었습니다. 그 모든 상황에도 불구하고 인간이 스스로로부터 사고 세계를 만들어 낼 수 있다는 생각은 그 영혼들에게 역시 전적으로 설득력이 없었습니다.

⁰⁶ 바로 이 관계에 있어서 현시대의 영혼과 당시의 영혼 간에 얼마나 커다란 차이가 존재하는지 한번 숙고해 보십시오. 물론 저는 항상 일정 수의 영혼들에 관해 언급하고 있습니다. 제가 여러분께 말씀드리는 것이 당연히 아주 다양한 뉘앙스로 존재했었습니다. 일부분의 사람들은 지금 제가 여러분께 설명드리는 바와 같았고, 다른 사람들의 경우에는 정신적·영적 존재가 그들의 유기체에 내려와서 사고내용을 중개한다고 철석같이 믿었습니다. "어디에서 사고내용을 얻는가?"라는 물음이 생겨날 수 있는 식으로 사고내용을 파악했던 이들은 인류 중에서도 특정한 의미에서 일종의 엘리트들이었습니다. 나머지 사람들에게는 사고내용이 너무나 당연히 불어 넣어진 것이었습니다.

⁰⁷ 서기 333년 이후에 —— 이는 말씀드렸듯이 근사치입니다. —— 태어났던 영혼들을 한번 봅시다. 그 영혼들은 사고내용의 원천에 대한 자명한 답을 더 이상 자연스러운 느낌으로부터 얻을 수 없었습니다. 바로 그래서 그 다음 시대의 이론가, 철학자, 철학적 신학자들은 사고내용이 세상에서 과연 어떤 의미가 있는지를 알아내려고

노력했습니다. 유명론과 실재론이 논쟁을 벌이는 시대가 왔습니다. 중세적의 유명론자들은 이렇게 말하는 이들이었습니다. "사고내용은 사실상 인간적 개인성 내에만 존재한다. 저 바깥의 세상에, 그리고 개별적인 개인 내에 존재하는 것들의 총괄일 뿐이다." 사고내용을 본체적인 어떤 것으로, 본질적으로 현시하는 것으로 여겼던 옛시대에 대한 기억을 여전히 강하게 지니고 있었던 사람들이 실재론자라고 저는 말하고 싶습니다. 그들은 사고내용에 대해 이렇게 생각했습니다. "사고내용을 사고하는 것은 내가 아니다. 모든 개들을 보편적인 사고내용 《개》로 총괄하는 것은 내가 아니다. 실재에 있어서는 정신세계에서 흘러나와 인간에게 현시되는 사고내용이 있다. 그것은 흡사 감각 기관에 색채와 음향이 드러나는 바와 같다." 그러나 특정한 의미에서 보아 이제는 독립적인 사물처럼 인간의 영혼 내에 자리 잡은 사고내용을 올바른 방식으로 이해하기 위해 애를 썼습니다. 바로 이 관점으로부터 중세의 정신 역사를 심층적으로 파고들어 보면 극히 흥미롭습니다.

[08] 15세기가 다가올수록 사고를 통해서 인간적 천성 내에 현시되는 것을 제대로 다루기 위해 사람들이 얼마나 집중적으로 애를 쓰는지 더 많이 볼 수 있습니다. 서기 333년 이전에는 사람들이 이런 느낌을 지녔었습니다. "이는 마치 신성의 움직임과 같다. 대기가 물체적 차원에서 지구를 씻어 내듯이 신성이 지구를 씻어 내고, 그렇게 씻어 내는 동안 인간 내면에 존재들이, 사고내용이 현

시로서 남아 있게 된다. 말하자면 지구를 둘러싸고 있는 신적인 세계의 흔적이 사고내용으로서 인간 내면에 묻히는 것이다." 서기 333년 이전에 그렇게 생각했던 영혼들은 바로 그 사고 세계를 통해서 정신세계와 결합되어 있다고 느꼈습니다. 반면에 중세에는 사람들이 그 사고내용을 어떤 방식으로든 신적 · 정신적인 것에 붙들어 매어 보려고 애를 쓰느라 비극으로 가득 차 있음을 볼 수 있습니다.

⁰⁹ 그렇다면 15세기에 들어서기까지 —— 제가 이렇게 표현해도 된다면 —— 사고내용에 대해 사고했던 그 영혼들이 왜 사고내용을 우주 내의 신적 · 정신적인 것에 연결시키기 위해 그렇게 왕성한 노력을 했겠습니까? 그 영혼들 모두 분명한 개념으로는 표현할 수 없었지만 그래도 역시 확실한 영혼 체험으로서 그들 내면에 있었던 내적인 자극을 느꼈기 때문입니다. 인류의 지도적 영혼으로 서기 400년대부터 1400년대 사이에 태어났던 영혼들은 상대적으로 다소간에 차이가 있다 하더라도 모두 서기 333년 이전의 시대에 살았었던 이들의 환생이었다는 데에서, 골고다 신비의 동시대인들이었던 그들이 당시에 개념의 실재성이나 유명론적 성격에 대해 활발한 논쟁을 펼쳤었다는 데에서 그 자극이 유래합니다.

¹⁰ 골고다의 신비는 저 멀리 근동의 특정한 적요 속에서 일어났습니다. 그렇게 근동에서 발생했던 것은 단지 사건의 외면일 뿐입니다. 물론 그 사건은 정신적 사건으로서 물체적 세계에서 발생했습

니다. 거기에서 일정한 성숙도에 이르렀던 영혼들 내에 무엇인가가 일어났습니다. 그런데 우리가 사고내용의 실재성이나 비실재성에 대한 사실상의 논쟁자들을 주시해 보면, 그 영혼들이 기독교 서력 초기의 삼백 여년 동안 살았던 이들의 환생이었습니다. 그래도 그런 논쟁이 다분했던 시대의 사람들은 근본적으로 보아 골고다의 신비 이전에 살았었던 영혼들이었습니다. 당시에 전적으로 존재했던 인간 영혼과 신적·정신적 세계 간의 연결에서, —— 그 연결은 사고내용을 너무나 자연스럽게 계시된 것으로서 받아들였다는 데에서 드러납니다. —— 그리고 중세에 살았던 영혼들이 수백 년 전의 전생에서 겪었던 체험에서 사고 세계의 실재성이나 비실재성에 대해 논쟁을 하려는 자극이 형성되었던 것이지요.

" 새 시대로 들어서는 바로 그 문턱에서, 13, 14, 15세기에 사람들이 스콜라 학파라 명명했던 것, 그것은 과연 무엇입니까? 스콜라 학파를 내적으로 고무했던 것, 그것은 과연 무엇입니까? 인류 발달 내로 결정적인 것이 다가왔다는 사실을 의미합니다. 그것이 표현되지는 않았습니다. 그러나 방금 언급했던 시대의 걸출한 영혼들이 그것을 느꼈습니다. 그들에게는 흡사 신들이 인간적 사고 세계를 떠난 듯했습니다. 흡사 단물을 다 짜내 버린 사고내용만 인간이 지니고 있는 듯했습니다. 그리고 15세기 이후에 살았던 영혼들을 들여다보면 그들은 서기 333년이 지난 후에 지구상에서 전생을 보냈었던 사람들이었습니다. 물론 8, 9세기에 이르기까지

적어도 가르치는 입장에 있었던 사람들은 신이 인간적 사고내용을 내려 준다는 느낌을 여전히 지니고 있었습니다. 그러나 그들의 전생에 이미 사고 세계가 신으로부터 버림받았다고 느꼈던 사람들, —— 물론 이 점에 있어서도 역시 인류의 한 부분만 해당합니다. —— 그들은 19세기, 20세기의 전환기에 태어나도록 점지되었습니다. 인간 영혼의 외적인 숙명뿐만 아니라 그들의 내적인 숙명도 역시 주시해 보려면, 벌써 어린 시절부터 인간 영혼의 저변으로부터, 영혼의 심연으로부터 올라오려고 하는 것을 도외시해야만 합니다. 그 영혼들이 전생에 태어났었던 그 시대를, 신성으로 가득 차 있고 신의 작용으로 관통되어 있는 존재가 사고내용이라는 것을 스승들로부터 더 이상 들을 수 없었던 그 시대를 주시해야만 합니다. 그로 인해 마치 사고를 기피해야만 할 것 같은 느낌이, 마치 사고보다 더 따뜻한 것, 본질적으로 더 알찬 것이 있어야할 것 같은 느낌이 내적으로 생성되었습니다. 이미 전생에서 사고가 지니는 신적인 성격을 고도로 의심했었거나 완전히 잃어버렸기 때문에 그런 느낌이 생겨났습니다. 전생으로부터 이 생으로 그렇게 비쳐 들어오는 것을 19세기와 20세기의 전환기에 가장 강하게 비극으로 체험했습니다. 신적 · 정신적 세계로부터 사고내용을 받는다는 생각은 이미 15세기 초반 30년에 사라졌습니다. 신적 · 정신적 세계로부터 더 이상 어떤 사고내용도 얻을 수 없었기 때문에 외적인 관찰에서 사고내용을 찾았습니다. 내적인 고안과 계획의 자리에 외부 세계로부터의 수집이 들어섰기 때문에 관찰과 실험 기술이 그렇게 큰 권력을 얻었습니다. 그러나 세계 역사의 발달 과정에서 외적인 상태에 의존하지 않는 것은 즉시 드러나지 않습니다. 비록 15세기 이래로 이미 사고내용을 내면으로부터 고안하고 계획할 능력을 잃어버렸다 할지라도, 사고내용을 신적·정신적 세계로부터 계시된 것으로서 받아들일 능력을 잃어버렸다 할지라도, 사고내용의 계시로부터 버려진 채 홀로 되었다는 그 비극을 완전히 느낄 수 있었던 영혼들은 당시만 해도 아직 존재하지 않았기 때문입니다. 기독교 서력의 6, 7세기 이전에, 주로 4세기 이전에 그들의 전생을 보냈던 영혼들의 경우에는 다음과 같이 표현할 수 있는 것이 여전히 느낌 속에 살고 있었습니다. "우리가 사고내용을 외부 세계로부터 받는다는 사실을 인정해야만 한다. 그럼에도 불구하고 우리가 외부 세계로부터 얻는 그 사고 자체도 신이 내려준다고 우리 영혼이 말하고 있다."

[12] 그런 영혼 상태를 가지고 뚜렷한 빛을 발했던 정신이 바로 요하네스 케플러입니다. 케플러는 당대뿐만 아니라 역시 후대를 위해서도 위대한 자연 과학자입니다. 그는 외적인 관찰에서 사고내용을 끌어내었지만, 자신의 내적인 체험에서는 인간이 자연으로부터 사고내용을 얻는 경우에 신적인 존재가 거기에 있다는 느낌을 온전히 지니고 있었습니다. 케플러는 근본적으로 보아 자신이 절반 정도는 입문자라 느꼈습니다. 추상 개념으로 파악한 우주 구조를 그는 아

주 자연스럽게 온전히 예술적으로 느꼈습니다.

[13] 인간적 사고 세계에서 케플러가 이루어 낸 진보에 몰두해 본다는 것은 과학적으로 극히 가치 있는 일입니다. 그런데 케플러의 영혼 생활로 깊이 파고들어 보면 그가 사람을 인간적으로 더 강하게 사로잡습니다. 사실 그 이후의 시대에는 어떤 자연 과학자의 경우에서도 그 심도와 내면성에 있어서 그와 같은 영혼 생활을 전혀 찾아볼 수 없습니다. 무엇보다도 인류 대부분을 위해 권위 있는 지도자들의 경우에 특히나 더 그렇습니다. 사고내용을 통해서 인간 영혼 내에 신적 · 정신적인 것과의 연결이 주어진다는 바로 그 느낌이 15세기부터 19세기 사이에 완전히 소실되었습니다.

[14] 대충 연속되는 시대만 조야하게 공부하면서 내용에 해당하는 정도나 수용하지 않고, 그 연속되는 시대에서 무엇인가를 느낄 수 있는 사람에게는 완전히 기이한 점이 드러납니다. 자연에 관해 생각하는 특이한 방식, 괴테의 경우에서 볼 수 있는 그 양식이 그 다음 시대의 과학에서는 일단 불가능해졌다는 점은 전혀 언급하고 싶지 않습니다. 저는 그 다음 시대의 외적인 과학을 말하고 있습니다. 그 외적인 과학은 자신과 괴테 간의 차이가 어디에 근거하는지를 전혀 몰랐기 때문입니다. 하지만 저는 그에 관해서는 전혀 언급하고 싶지 않습니다. 여러분이 19세기 초반 30년에 출간된 자연 과학 서적을 한번 읽어 보시면 됩니다. 헨레나 부르다흐의 생리학 저술물들처럼 —— 후자는 비록 나중에 쓰이기는 했지만 그래도 전적으로

19세기 초반 30년에 속합니다. —— 나중의 정신적 방향의 근거를 위해 특정한 의미에서 주도적이었던 저술물들을 한번 읽어 보십시오. 그러면 그 모든 것에 다른 양식이 여전히 지배하고 있다는 점을 알게 될 것입니다. 예를 들어서 태아나 인간의 두뇌 구조 등에 관해 논하는 경우에 영혼으로부터 직접적으로 솟아나는 정신이 여전히 조금은 들어 있습니다. 그 이후에는 완전히 사라져서 더 이상 없는 것이 그 당시만 해도 여전히 조금은 있었습니다.

[15] 여기에서 19세기의 마지막 30년에 활동했던 인물을 한번 상기해 보는 것이 극히 중요합니다. 과학에서 정신생활을 몰아내는 것에 비록 굴복은 했지만, 그래도 그 인물의 영혼 안에는 그 정신생활이 존재했습니다. 그 인물은 해부학자 휘르틀입니다. 그는 주로 19세기 중반 30년에, 그리고 적은 부분만 후반 30년에 속합니다. 휘르틀의 해부학 책을 한번 공부해 보십시오. 그 책들은 물론 나중의 해부학자들이 했던 양식으로 쓰였습니다. 그런데 휘르틀이 그런 양식을 상당히 힘들어했었다는 사실을 엿볼 수 있습니다. 그가 한 과, 한 과를 써 내려가면서 어디에서나 영적인 것으로부터 무엇인가가 문장으로 흘러들도록 하는 데 실패하고 맙니다. 그럼에도 불구하고 가끔은 영적인 것이 그 양식 바깥으로 얼굴을 내밀기도 하고, 심지어 가끔은 문장 내용에서도 조금 드러나기도 합니다. 그런데 자연 현상에 관해 쓰는 경우에는 인간의 내면으로부터 솟아오르는 영적 · 정신적인 것을 말살해야만 한다는 철칙이라도

있다는 듯합니다. 요즘의 해부학 책들을 읽다가 휘르틀이나 부르다흐로 되돌아가 보면 무엇을 체험할 수 있는지 오늘날에는 상상하기가 아주 어렵습니다. 19세기의 초반 30년, 그리고 주로 중반 30년의 과학적 감각 내에 발달되었던 약간의 온기를 마주 대하면, 거기에는 불을 조금은 때었다는 느낌이 듭니다. 물론 당시의 과학이 높은 수준에 있지는 않았습니다. 그런 것은 더 이상 언급할 필요가 전혀 없는 사소한 진실입니다. 저는 인간이 과학에서 하는 체험에 대해 말하고 있습니다. 거기에서 이렇게 말할 수 있습니다. "과학자의 영혼이 담보했던 내적인 발걸음에서 정신과학이 우리에게 가리키는 것을 볼 수 있다. 요컨대 전생에서 사고내용을 신적 · 정신적인 것으로 느낄 수 있도록 하는 자극을 실제로 더 이상 지니지 않았던 영혼들, 그에 대한 여운조차도 느낄 수 없었던 영혼들이 19세기 말에 점점 더 많이 등장했다." 개별적인 전생에 대한 느낌은 물론 오래 전에 사라졌지만 그에 대한 여운은 역시 오랜 기간 남아 있습니다.

[16] 정말로 생동적인 온기를 내면에 지녔던 영혼들, 과학에서는 과학이 늘 정의하는 그대로의 의미에서 객관적이 되어야만 한다는 편견으로 인해 건조해지지 않았던 영혼들, —— 정신과학이 추구하는 것이야말로 당연히 객관적입니다. 단지 오늘날의 과학이 객관적이라고 하는 의미에서가 아닐 뿐입니다. —— 그 영혼들이 그런 상황에 있으면서 이런 의문을 품었습니다. "우리 내면에 있는 것이 이

미 전생에 끊어져 버린 신적 · 정신적인 것과 아직도 연결될 수 있는가?" 물론 의식적으로가 아니라 무의식적으로 그런 의문을 품고 있었습니다. 인간이 신적 · 정신적 세계와의 연관성을 잃어버렸다는 느낌이 실로 의식 내로 등장했다는 말입니다. 다른 한편으로 역시, 인간이 그 관계를 잃어버려서는 안 됩니다. 그 연관성이 아무리 불분명하다 하더라도 그에 대한 의식이 없다면 인간이 사실상 영혼으로서 살아갈 수 없기 때문입니다. 바로 그런 연유에서 정신을 향한 애매모호한 갈망이라는 경향이 그렇게 강하게 생겨났습니다. 그와 동시에 그 정신에 이르기에는 너무나 무력해졌습니다.

[17] 그것이 바로 19세기에서 20세기로 넘어오는 전환기에 성장했던 세대를 성격화합니다. 20세기 초에도 역시 어느 정도까지는 구세대에 이런 질문을 했습니다. "지구상의 현존 중 주변 환경으로서 한 사람에게 다가오는 것 속에서 아직도 정신적인 것을 발견할 수 있는 가능성이 눈곱만큼이라도 존재하는가? 자연 속에서, 인간 생활 자체 내에서 우리가 어떻게 정신적인 것을 찾을 수 있는가?" 실은 무의식적으로 그렇게 질문하고 있는 청소년들을 대하는 지도자들, 그 지도자들은 그런 질문이 비과학적이라 치부하면서 자연 관찰로, 그리고 역시 인간 삶의 고찰로 정신을 들여오기를 거부했습니다.

[18] 19세기 중반에 들어서는 "심리학, 영혼 없는 영혼학"이라는 표어가 등장할 정도로 끔찍해졌습니다. 영혼 없는 영혼학이 필요하다고 몇몇 철학자들이 말했다는 사실에 저는 큰 가치를 두지 않습니

다. 철학자들이 말하는 것은 그렇게 강한 영향을 미치지 않습니다. 문제는 그런 것이 광범위하게 감각으로 형성되고, 그 감각에 맞추어서 세상의 청소년들이 다루어지고 있음을 보여 주는 증상이 바로 그런 표어라는 것입니다. 물론 소수의 철학자들이나 영혼 없는 심리학이 필요하다고 말하기는 했습니다. 하지만 시대 전체가 이렇게 말하고 있습니다. "우리 늙은이들은 너희들에게 광물학, 동물학, 식물학, 생물학, 인류학 등을 가르치려고 한다. 심지어는 역사도 가르치고자 한다. 그것들은 기껏해야 영적 체험이나 조금 있을 뿐 인간 영혼은 없다는 식으로 너희 앞에 들어선다." 그런 식으로 세계 전체를 과학적으로 고찰하는 한에서는 실제로 세계가 영혼이 없는 것으로 감지될 수밖에 없습니다. 그리고 영혼이 없다고 느끼는 그 비극을 첫 번째 것으로 전생에서 가져온 영혼들이 가장 강하게 이렇게 질문할 수밖에 없었습니다. "우리가 과연 어디에서 다시금 영혼을 정신으로 채울 수 있는가?" 그런데 그들은 시대로부터 가장 높이 평가되었던 인물들에게서, 다른 관계에서 보아 당연히 가장 높이 평가되었던 인물들에게서 가장 적은 정보를 얻을 수 있었을 뿐입니다.

[19] 19세기의 마지막 30년에 이르러서는 영혼 생활을 조금이라도 엿볼 수 있을 정도로 책을 썼던 사람들이 그 19세기에서조차 사라져가는 소수에 불과했습니다. 책을 펴낸 사람이라고 해서 그렇게 영리한 축에 드느냐 하면, 저는 절대로 그렇지 않다고 장담할 수

있습니다. 책 한 권도 쓰지 않은 사람들 중에 책을 쓸 수 있는 위치에 이르렀던 이들보다 근본적으로 더 영리한 사람들이 있습니다. 그런데 19세기의 마지막 30년에 정신 없는 과학으로 만족했던 피상적 성격 아래에 더 깊은 성격으로서 살고 있었던 것을 들여다보면, —— 정신과학적 방법으로 그런 것이 가능합니다. —— 그러면 심오한 문제를 둘러싼 특정한 분투를 발견할 수 있습니다. 그러나 그 내적인 삶을 지녔던 이들은 말하자면 더 이상 아무 관심도 받지 못했습니다. 그들은 그들의 영혼 생활과 더불어 어떻든 간에 ≪지도적인≫ 위치에는 더 이상 이르지 못했습니다.

²⁰ 19세기 중반 이후로 현미경이 이루어 내는 것이 점점 더 많아짐을 다수가 보았습니다. 바로 그들 중에 정신생활에 관여하기는 했지만 정신이 없는 정신생활을 다룰 수 없었기 때문에 진정으로 그것에 파고들지 않았던 영혼들이 있었습니다. 바로 그래서 그들은 과학적 사조 앞에서 그들의 생각과 더불어 침묵했습니다. 그럼에도 불구하고 깊은 느낌 속에서 이런 질문을 체험했습니다. "어떻게 현미경의 미시적 발달을 대우주적인 발달과 연결시킬 수 있는가?" 그들은 느낌상의 이런 문제를 점점 더 많이 당면하고 있는 자신을 발견했습니다.

²¹ 그 다음에 정신이 없어지고 있는 과학적 전통의 대열에 교육을 통해서 합류했던 사람들이 있었습니다. 그들은 현미경이 더 발달하면 과학적으로 더 큰 성과를 이루리라 기대했습니다. 그런데 훨씬

더 깊은 품성을 지닌 영혼들도 있었습니다. 그들은 현미경의 발달과 더불어 거기에서 생겨나는 의견을 불편한 심정으로 바라보았습니다. 전자의 희망은, 점점 더 작은 것을 들여다볼 수 있다면 역시 살아 있는 것도 더 많이 들여다볼 수 있으리라는 생각에서 그 절정을 이루었습니다. 후자는 그런 모든 분망함에서 흡사 세상이 침묵하는 듯한 인상을 받았습니다. 네, 현미경을 통한 관찰이 마치 영혼을 빨아내는 듯하다고 느꼈던 사람들이 있었습니다. 제가 신비적·환상적 방식으로 현미경을 통한 관찰에 대한 풍자가를 부르고 싶어 한다고 생각하시면 안 됩니다. 그럴 생각은 꿈에도 없습니다. 저는 물론 현미경의 가치를 아주 잘 알고 있습니다. 어떤 관점에서도 과학을 거꾸로 돌려야 한다고는 전혀 생각지 않습니다. 그럼에도 불구하고 제가 말씀드리는 것이 영혼 생활의 실상입니다.

[22] 그렇게 간간이 있었던 정신들이 점점 더 드물어졌습니다. 19세기 말경에 예나 대학교의 교수였던 포르트라게가 아직 그런 정신들 중에 속하는 한 사람이었습니다. 그는 대략 이렇게 말했습니다. "더 철저하게 현미경을 들여다보면서 더 작은 것을 발견할 수 있다. 그러나 그 미시성에서 본질적인 진실은 사라지고 만다. 너희가 현미경을 들여다보면서 찾고 싶은 것을 진정으로 보고 싶다면 저 무한한 우주 공간으로 눈길을 돌려라! 너희가 그 작은 것에서 찾는 것이 실은 별들로부터 너희에게 말하고 있다. 너희는 심지어 삶의 비밀에 대해 말하면서 그것을 작은 것에서, 더 작은 것에서 찾는다.

하지만 가장 작은 것에서는 삶이 소실되고 만다. 물론 실재를 위해서는 그렇지 않지만 인식을 위해서는 그렇다. 너희가 별들을 읽을 줄 안다면 그것을 다시 찾을 수 있을 것이다."

23 사실 어떤 사람들은 삶이 우주로부터 내려왔다고 말을 하기는 했습니다. 하지만 그들은 예를 들어서 우주를 통과하면서 언젠가 다른 세계로부터 배아를 지구로 가져온 운석 덩어리 같은 것에서 물질적인 매개를 찾았습니다. 그런데 지구로부터 그 《무한한》 공간을 내다보면 사실 그 공간이 전혀 무한하지 않습니다. 기계적·수학적 고찰 방식을 위해서는 브루노가 그 천공을 제거했습니다. 그러나 내적인 고찰을 위해서는 사람이 지구로부터 무한대로, 그리고 더 확장해서 그렇게 단순하게 반경을 그릴 수 없다는 의미에서 그것이 다시 존재하고 있습니다. 실제로는 반경에 끝이 있습니다. 그 반경이 끝나는 곳에 이르기까지 내적인 세계 원주 어디에서나 삶을 발견할 수 있습니다. 죽음은 그곳에서 발견되지 않습니다. 그 세계 원주에서, 사방에서 삶이 비쳐 들어옵니다.

24 그런 것들을 통해서 저는 여러분께, 19세기에서 20세기로 넘어오는 전환기의 영혼들이 감각에 있어서 어떤 내적인 문제를 당면하고 있었는지를 암시하고자 할 뿐입니다. 정말로 그랬습니다. 영혼의 가장 둔중한 느낌에서조차 이런 질문이 대두되었습니다. "우리가 어디에서 다시금 정신을 찾을 수 있는가?"

25 여러분도 보시다시피 이것이 바로, 청년 운동이라 부르는 것의

한 국면이 올바른 내용을 얻어야 할 때 되어야 할 정서입니다. 감각의 질문. "어디에서 정신성을 발견할 수 있는가? 어떻게 정신성을 체험할 수 있는가?" 여기에서 진정으로 다루어야 할 문제는, 모든 갈망에 찬 기대와 나란히 내적인 영혼 작업을 하도록 몰아대는 소수의 이상들 역시 청년들 내에 자리 잡고 있다는 점입니다. 이에 대해 다음 사실로, 제가 내일 여러분께 말씀드릴 것을 오늘 준비해 보겠습니다.

26 오늘날의 사람들이 너무나 사랑하는 그 수동적 사고에 몰두하면서는 제가 인지학적 정신과학이라 명명한 것에서, 그리고 『자유의 철학』 서문에서 이미 여러분이 파악할 수 없는 무엇인가를 만나게 됩니다. 오늘날 대부분의 사람들이 몰두하는, 신으로부터 버림받은 그 사고에, 이미 전생에 신으로부터 버림받은 그 사고에만 여러분이 몰두하면 그렇습니다. 여러분이 자유롭게 내적인 자극을 발달시키는 경우에만, 활동성을 사고 내로 이끌어 들여갈 때에만 그것을 파악할 수 있습니다. 사고가 완벽한 활동성이 되도록 불붙이는 그 섬광이, 그 번개가 내리치지 않는다면 여러분은 당연히 정신과학 내에 살고 있는 것을 제대로 다룰 수 없습니다. 그 활동성을 통해서 우리가 다시금 사고의 신성을 정복해야만 합니다.

27 인지학적 문헌들이 있습니다. 그것들이 능동적으로 생각해야 한다고 요구합니다. 대다수의 사람들이 수동적으로 사고하면서 능동적으로 사고하기란 불가능하다고 여깁니다. 능동적으로 사고하

는 경우에는 잠이 들 수도 지적으로 꿈을 꿀 수도 없습니다. 함께 해야만 하며 사고가 움직이도록 만들어야만 합니다. 그렇게 하는 순간에 함께 하게 됩니다. 거기에서 제가 현대적 형안이라고 명명하고 싶은 것이 어떤 기적 같은 것이기를 멈춥니다. 그것이 아직까지도 특별히 경이롭게 보이는 이유는 사람들이 활동성을 사고 내로 들여갈 기운을 발달시키려 하지 않아서입니다. 이 관계에서는 정말로 회의적입니다. 사고에 활동성을 요구하면 그렇게 요구받는 사람에게 이런 기대를 한다는 느낌이 종종 듭니다. 어떤 남자가 길섶의 도랑에 드러누워 있습니다. 팔다리를 움직이지도 않고 심지어는 눈도 한 번 뜨지 않습니다. 지나가던 행인이 이렇게 물었습니다. "왜 그렇게 서글픈 상태에 있습니까?" 그러자 그 남자는 "아무것도 하고 싶지 않아서요."라고 대답했습니다. 행인은 그 대답에 상당히 놀랐습니다. 왜냐하면 그 남자는 이미 오랫 동안 아무것도 하지 않았던 듯이 보였기 때문입니다. 그런데 그 남자는 아직도 더 많이 ≪아무것도 하지 않으려고≫ 합니다! 그래서 행인이 이렇게 말했습니다. "네, 당신은 정말로 아무것도 하지 않고 있군요." 그러자 그 남자가 이렇게 대답했습니다. "저는 지구 회전을 함께 해야 하는데요, 저 스스로는 그것을 하고 싶지가 않다구요."

[28] 오로지 인간 영혼으로부터만 나와서 인간 영혼과 신적 · 정신적 세계 내용 간의 연관성을 다시금 이루어 낼 수 있는 힘을, 활동성

을 사고 내로 전혀 들여가고 싶지 않은 사람이 바로 그렇게 드러누워 있는 사람처럼 보입니다. 여러분 중 다수가 사고를 경멸하도록 배웠습니다. 사고가 단지 수동적 사고로만 여러분께 다가오기 때문입니다. 그런데 그것은 인간의 가슴이 존재하지 않는 머리의 사고에만 해당됩니다. 능동적 사고를 한번만 시도해 보십시오. 그러면 그렇게 하는 데에 어떻게 가슴이 개입하는지를 여러분이 알 수 있을 것입니다. 우리 시대의 인간은, 능동적 사고를 발달시킬 수 있는 경우에 가장 강렬하게 정신세계로 들어설 수 있습니다. 왜냐하면 능동적 사고를 통해서 가슴에서 우러나는 단호한 힘을 다시금 사고내용에 지닐 수 있는 상태에 이르기 때문입니다.

[29] 비록 힘이 들더라도 단호히 가야만 할 사고의 길에서 정신을 찾지 않는다면, 태초부터 인류를 통해 흘러갔던 그 길에서 정신생활을 찾지 않는다면, 그러면 여러분은 어머니의 젖가슴으로부터가 아니라 스스로 영양 섭취를 할 수 있다고 믿는 젖먹이와 같습니다. 세계 현존으로부터 다시금 진정한 정신적 양식을, 진정으로 정신적인 음료수를 빨아들이도록 하는 활동을 여러분의 내면에서 발달시킬 비밀을 발견할 때에만 여러분이 내용으로 충만한 청년 운동에 이를 수 있습니다. 그런데 그것은 우선 의지의 문제입니다. 느낌상으로 체험하는 의지의 문제입니다. 오늘날에는 엄청나게 많은 것들이 선한 의지에, 강한 의지에 달려 있습니다. 우리가 오늘날 찾고 있는 것은 어떤 이론으로도 풀어낼 수 없습니다. 오로지, 유일하게 용감

한 의지, 강한 의지만 해답을 가져다 줄 것입니다.

 [30] 일단 앞으로 남은 며칠 동안 그에 대해 논의하도록 합시다, 사랑하는 여러분.

9강 아름다움을 통해 진실을 구하라

1922년 10월 11일, 슈투트가르트

⁰¹ 어제는 제가 역사 발달의 선상에서 인간 영혼의 변화에 대해 말씀드렸습니다. 그 내용에서 서기 333년 이전의 경우에 비해 오늘날에는 인간이 인간을 다르게 대한다는 점을 여러분이 미루어 짐작하실 수 있을 것입니다.

⁰² 저는 여러분이 전체적인 인간 존재의 지체화를 이미 알고 계신다고 가정하겠습니다. 인지학적 인식을 통해서 그런 것을 얻을 수 있습니다. 여러분은 인간 영혼 내에서 두 가지를 구별해야 한다고 알고 있습니다. 그 두 가지 중 하나는 15세기까지 인간 천성 내에서 특히 기민하게 활동적이었던 것, 소위 말해서 오성 영혼 혹은 감성 영혼입니다. 그리고 그 시대 이래로 무엇보다도 인류가 문화 진보에서 이루어 낸 수준으로까지 발달된 사람들 내면에서 활동하고 있는 의식 영혼이 다른 하나입니다.

⁰³ 제가 인간 영혼의 특정 활동을 오성 영혼 혹은 감성 영혼의 활

동으로 명시한다고 해서 오늘날 우리가 파악하는 그런 것으로서의 오성이 오성 영혼이나 감성 영혼의 특이한 성격이라는 말은 아닙니다. 그 오성 영혼이나 감성 영혼은 특히 그리스 인들의 경우에서 형성되었다고 간주해야만 합니다. 당시의 오성은 오늘날의 지성적인 것과는 전혀 달랐습니다. 이 말이 무엇을 의미하는지는 어제 제가 드린 설명에서 짐작하실 수 있을 것입니다.

04 그리스 인들에게는 그들의 개념과 관념이 신으로부터 주어진 것이었습니다. 바로 그래서 오성에 냉기나 무생명력, 건조함이 없었습니다. 노력해서 얻어 내야만 하는 오늘날의 개념은 우리에게 차갑고, 건조하고, 무생명적으로 다가옵니다. 지성주의적인 것은 의식 영혼의 특이한 발달과 더불어 비로소 등장했습니다. 여러분이 그리스 인들의 입장에서 그들의 감성으로 완전히 들어가는 경우에만 그 오성 영혼이나 감성 영혼에 대한 올바른 개념을 얻을 수 있습니다. 그러면 세계에 대해 그리스 인들과 오늘날의 사람들이 지니는 관계 간의 차이를 발견할 수 있습니다. 그런데 거기에서 고려되는 것 중에서 몇 가지가 바로 오늘 강의를 통해서 조금은 분명해져야 합니다.

05 제가 이렇게 도입하는 이유는, 근대가 시작되기 이전의 시대에서 인간과 인간이 서로 어떻게 조우했는지를 여러분이 이해하실 수 있도록 하기 위해서입니다. 그러니까 15세기 이전의 시대에는 사람과 사람이 만나면 한 사람이 다른 사람에게 오성 영혼이나 감성 영

혼으로부터 말을 했었고, 다른 사람이 하는 말도 자신의 경우에서처럼 오성 영혼, 혹은 감성 영혼으로부터 나온다고 여겼습니다. 오늘날 우리는 의식 영혼을 마주 대하고 있습니다. 그런데 제가 이미 설명드렸던 그 모든 상황으로 인해서 19세기, 20세기의 전환기에 자라난 젊은층이 비로소 그것을 제대로 느낄 수 있을 정도로 분명해졌습니다. 그로 인해서 역시 생활 문제가 사실상 완전히 새로운 방식으로 인류 앞에 등장했습니다. 생활의 특정 문제들은 오늘날 새로운 방식으로 고찰되어야만 합니다. 그렇게 하지 않으면 의식 영혼과 의식 영혼 간의 연결 교량이 발견될 수 없습니다. 달리 말하자면 오늘날의 인간을 위해서 인간과 인간 간의 연결 교량 자체가 발견될 수 없다는 것입니다. 그리고 인간과 인간 간의 연결 교량을 발견할 수 없다는 그 사실로 인해 현시대에 우리가 병이 듭니다.

 [06] 질문 자체가 일단은 기괴해 보일 수 있을 정도로 이제는 진정 새로운 방식으로 몇 가지 질문을 해 보아야만 합니다. 물론 주제가 그렇게까지 기괴하지는 않습니다. 이렇게 한번 가정해 봅시다. 세 살배기가 영구치가 날 때까지 기다리지 않겠다고 결심하고는 이렇게 말합니다. "영구치가 날 때까지 아직 4년이나 기다려야 한다니 너무 지겹다. 지금 당장 영구치가 나면 좋겠다." 필시 더 기괴하게 들리는 다른 예를 여러분께 말씀드릴 수도 있습니다. 그런데 이 예로도 충분하다고 생각합니다. 자연스러운 발달은 항상 특정 조건하에 진행되기 때문에 절대로 그렇게 될 수는 없겠지요. 오늘날에는 극소수

의 사람들이나 그 발달 조건을 조금 짐작할 수 있습니다. 그 자연스러운 발달 조건에 따르면 인간이 사실 일정 연령을 넘어서야, 외적 사실에 대해 인간이 반드시 알아야 하지만 바로 코앞에 놓인 진술 내에서 소진되지 않는 특정 사항이나 삶의 연관성을 조금 알 수 있게 됩니다. 사람의 손가락이 열 개라는 정도는 물론 아홉 살짜리도 알 수 있습니다. 그런데 실제로 능동적인 사고를 통해 애를 써서 얻어 낼 수 있는 판단이 필수적인 것, 그것은 일정 연령에 이르기까지, 그러니까 대략 열여덟 살, 열아홉 살 사이에 놓인 그 시점에 이르기까지 절대로 알 수 없습니다. 대략 일곱 살 이전에는 영구치가 나지 않는 것과 꼭 마찬가지로 열여덟 살 이전에는 자신의 코앞에 놓인 것을 벗어나는 삶의 연관성에 대해서는 정말로 아무것도 알 수 없습니다. 능동적인 판단이 필수적인 경우에 특히 더 그렇습니다. 그 나이 이전에는 그런 것에 대해 무엇인가를 들었을 수는 있습니다. 권위성에 의지해서 어떤 것을 믿을 수도 있습니다. 하지만 그에 대해 알 수는 없습니다. "눈으로 볼 수 있고 귀로 들을 수 있는 영역 내에 존재하지 않는 이러저러한 것에 대해 나는 알고 있다."라고 말할 수 있기 위해서 필수적인, 영혼의 그 내적인 활동을 열여덟 살 이전에는 전개시킬 수 없습니다. 오늘날에는 그런 것이 논의 대상이 되지 않습니다. 그럼에도 불구하고 삶에 있어서 그런 것은 최고도로 중요합니다. 어떻든 간에 문화 세계가 손발을 얻어야 한다면 최우선적인 관건은 바로 그런 것에 대해 다시 논할 수 있고, 그런 것을 다시금 객관적으로 다룰 수 있어야 합니다.

[77] 사람이 열여덟 살이 되기 이전에는 그런 종류에 대해 전혀 알수 없다는 사실에서 이제 무슨 결론이 나옵니까? 젖먹이가 어머니의 젖가슴에 의존하듯이 열여덟 살 이전의 인간은 열여덟 살, 열아홉 살을 넘긴 주변 사람들에 의존적입니다. 그 양자는 전혀 다를 바가 없습니다. 이 사실에서 다시금, 교육과 수업을 하는 사람과 청소년 간의 교류를 위해서 극히 의미심장한 것이 나옵니다. 그점이 유의되지 않는 교류는 잘못된 것입니다. 오늘날에는 사실이 그렇다는 자각조차 하지 않습니다. 그래서 특히 교육학의 영역에서 다중적으로 주객이 완전히 전도된 방식으로 일합니다. 그런데 항상 그렇지는 않았습니다. 우리가 15세기 초반 30년 이전으로, 그 옛 시절로 돌아가 보면, 당시에는 오늘날의 청년 운동 같은 것이 생겨날 수가 없었다고 말할 수 있습니다. 오늘날의 청년 운동이 지니는 형태로는 당시에 어떤 존재 권리도 얻지 못했을 것입니다. 그런 운동이 있을 수가 없었습니다. 왜 그런 운동이 당시에는 있을 수 없었느냐는 질문에 대답하려면, 수도원 부속 학교에서 삶을 위한 준비를 했던 사람들 간에 존재했던, 아주 의미심장한 상태를 주시해 보아야만 합니다. 장인이 되기 위한 준비를 했던 젊은이들 간의 상태를 예시로 삼을 수도 있습니다. 그 양자가 크게 다르지 않았습니다. 실은 똑같았다는 사실을 알아볼 수 있습니다. 옛 시대의 사람들은 열여덟 살이 되기 전에는 아무도 지식에 접근시킬 수 없

다는 사실을 잘 알고 있었습니다. 열여덟 살 이전의 인간을 지식에 접근시킬 수 있다고 주장하면 사람들이 황당하게 여겼습니다. 나이가 든 사람들 중에서도 주로 교육자였거나 수업을 하는 사람인 경우에는 청소년들을 지식에 접근시킬 수 없다는 사실을 아주 분명하게 알고 있었습니다. 자신의 앎에 따라 진실이라 생각되는 것에 대한 믿음으로 청소년들을 이끌 수 있는 가능성을 습득해야만 했습니다. 그리고 청소년들을 믿음으로 이끌어 주면서 했던 교육이 당시의 교육자들에게는 신성한 활동에 속했습니다.

⁰⁸ 오늘날에는 그 모든 상태들이 완전히 지리멸렬해지고 말았습니다. 옛 시대에는 단지 청소년들에게서만 요구했던 것을, 즉 믿음을 오늘날에는 초감각적인 것과 관련해서 성인들에게서 요구하기 때문입니다. 당시에는 근본적으로 보아 믿음이라는 개념이 단지 청소년들을 위해서만 있었습니다. 하지만 그것을 성스러운 것으로 고찰했습니다. 교육자나 교사가 지닌 인간 천성의 신선함과 설득력 때문에 청소년이 그 사람을 믿고, 그 믿음을 통해서 진실을 건네받도록 할 수 없는 경우에, 그 사람은 자신이 해야 할 가장 성스러운 의무를 등한시했다고 자책했을 것입니다. 그 감성적 뉘앙스가 모든 교육 내에, 모든 수업 내에 깔려 있었습니다. 당시의 수업과 교육이 온갖 가능한 계급과 차등화로 옥죄여 있었기 때문에 오늘날에는 정말로 공감하기 어려울 수도 있습니다. 하지만 그 점을 간과한다면 당시의 교육은, 청소년들이 가르치는 이를 믿을 수 있도록 형성되

어 있었습니다.

[09] 그런데 거기에 또 다른 것이 연결되어 있었습니다. 교사가 청소년들로부터 믿음을 얻을 수 있다는 정도의 자기 기대치를 가장 먼저 습득해야만 한다고 의식하고 있었습니다. 15세기 이전의 시대에 유일한 교육 기관이었던 수도원 부속 학교에서 청소년들이 어떤 위치에 있었는지를 예시로 삼아 그 점을 여러분께 밝혀 드리겠습니다. 그곳에서는 교사가 청소년들로부터 진지하게 받아들여지려는 그 자기 기대치를 습득해야만 했습니다. 그것이야말로 청소년들이 한 인간을 믿을 수 있는 전제 조건이었기 때문입니다. 어떤 사람이 성인이기 때문에 혹은 국가 기관으로부터 대학 졸업장을 받았거나 그런 기관에 채용되었기 때문에 청소년들이 그를 믿어야 한다는 식으로 자만하지 않았습니다. 물론 당시에도 대학 졸업장이나 그런 것들이 외적으로 일정한 역할을 하기는 했습니다. 그러나 청소년들로부터 진지하게 받아들여지려는 그 자기 기대치는 그들에게 지식을 전달한다고 해서 생겨나지는 않았습니다. 오늘날에는 ≪청소년들에게 어떤 지식도 전달하지 않겠다.≫는 문장에 의미를 부여하기가 상당히 어렵습니다. 하지만 당시에는 교사가 일단은 청소년들을 관찰했습니다. 그리고 지식을 전달하기 전에 이미 교사가 무엇인가 할 수 있다는 점을 청소년들이 느끼도록 했습니다. 청소년들이 일정 연령을 넘긴 후에야 교사가 알고 있는 것을 전달했습니다. 한 인간이 할 수 있는 것을 청소년들에게 가

장 먼저 보여 주었습니다. 그래서 처음에는 일단 문법, 논리학, 수사학이라는 삼위일체가 수업 내용을 이루었습니다. 그런 것들은 학문이 전혀 아니었습니다. 많은 세월이 흐르면서 문법이 유사학문이라는 기괴한 형태로 변했습니다. 그 옛 시대의 문법은 오늘날 되어 버린 문법 같은 것이 아니었습니다. 그것은 사고내용과 단어를 연결하고 분리시키는 등의 일을 위한 예술이었습니다. 문법 수업이 일정한 의미에서 예술적인 수업이었습니다. 논리학과 수사학의 경우에서는 특히나 더욱더 그러했습니다. 청소년들에게 접근하는 데에 있어서 무엇보다도 가장 먼저 염두에 두었던 것은 청소년들이 이렇게 느낄 수밖에 없도록 만드는 것이었습니다. "저 사람은 무엇인가를 할 수 있다. 연설을 할 수 있고, 사고를 할 수 있다. 그리고 그 연설이 아름다움으로 충만해 있다." 문법, 논리학, 수사학이 능력을 위한 수업이었습니다. 더 정확히 말하자면 수업을 하는 사람, 교사의 인간적 활동성에 아주 긴밀하게 연결되어 있었던 능력이었습니다. 오늘날에는 실물 수업에 대해 논하는 경우에 교사의 사적인 인간성으로부터 그것을 완전히 분리합니다. 가능한 한 인간과 수업을 무관하게 만들기 위해서 소름끼치는 계산기에 이르기까지 구할 수 있는 온갖 기구를 싸 짊어지고 들어옵니다. 가르치는 이의 사적인 인간성으로부터 수업을 분리해 내기 위해 애를 씁니다. 그런데 그렇게 할 수가 없습니다. 그런 추구는 교사가 지니는 가장 나쁜 면만 작용하도록 만들기 때문입니다. 교사가 온갖 가능한 ≪객관성≫을 싸 짊어지고 오면 자신의 본성이 지니는 아름다운 면을 전혀 펼쳐 낼 수 없게 됩니다.

¹⁰ 다시 한 번 말씀드리자면 교사가 —— 그야말로 최상의 의미에서 —— 인간으로서 무엇을 ≪할 수 있는지≫, 그것을 청소년들이 일단은 느낄 수 있도록 해야 한다는 요구가 수업을 하는 사람, 교사에게 있었습니다. 교사가 어떻게 언어를 구사하는지, 그가 얼마나 능숙하게 사고하는지, 심지어는 언어 구사에 있어서의 아름다움을 어떻게 가르치는지. 우선은 이런 방식으로 일정 기간 동안 자신이 할 수 있는 것에 청소년들을 주목시켰습니다. 그렇게 한 다음에야 사람이 알 수 있는 것으로, 즉 산술학, 기하학, 천문학, 음악으로 청소년들을 차츰차츰 이끌어 갈 수 있다는 자기 기대치를 습득했습니다. 당시에는 그런 과목들이 전반적인 세계 법칙을 조화롭고 선율적으로 파악해서 관철하는 것이라고들 생각했습니다. 문법적인 것, 논리적인 것, 대화술에 관한 것에서 출발함으로써 예술적인 것으로부터 출발하는 경우에 가능했던 것과 똑같이 산술학, 기하학, 천문학, 음악에 더욱더 많이 예술적 요소를 들이부을 수 있었습니다.

¹¹ 보시다시피 그 모든 것들이 이제는 사라졌습니다. 지성주의가 등장하기 시작하면서 그런 것이 모두 증발해 버렸습니다. 이런 양식의 오래된 예술성에서는 아주 적은 나머지만 있을 뿐입니다. 잘 알려져 있듯이 어떤 대학교에서는 박사 학위를 수여하면서 그 학

위를 받는 사람에게 《철학과 7대 순수 예술학 박사》라는 칭호를 줍니다. 그러나 그 칭호가 7대 순수 예술과 어떤 관계에 있는지는 여러분이 대략적으로만 알고 있을 뿐입니다. 베를린 대학교에서 강의를 했던 쿠르티우스라는 유명한 학자의 경우에서 그런 것을 알아볼 수 있습니다. 실은 걸출한 인물이었던 그 학자가 대학에서 가르쳤던 전공 분야와는 무관한 학위를 가지고 있었습니다. 아마도 여러분은, 그 사람이 미술사 교수 자격증을 가지고 있었다고 생각하실 겁니다. 그런데 그렇지 않았습니다. 그는 화술과 수사학 교수 자격증을 가지고 있었습니다. 그는 웅변술, 화술을 위한 강사로 위촉되었었습니다! 그런데 그가 살았던 시절에 그런 전공으로 어떤 일을 하기에는 그것들이 골동품화되었던 듯합니다. 화술 교수였지만 어떤 일이라도 해야 했기에 미술사를 가르쳤습니다. 그런데 미술사를 기가 막히게 잘 가르쳤습니다. 이렇게 심지어는 쿠르티우스가 가르쳤던 시절에 이미 화술이 전공 과목이라고 하면 이상하게 여길 정도가 되었습니다. 그런데 옛 시대에는 화술, 수사학이 청소년들에게 기본 과목이었습니다. 그렇게 함으로써 예술성이 전적으로 교육으로 도입되었습니다. 오성 영혼 혹은 감성 영혼이 다른 오성 영혼 혹은 감성 영혼을 마주 대하고 있었던 낡은 인간 체계의 관점 하에서는 예술적인 요소를 전적으로 교육에 도입했었습니다. 그런데 오늘날에는 아직까지도 사람들이 새로운 관점으로부터 다음과 같은 질문을 하는 상태에 이르지 못했습니다. "인간 체계 내에서 의식 영혼이 의식 영혼을 마주 대하는 경우에 교육은 어떻게 되어야 하는가?" 교육학을 광범위한 의미에서 고찰하기 시작하면 곧바로 이 질문이 저절로 생겨납니다. 이 질문은 이미 오랫동안 있어 왔습니다. 벌써 수십 년 전에 생겨났습니다. 그런데 사람들은 아직도 그것을 형상화하고 분명하게 감지하기 위해서 능동적으로 사고하지 않습니다. 그렇다면 이 질문에 대한 답은 어디에 있습니까?

[12] 한 가지 사실을 인정하기를 배우면 그 질문에 대한 답이 나옵니다. 이런 문제의 경우에는 이론적인 해결 방안이 아니라 의지의 전개에 달려 있기 때문입니다. 전 지상적 현존으로부터 지상적 현존으로 들어서는 어린이가 우선은 모방력을 함께 가져오기 때문에 이갈이를 할 때까지는 모방하는 존재라는 사실을 알아보고 인정하기를 배우는 데에 하나의 답이 있습니다. 바로 그 모방력으로 어린이가 언어를 배웁니다. 어린이가 지상의 현존으로 들어설 때에 혈액 순환이 어린이에게로 부어 넣어지듯이 언어 역시 어린이에게로 부어 넣어진다고 저는 표현하고 싶습니다. 그런데 우리가 의식 영혼으로부터 소위 말하는 진리의 형태로 인식을 전승하는 식으로 점점 더 의식적인 교육을 어린이에게 할 수는 없습니다. 제가 조금 전에 교육 문제와 관련해서 성격화했던 그 옛 시대에는 이렇게 말했습니다. "열여덟 살 이전의 청소년들은 아무것도 알 수 없다. 그러니까 청소년이 일단은 믿으면서 받아들이는 지식으로 이끌어 가되,

교사의 능력을 통해서 그렇게 해야 한다." 어린 시절에 수용한 그 믿음을 통해서 열여덟 살과 열아홉 살 사이의 청소년들 내면에 지식력이 일깨워집니다. 지식력은 내면으로부터 일깨워져야만 합니다. 그렇게 하기 위해서, 청소년들이 열여덟 살이 될 때까지는 말하자면 휴지점休止點에 머물도록 할 수 있기 위해서 사람이 스스로 할 수 있는 것을 가장 먼저 보여 주는 식으로 청소년들을 대하고자 했습니다. 그렇게 함으로써 청소년들이 사람이라면 알아야 할 것을 열여덟 살까지는 —— 저는 잠정적이었다고 말하고 싶은데, —— 그 사람을 통해서 체험한다는 느낌이 들도록 교육했었습니다. ≪지식수렴≫은 열여덟 살, 열아홉 살에 이르기까지는 잠정적인 것이었습니다. 사람이 그 연령대 이전에는 사실 아무것도 알 수 없기 때문입니다. 그런데 청소년들 내면에 "저 사람은 어떤 것을 할 수 있다." 라는 확신의 느낌이 여물지 않았다면 어떤 교사도 그들에게 지식을 진정으로 전수할 수 없습니다. 교육자로서, 청소년들에게 가장 먼저 '저 사람은 어떤 것을 할 수 있다.' 라는 생각이 자연스럽게 생기도록 하지 않고 다른 방식으로 작용하려 한다면 인류에 대해서 무책임한 시도를 하는 것입니다.

[13] 당시에는 청소년들이 산술학을 접하기 전에 —— 당시의 산술학은 오늘날처럼 무미건조하게 추상적인 것이 아니었습니다. —— 그들에게 그것을 가르치는 사람이 연설도 할 수 있고 사고도 할 수 있다고 분명히 의식했습니다. 교사들이 웅변술에 능해야 한다는 것

역시 잘 알려져 있었습니다. 청소년들이 느낌으로 그 모든 것을 알 수 있었고, 또한 바로 그것이 젊은이로서 늙은이들에게 기대어 기어올라 가기 위한 근거가 되었습니다. 사람이 그저 학위를 땄다고 알고 있기만 해서는, 그것을 근거로 이루어져야 할 일이 어떤 때에는 10년도 채 되지 않아서 망가지고 맙니다. 옛 시대에 생동적으로 살아 있었던 그 질문을 다시금 되살려 내야만 합니다. 오늘날에는 인간 체계에 있어서 의식 영혼이 의식 영혼을 마주 대하고 있기 때문에, 감성 영혼이 감성 영혼을 마주 대하고 있었던 시절에 했던 것처럼 문제를 풀어낼 수는 없습니다. 오늘날에는 다른 방식으로 풀어야 합니다.

[14] 오늘날 청소년들에게 가르치는 것에 비해서 그래도 조금은 낫다 하더라도 ≪세 가지 길과 네 가지 길 trivium quadrivium≫[2]을 지금 다시 도입할 수는 없습니다. 오늘날의 상황을 고려해야만 합니다. 외적인 상황이 아니라 인류 발달 내에 존재하는 상황을 고려해야만 합니다. 여기에서의 문제는 이렇습니다. 어린이가 이갈이를 하기 전에 천성적으로 실행하는 자연스러운 모방의 시기와, 일단은 신뢰와 믿음을 바탕으로 삼지만 나중에는 스스로의 판단에 근거해서 지식

---

2) 문법, 논리학, 수사학의 세 학문으로 이루어진 기본 과정과 산술학, 기하학, 천문학, 음악을 포함하는 고등 과정으로 나뉘어졌던 고대와 중세의 학업 과정. 그 일곱 과목들이 7대 순수 예술에 속했다.

을 배울 수 있는 시기 간의 과도기를 발견해야만 합니다.

[15] 그 시기들 사이에 휴지기가 있습니다. 그 휴지기가 오늘날의 청소년들을 위해서는 극히 비관적입니다. 그 휴지기를 위해서 가장 중요한 세계 문제를 풀어야만 합니다. 미래 인류의 진보, 퇴보, 심지어는 멸망 역시 그 세계 문제에 달려 있습니다. 모방을 하는 시기, 그리고 지식을 전수받을 수 있는 시기, 그 사이에 과연 구세대는 신세대와 무엇을 해야 하는가? 이 질문이 현재 가장 중요한 문화 문제입니다.

[16] 청년 운동을 진지하게 받아들여야 한다고 전제해 봅시다. 그렇다면 그것은 과연 무엇이었습니까? 바로 이 질문에 대한 답을 바라는 갈망이었습니다. 청소년들이 그에 대한 답을 찾을 수 없다는 사실을 알게 되었습니다. 그래서 숲이나 벌판으로, 논밭으로 쏘다녔습니다. 이런 표현을 용서하십시오. 하지만 들리는 것처럼 그렇게 나쁜 의미는 아닙니다. 청소년들이 학생이 되기보다는 새가 되기를 선호했습니다. 그런 종류 중에 하나가 예를 들어서 철새[3] 입니다.

[17] 세상에 존재하는 이 지대한 문화 문제를 해결하고자 한다면 이론이 아니라 삶을 들여다보아야만 합니다. 오늘날 삶을 들여다보는 사람은 다음의 사실을 발견합니다. "인류가 쇠하지 않기 위해서는,

---

3) 1836년 카를 피셔Karl Fischer가 조직한 청소년 운동인 '반더포겔' 을 말함. 직역하면 '철새' 라는 의미가 있으며, 여기서는 이중적 의미로 쓰였다.

인간이 머리, 가슴, 의지를 위해서 반드시 지녀야만 하는 것을 예술적인 아름다움으로 전승해 줌으로써, 모방 연령기와 진실의 형태로 인식을 수용하는 연령기 사이에 놓인 시기를 채워야만 한다." 낡은 문화 질서에서 문법, 논리학, 수사학, 산술학, 기하학, 천문학, 음악이라는 7대 부문이 예술적인 것으로 생겨나서 발달했었습니다. 오늘날 우리 역시 예술적인 것을 필요로 합니다. 그것이 의식 영혼의 요구 사항에 맞춰져야 합니다. 일곱 가지 순수 예술이 지배했던 식으로 특수화되어서는 안 됩니다. 초·중등 학교 연령을 위해서 그리고 그 연령대를 훨씬 넘어서서까지 —— 교육과 수업이 계속 이루어져야 하는 한 —— 전반적인 수업이 예술적인 요소로 붙붙여져서 열화 같은 자극으로 가득 차야만 합니다. 초·중등 학교 연령대를 위해서, 그리고 그 이후의 연령대를 위해서도 역시 아름다움이, 진실의 통역자로서의 아름다움이 지배해야만 합니다.

[18] 아름다움을 통해서 진실을 정복하기, 그것을 배우지 못한 사람들은 삶의 요구 사항에 대비對備시키는, 온전히 인간적인 것을 절대로 수용할 수 없게 됩니다. 비록 완전한 파급 효과에 이르기까지 강조하지는 않았지만 독일 고전주의자들이 그것을 예상했습니다. 하지만 사람들로부터 어떤 이해도 얻지 못했습니다. 괴테가 어떻게 아름다움을 통해서 진실을 구하는지 보십시오. 괴테가 어떻게 말하는지 들어 보십시오. "예술은 자연의 비밀스러운 힘을 표현한다." 그 말은, 세계를 예술적으로 파악함으로써 비로소 살아 있는 진실에

이른다는 점을 의미할 뿐입니다. 그렇지 않으면 죽은 진실에나 이를 뿐입니다. 실러는 이렇게 수려한 문장을 썼습니다. "오로지 아름다움이라는 여명의 문을 지나서만 네가 인식의 나라로 들어설 수 있다!" 이 길의 의미를, 즉 예술적인 요소를 통해서, 미적인 요소를 통해서 진리의 영역으로 들어서는 길의 의미를 가장 심오한 의미에서 완전히 파고들기 전에는, 인류가 의식 영혼 시대의 의미에서 초감각적인 세계를 위한 진정한 이해를 습득할 수 있다고 말할 수 없습니다.

[19] 여러분도 보시다시피 오늘날 사람들이 인정하는 과학의 도움으로는 인간에서 물체적 신체만 인식할 수 있을 뿐이기 때문입니다. 오늘날의 과학으로는 인간에게서 물체적 신체 외에 다른 것을 인식할 가능성이 전혀 없습니다. 바로 그래서 물체적 신체가 주제인한에서만 생리학과 생물학이 정확하다고, 네, 심지어는 대단하다고 말할 수 있습니다. 심리학에 대해서도 조금은 이야기들 합니다. 하지만 사람들은 그것을 실험 심리학으로만 알고 있고, 물체적 신체에 연결된 영혼 현상만 관찰합니다. 사람들은 순수하게 영적인 현상에 대해서는 아무 상상도 하지 못합니다. 바로 그래서 심신 병행론이라 부르는 것도 역시 생겨났습니다. 그런데 평행선들은 무한대에서나 비로소 서로 교차합니다. 그래서 이렇게 말할 수 있습니다. "물체적 신체와 영혼 간의 관계에 대해서는 무한성 내에서나 비로소 어떤 것을 알 수 있다." 그런 식으로 심신 병행론을 만들어 냈

습니다.

²⁰ 그 모든 것들에서 인간을 이해하지 못하는 그 무능력, 시대의 무능력이 증상적으로 표현됩니다. 왜냐하면 첫 번째로는 인간을 이해하려고 하면 지성주의의 힘이 즉시 멈추기 때문입니다. 지성적으로는 인간을 이해할 수 없습니다. 타협 없이 완고하게 지성주의를 고수할 수 있습니다. 그러면 인간에 대한 인식 역시 포기해야만 합니다. 그런데 그렇게 하려면 우선 정서를 구해 내야 합니다. 그렇게 할 수가 없습니다. 헌데 정서를 구해 내지 않으면 그것이 말라비틀어집니다. 머리는 인간을 이해하기를 포기할 수 있지만, 그 상태에서는 정서가 말라비틀어집니다. 우리의 전체 문화가 그렇게 말라비틀어진 정서로부터 써 내려지고 있습니다. 그 다음에 두 번째로는 외부의 자연 속에서 우리를 훌륭하게 이끌어 주는 그 개념들로는 인간 이해를 얻어 낼 수 없다는 것입니다. 그런 개념들을 가지고 외적으로 아무리 위대한 것을 쟁취해 내었다 하더라도, 그런 것들은 인간 신체의 두 번째 지체인 에테르 체, 형성력 신체조차도 우리에게 알려 주지 못합니다. 이는 의심의 여지가 없는 사실입니다.

²¹ 사람이 오늘날의 과학적 방법으로 아주 많은 것들을 알 수 있게 되었다고 가정해 보십시오. 필시 지구가 끝나는 시점에 인간이 그것을 통해서 알게 되는 만큼이라고 합시다. 그러니까 엄청나게 많은 것들을 압니다. 저는 완벽한, 아주 영리한 과학자를 예로 들겠습니

다. 현재 이미 그런 상태에 아주 근접한 과학자가 없다고는 절대로 말하고 싶지 않습니다. 저는 지성주의가 미래에 유별나게 많이 진보하리라고는 전혀 믿지 않기 때문입니다. 사람들이 그야말로 다른 길을 가게 될 것입니다. 우리 시대의 학문이 지니는 지성주의에 저는 최고도의 경의를 표합니다. 제가 말하고 있는 것이 그에 대한 불경스러움에서 나온다고는 절대로 생각하지 마십시오. 이는 정말로 제 진심입니다. 의심의 여지가 없이 영리한 과학자들이 수없이 많이 존재합니다. 그에 대해서는 눈곱만큼도 의심할 필요가 없습니다! 그런데 그 과학성이 이를 수 있는 최상의 고지에 이른다고 가정을 하더라도, 그렇다 하더라도 그것으로는 역시 인간의 물체적 신체만 파악할 수 있지 에테르 체는 전혀 파악할 수 없습니다. 에테르 체의 인식은 현실에서 동떨어진 공상에 근거한다는 주장을 하고 싶어서가 아닙니다. 그렇지 않습니다. 에테르 체의 인식은 실재적인 인식입니다. 그런데 인간 존재의 초감각적 지체 중에서도 —— 저는 이렇게 말하고 싶습니다. —— 가장 낮은 단계에 속하는 것을 조금이라도 알아볼 수 있는 안목을 얻기 위한 자극, 그것은 오로지 에테르적 영혼 체험으로부터만 나올 수 있습니다. 바로 예술적인 영혼의 피가 그것에 속합니다.

[22] 바로 이런 사실들에서, 우리 시대의 객관적 과학에서 온갖 공을 들여서 예술적인 모든 것을 피한다면, 그 과학이, 인간을 자기 인식으로부터, 달리 말하자면 인간 인식으로부터 점점 더 멀어지게 한

다는 점을 여러분이 생각하실 수 있을 것입니다. 우리가 현미경이나 다른 실험 기구들을 통해서 경험하는 것들이 물론 엄청나게 많습니다. 그래도 그런 것으로는 절대로 에테르 체에 접근할 수 없습니다. 오히려 더 멀어질 뿐입니다. 인간을 파악하기 위한 최우선적인 필수 사항에 이르는 입구를 얻기 위한 방도를 결국에는 완전히 잃어버립니다. 식물의 경우에는 그것이 우리와 그렇게 밀접한 관계를 지니지 않기 때문에 그래도 극복할 수 있습니다. 식물은 현대 자연 과학이 만들어 내는 실험실의 산물이 되든 말든 신경쓰지 않습니다. 아무리 그래도 식물은 역시 우주 내에 있는 에테르적 힘의 영향하에 자라나지, 물리학과 화학이 힘이라고 전제하는 것에 자신을 국한시키지 않습니다. 하지만 우리가 인간으로서 인간을 마주 대하는 경우에는, 우리의 느낌, 우리의 신뢰, 우리의 외경심, 간단히 말해서 우리의 정서 속에 있는 모든 것이, 그리고 의식 영혼 시대에는 단지 본능적인 것을 넘어서는 모든 것 역시 —— 의식 영혼 시대에는 모든 것이 본능을 넘어섭니다. —— 인간의 물체적 신체만은 아닌 것을 바라보도록 하는 교육을 받느냐에 달려 있습니다.

²³ 인간이 과연 무엇인지에 대한 통찰을 얻는 것으로부터 교사가 우리를 멀어지게 한다면, 한 인간이 타인을 올바른 방식으로 대하도록 하는 힘이 우리 정서 내에 자라나도록 요구할 수 없습니다. 인간이 단순한 관찰에, 단순한 실험에 고착되기로부터 떨어져 나올 수 있느냐에 실로 모든 것이 달려 있습니다. 네, 우리가 그런 관찰

과 실험으로부터 떨어져 나올 때에야 비로소 그것의 진가를 올바른 의미에서 평가할 수 있습니다. 가장 간단하게 떨어져 나오기가 바로 에테르적, 예술적 분리입니다.

[24] 옛 시대에 문법, 논리학, 수사학을 그 시대에 걸맞게 청소년들에게 접근시켰던 바와 같이 교사가 어린이를 대한다면, 달리 말하자면 교사가 청소년들을 대하면서 수업을 다시금 예술적으로 다룬다면, 어떤 수업이든 간에 예술이 지배한다면, 그러면 다른 청년 운동이 생성될 것입니다. 그런 청년 운동이 오늘날의 여러분 마음에는 들지 않을 테지요. 그래도 예술적인 교사에게로 몰려드는 청년 운동이 생겨날 것입니다. 왜냐하면 거기에서 ≪빨아먹고자≫ 하기 때문입니다. 청소년들이 구세대에게서만 기대할 수 있는 것을 교사들에게서 기대할 것이기 때문입니다. 청년 운동은 진정으로 단순한 반대, 단순한 반항이 되어서는 안 되기 때문입니다. 그것은 사실 젖먹이 아기와 비교할 수 있습니다. 어머니의 젖가슴으로부터 젖을 빨 수 없다면 다른 모든 것 역시 할 수 없습니다. 배워야만 할 것은 그저 배워야만 합니다. 그런데 젖먹이가 어머니의 젖가슴에서 지니는 자연스러운 성향, 어린이가 모방을 통해 말을 배울 때 지니는 그 자연스러운 성향을 구세대에 대해 지니는 경우에만 배울 수 있습니다. 구세대로부터 예술적인 것이 다가올 때에, 아름다움 속에서 진실이 드러날 때에 그 성향을 지니게 됩니다. 그렇게 하면 최상의 것이 청소년들 내면에 불붙여집니다. 항상 수동

적으로 머무는 지성이 아니라 스스로 능동적으로 될 의지, 그에 더해 사고도 능동적으로 만들 의지가 불붙여집니다. 예술적인 교육은 의지의 교육이 될 것입니다. 그리고 바로 그 의지의 교육에 역시 모든 것이 달려 있습니다. 이 점을 어떻게 이해할 수 있는지, 내일 계속하기로 합시다.

10강 내적인 사고 활동으로 의지를 일깨우라

1922년 10월 12일, 슈투트가르트

01 제가 어제 여러분께 이해시키고자 했던 바는, 청소년들의 지도와 교육이 예술적인 방식으로 형성되어야 한다는 것이었습니다. 옛 시대의 교사는 특정한 의미에서 예술적인 것에서 출발했다는 점을 주시해 보았습니다. 이미 오늘날에는 완전히 추상적인 형태를, 학문의 형태를 띠고 있는 과목, 즉 문법, 논리학, 수사학을 예술로 고찰하고 다루면서 소위 말하는 고등 교육이 이루어졌습니다. 그래서 청소년이 자신의 지도자를 바라보면서 "저 사람은 내가 못하는 무엇인가를 할 수 있다."라고 말하게 만드는 것을 일단은 그 사람에게 의지해서 배웠습니다. 바로 그렇게 함으로써만 구세대와 신세대 간에 올바른 관계가 형성되었습니다. 그 관계는 지성이라는 길을 통해서는 절대로 발달될 수 없기 때문입니다. 사람이 오성 영혼 혹은 감성 영혼과 더불어 내면에 현시된 관념을 지니지 않고, 의식 영혼으로 오성이라는 바닥에 서는 즉시 사람들을 어떤 방식으로든 구별할 수

있는 가능성이 없어집니다. 인간이 의식 영혼을 가지고 어떤 것을 개념적으로 해결해야 한다면, 어쨌든 간에 개념에 이르기만 하면 누구하고라도 그 개념에 대해 논할 수 있다고 믿게끔 인간 천성이 이루어져 있기 때문입니다. 인간의 성숙도와 경험이 전혀 고려되지 않는 지성의 경우에서는 그렇습니다. 인간의 성숙도와 경험은 능력의 경우에서 비로소 고찰 요소가 됩니다. 나이 든 사람의 능력은 역시 청소년들로부터 아주 자연스럽게 인정됩니다.

02 이제 이 문제를 그 근저로부터 이해하기 위해서 인류 발달이 인간과 인간 간의 교류라는 관계에서 보아 어떻게 흘러왔는지를 다시 한번 다른 관점에서 우리의 영혼 앞에 사열해 보아야만 합니다. 기록으로 남겨진 외적인 역사는 골고다의 신비에서 단지 수천 년 정도까지만 거슬러 올라갈 수 있습니다. 게다가 그런 외적인 역사는 찾아낸 것을 올바른 방식으로 평가하지도 못합니다. 고대 그리스 시대의 정신적 산물이 오늘날의 개념으로는 전혀 파악될 수 없기 때문입니다. 고대 그리스 시대로만 거슬러 올라가도 우리는 완전히 다른 개념을 적용해야만 합니다. 여러 사람들 중에서도 특히 니체가 그것을 느꼈습니다. 바로 그래서 미완성된 소고『그리스 비극 시대의 철학』이 그렇게 매혹적입니다. 그 책에서 니체는 소크라테스에 이르기까지의 그리스 철학을 일반적인 그리스 문화 발달과의 관계에서 다루었습니다. 니체는 소크라테스에게서 처음으로 순수한 지성의 빛이 발하는 것을 보았습니다. 그에 반해 그리스적 발달에서

소위 말하는 비극의 시대에 있었던 모든 철학이 포괄적인 인간 근저로부터 생겨났습니다. 그런데 포괄적인 인간 저변이 개념적으로 표현되는 경우에는, 그 개념적인 것이 체험을 표현하기 위한 언어에 불과합니다. 고대의 철학은 나중에 되어 버린 것과는 완전히 달랐습니다. 그런데 지금은 제가 그 점을 그저 잠깐 언급하고 싶을 따름입니다.

03 제가 여기서 실제로 말씀드리고 싶은 것은, 정신적 상상력을 통해서, 특히 영감을 통해서 훨씬 더 멀리 되돌아볼 수 있다는 점입니다. 인간 발달의 상세한 부분에 이르기까지, 무엇보다도 인간의 영혼 역시 들여다볼 수 있습니다. 그렇게 아주 멀리, 골고다의 신비로부터 대략 칠, 팔백 년을 거슬러 올라가 보면 아주 높은 연령에 이른 사람에 대한 자연스러운 존경이 존재했었다는 사실이 보입니다. 왜 그 존경이 자연스러웠겠습니까? 오늘날에는 인생 초기의 청소년기까지만 존재하는 것이 아득한 옛 시대에는 인간 발달 전반에 걸쳐서 존재했었기 때문입니다.

04 오늘날 자주 하듯이 너무나 조야한 방식으로 인간 본성을 주시하지 않는다면, 대략 이갈이를 하는 시기를 전후해서 그러니까 예닐곱, 여덟 살 경에 인간 영혼의 전체적인 발달이 달라진다는 것을 정말로 발견할 수 있습니다. 인간 영혼이 완전히 달라집니다. 그리고 사춘기에 들어서면 또 달라집니다. 『정신과학의 관점에서 본 아동교육』에서 제가 그 점을 상세하게 다루었습니다. 인간의 영혼 발달

이 일곱 살 무렵에 달라지고, 사춘기에 또 달라진다는 사실을 사람들이 경우에 따라서는 수긍을 하기도 합니다. 하지만 사람들이 절대로 수긍하지 못하는 것이 있습니다. 바로 이십대 초반에, 이십대 후반에, 삼십 대 중반 등등에 인간의 영혼 발달 내에서 일어나는 전환점들입니다.

[05] 영혼 생활을 내밀하게 고찰할 줄 아는 이는 인간에게 그런 변화 과정이 있을 뿐만 아니라 인간의 삶 자체가 리듬적으로 이루어진다는 점을 알아볼 수 있습니다. 괴테를 예시로 삼아 그 점을 분명히 해 보도록 합시다. 괴테는 리사본의 대지진을 통해서 어떻게 그때까지 그가 지녔던 전반적인 표상 복합체를, 아동적인 종교 표상을 벗어나게 되는지, 그러니까 대략 이갈이를 하던 어린 시기에 이미 어떻게 모든 것을 의심하게 되었는지 기록했습니다. 지구상에서 잔인한 불의 힘으로 수많은 사람들이 운명을 달리 해야 한다면 과연 신의 선함이 이 세상에 작용하고 있느냐는 물음에 대해 그가 어떻게 숙고하기 시작했는지 기록했습니다. 괴테는 삶에 있어서 특히 그런 전환기에 유별나게 수용적이었기 때문에 외부의 사건들이 자신의 영혼에 작용하도록 했습니다. 그런 식으로 괴테는 자신의 영적인 변화 형상을 의식할 수 있었습니다. 괴테는, 그 시기에 자신이 어떻게 일종의 《기이한 범신론자》가 되었는지를, 어떻게 그가 집안 어르신들과 부모님으로부터 물려받았던 표상들을 더 이상 믿을 수 없게 되었는지를 기록했습니다. 아버지의 악보대를 가져와서 광물과 향초

를 올려 놓고, 집광 렌즈에 막 비쳐 들어오는 아침 햇살을 통과시켜서 향초에 불을 붙였다고 묘사합니다. 괴테는 만년에 그에 대해, 자연 자체에서 붙여진 희생의 불을 통해 자연이라는 위대한 신에게 봉헌을 드리려 했다고 말했습니다.

⁰⁶ 괴테의 삶에서 이 첫 주기를 보십시오. 그 다음에 그의 인생 전체를 그런 시간대로 구성하면서 잇따르는 주기들을 한번 보십시오. 한 주기의 대략적인 길이는 아동기에서 나옵니다. 괴테의 경우에서 그런 시간대 내에서 그의 영혼을 근본적으로 변화시키는 무엇인가를 항상 발견하실 것입니다. 예를 들어서 『파우스트』를 계속해서 쓰도록 실러가 괴테를 고무했던 경우를 보면 극히 흥미롭습니다. 괴테의 삶이 서기 1800년의 후반에 획기적인 주기에 있었기 때문에 실러의 고무가 알찬 결실을 맺을 수 있었습니다. 삶의 새로운 주기가 시작되는 시점에 괴테가 『파우스트』를 개작했다는 사실은 실로 흥미롭습니다. 그가 청년기에 쓴 『파우스트』는 파우스트가 노스트라다무스의 책장을 펼치면서 시작됩니다. 거기에서 "어떻게 하늘의 힘이 오르내리면서 금으로 된 양동이를 건네주는지"를 묘사합니다. 그 다음에 한 장을 넘기면 이렇게 쓰여 있습니다. "땅의 정신, 내게는 네가 더 가깝다." 괴테는 대우주의 광대한 무대를 거부하고 지구의 정신만 파우스트에게 접근시킵니다. 그런데 19세기 초반에 『파우스트』를 개작하라는 실러의 말을 계기로 괴테는 ≪천상에서의 서곡≫을 창작했습니다.

⁰⁷ 이렇게 내밀한 방식으로 자신의 삶을 관찰할 수 있는 사람은 자신에게서도 역시 그런 급변을 발견할 것입니다. 오늘날에는 우리 자신의 삶을 내밀하게 주시하기 위해 직접적으로 훈련을 할 때에만 그런 것을 알아볼 수 있습니다.

⁰⁸ 골고다 신비로부터 육, 칠, 팔천 년을 거슬러 올라가 보면 당시에는 인간이 그런 급변을 아주 강하게 알아볼 수 있어서 흡사 오늘날의 이갈이나 사춘기처럼 영적인 느낌으로서 체험했습니다. 좀 더 정확히 말하자면 대략 인생의 중반에 이르기까지, 서른다섯, 서른여섯 살에 이르기까지의 인생에서 느낄 수 있었던 급변을 고조적인 것으로 고찰했습니다. 그 다음에는 인생이 하강하는 추세였습니다. 달리 말하자면 삶이 시들어 간다고 느꼈습니다. 유기체 내에 신진대사의 산물이 일정하게 비활성화되면서 누적된다고 느꼈습니다. 신체유기체가 점점 더 무거워지고 생동감을 잃어 간다고 느끼면서 동시에 정신적·영적인 면이 오히려 부상한다는 점을 고령에 이르기까지 알아보았습니다. 어떻게 신체가 고사되면서 영혼이 해방되는지를 느꼈습니다. 고대에는 "저 사람이 사실 신체적으로는 늙었지만 바로 그 신체적인 고령화 덕분에 정신이 발화한다. 그는 더 이상 육체에 의존하지 않는다. 육체가 고사되면서 영혼이 자유로워졌다."라고 한 인간에게서 외적으로 알아보지 못했다면, 특정한 사람을 가부장이라고 —— 이 단어 자체는 물론 나중에 생겨났습니다. —— 당시에 있었던 그런 열정으로 말할 수 없었을 것입니다.

⁰⁹ 언젠가 베를린 대학교에서 있었던 일은 현대 들어 아주 드문 경우입니다. 그 대학교에 두 명의 철학자가 있었습니다. 그 중 한 사람은 첼러입니다. 그 사람은 그리스 인 철학자 첼러로 유명했습니다. 다른 사람은 미헬레트입니다. 첼러는 일흔 살이 되어 퇴직을 하려고 했습니다. 미헬레트는 아흔 살이 넘었지만 여전히 왕성하게 활동했습니다. 에두아르트 폰 하르트만으로부터 들은 말로는 미헬레트가 이런 말을 했다고 합니다. "그 젊은이가 왜 더 이상 강의를 하려 들지 않는지 나는 알 수가 없어."

¹⁰ 오늘날에는 사람들이 그런 원기를 거의 지니지 않습니다. 그런데 고대에는 그랬었습니다. 진정으로 정신적인 삶에 종사했던 이들이 특히 그러했습니다. 청소년들이 부족의 지도자들을 바라보면서 어떻게 말했었겠습니까? "나이가 든다는 것은 참으로 아름답다!" 나이가 들면 자신의 발달을 통해서 예전에는 알 수 없었던 것을 체험합니다. 그리고 바로 그것을 아주 자연스러운 방식으로 말했습니다. 장난감 말을 가지고 노는 어린 소년이 진짜 말을 얻기 위해서 빨리 자라기를 염원하는 바와 꼭 마찬가지로 당시에는 나이가 들기를 염원했습니다. 나이가 들면 내면으로부터 무엇인가가 드러난다고 감지했기 때문입니다.

¹¹ 다음 수천 년이 이어졌습니다. 고대 인도 시대에서처럼 그렇게 오랫동안은 아니었지만 그래도 사람들이 나이가 들어서까지 그것을 느꼈습니다. 여기서 말하는 고대 인도 시대는 제가 『신비학 개요』에

서 이용했던 용어를 따른 것입니다. 그리스 문화의 전성기에만 해도 사람들이 삼십 대 중반에 일어나는 삶의 급변을 여전히 아주 생동적으로 느꼈습니다. "서른이 되면 신체적인 것이 쇠약해지는 대신에 정신적인 것이 비로소 제대로 피어난다."라고 말하면서 신체적인 것과 정신적인 것 간의 차이를 제시할 수 있을 정도는 되었습니다. 직접적인 인간 현존에서 그런 것을 영적·정신적으로 감지했습니다. 바로 그것에 그리스 문화의 원초 감각이 근거합니다. 오늘날의 과학이 말하는 환상이 그 문화의 근거가 아닙니다. 그리스 문화에 충만한 생동감이 어디에 근거하는지를 이해하려면, 그리스 인들이 의식을 가지고 서른 살, 서른다섯 살, 서른여섯 살이 될 수 있었다는 사실을 반드시 알아야만 합니다. 반면에 더 이전의 고대 인류는 더 높은 연령에 이르기까지 의식을 가지고 나이를 먹었습니다. 바로 그것에 인류 발달이 존재합니다. 그 다음부터 인류는 발달에 따른 필연성으로 인해 늙어 가는 것을 점점 더 무의식적으로 체험할 수밖에 없도록 되었습니다. 현재로서는 그것을 다시금 의식적으로 체험해야 한다는 요구가 생겨나고 있습니다. 그것이 다시금 의식적으로 체험되어야만 하기 때문입니다.

¹² 스스로를 관찰하는 사람은 이 7년 주기의 급변을 인지할 수 있습니다. 한 주기의 길이는 곧이곧대로 똑같지 않고 대략적입니다. 마흔아홉, 마흔둘, 서른다섯 살 적을 돌아보면 아주 잘 알아볼 수 있습니다. "당시에 네게 어떤 일이 일어났었다. 그 이전에는 네가 지

녔던 자질로 절대 이를 수 없었을 것을 그 일로 인해서 체험하거나 느끼도록 배웠다. 그것은 마치 영구치를 얻기 전에는 영구치로 씹을 수 없는 바와 마찬가지다." 인간이 삶을 구체적인 것으로서 체험할 수 있는 능력이 인류 발달의 경로에서 소실되었습니다. 오늘날에는 스스로에게서 그것을 관찰하기 위해서 내적으로 수련을 하지 않으면 서른 살 이후의 주기들은 완전히 사라집니다. 이십대 초반까지는 알아볼 수 있습니다. 물론 상당히 어렵기는 하지만 이십대 후반까지도 그 내적인 변화를 알아볼 수 있습니다. 하지만 오늘날에는 인간 조직이 그러하기를 사실 스물예닐곱, 스물여덟 살이 될 때까지만 자연적인 발달에 의해 이끌어지도록 되어 있습니다. 그 한계가 점점 더 낮은 연령으로 밀려 내려가는 추세입니다. 아득한 옛 시절의 사람들은 그들의 조직 내에서 자유롭지 못했습니다. 타고났기 때문에 그런 것을 겪어야만 하도록 규정되어 있었습니다. 자연을 통한 그런 규정성이 지양되었기 때문에, 오직 그런 이유로 해서 자유가 가능해 졌습니다. 자연의 규정성이 멈추는 그 정도만큼만 자유가 가능해집니다. 먼 옛날에는 사람이 한 해, 두 해 나이를 더 먹을수록 자연 법칙에 따라 그 정신적인 것이 자연스럽게 싹텄습니다. 반면에 이제는 인간이 스스로의 내적인 노력을 통해서 정신적인 것을 찾는 길에 이르러야 합니다.

¹³ 우리가 오늘날 이런 상황을 마주 대하고 있습니다. 제가 지난 며칠 동안 논했던 그 모든 이유로 인해서 구세대가 나이를 먹으면서

자신들이 과연 무엇이 되었는지를 더 이상 강조하지 않게 되었습니다. 사람이 지성주의에 머물고 맙니다. 그 지성주의가 대략 열여덟 살, 열아홉 살 사이에 이미 완전히 발달되어서 그 나이에 이르면 지적으로 모든 것을 알 수 있습니다. 하지만 지성주의와 관련해서 보자면 기껏해야 더 나은 숙련에나 이를 수 있지 질적인 진보는 이룰 수 없습니다. 지성적으로 모든 것을 증명하거나 반박하려는 유혹에 일단 한 번이라도 빠져들면, 그 증명과 반박에서 어떤 진보도 체험할 수 없습니다. 바로 그래서 어떤 사람이 수십 년 간의 경험을 바탕으로 이루어 낸 것을 지적으로 증명하려고 하면, 열여덟 살밖에 먹지 않은 녀석도 지적으로 반박할 수 있습니다. 왜냐하면 육십에 지적으로 할 수 있는 것은 열여덟, 열아홉의 나이에도 벌써 할 수 있기 때문입니다. 지성주의는 의식 영혼 시대 동안에 일단은 이르렀어야만 하는 단계일 뿐입니다. 그런데 심화라는 의미에서는 아무 진보도 없습니다. 단지 숙련의 의미에서만 진보가 있을 뿐입니다. "나는 아직 당신처럼 그렇게 똑똑하지 못합니다. 아직은 당신이 나를 기만할 수 있습니다."라고 젊은이가 말할 수는 있겠지요. 하지만 그 젊은이는 상대방이 지성주의의 영역에서 자기보다 더 능력이 있다고 믿지는 않을 겁니다.

¹⁴ 이 사실을 분명히 하기 위해서 과격하게 표현해야만 합니다. 저는 비판을 하려는 것이 아닙니다. 인류의 자연적인 발달이 과연 무엇인지 설명을 드릴 뿐입니다. 현시대가 어떤 성격을 띠는지 분명히

알고 있어야만 합니다. 오늘날 인간이 내적인 능동성으로부터 발달을 추구하면서 그 발달을 깨어 있으면서 유지하지 않는다면, 이십대 이후에는 단순한 지성주의와 더불어 녹슬고 맙니다. 그러면 인간이 외부에서 오는 자극을 통해 단지 인위적으로만 연명하게 됩니다. 상황이 그렇지 않은 경우에도 사람들이 그렇게 자주 극장에 가리라고 생각하시는지요? 영화를 보려는 욕구, 모든 것을 외적인 방식으로 보고자 하는 그 욕구 자체가, 인간이 내적으로 수동적이고 비활성화되어서 내적인 활동을 전혀 원하지 않는다는 사실에 근거합니다. 여기에서 의미하는 바와 같은 정신과학은 항상 내적으로 함께 활동하는 사람들이나 귀 기울여 들을 수 있습니다. 그런데 오늘날에는 사람들이 그렇게 하고 싶어 하지를 않습니다. 요즘에는 사람들이 무엇보다도 ≪사진과 함께≫라고 덧붙여진 행사나 강연에 갑니다. 그리고 거기에 멍하니 앉아서 사고 활동을 가능한 대로 조용히 쉬도록 버려둡니다. 모든 것들이 그냥 그렇게 사람을 지나쳐 갑니다. 사람이 완전히 수동적으로 될 수 있습니다.

[15] 그런데 결론적으로 보자면 우리의 수업 전체가 그것에 맞추어져 있습니다. 교육학적인 이유에서 오늘날의 실물 수업이 지니는 진부함에 반대하면 그가 누구든 간에 시대에 뒤떨어진 인간 취급을 당합니다. 그런데 그런 실물 수업에 반대하지 않을 수가 없습니다. 인간은 단순한 관조 기구가 아니기 때문입니다. 인간은 그저 바라보기만 하는 기구가 아닙니다. 인간은 오로지 내적인 활동성으로만 존재

할 수 있습니다. 정신과학적인 것을 제시한다 함은, 인간이 영적으로 스스로 일하도록 초대한다는 말입니다. 그런데 오늘날의 사람들은 그렇게 하려 들지를 않습니다. 모든 정신과학은 그런 내적인 활동으로 초대해야만 합니다. 달리 말해서 정신과학은, 외적·감각적 관조에서는 더 이상 어떤 근거도 찾을 수 없어서 내적인 힘들이 자유롭게 작용할 수밖에 없는 지점으로 모든 고찰들을 몰아가야만 한다는 말입니다. 그 내적인 힘들의 작용 속에서 사고가 자유롭게 움직일 수 있을 때에야 비로소 인간이 형상적 상상에 이를 수 있습니다. 그 이전에는 안 됩니다. 모든 인지학적 정신과학의 근거는 말하자면 그 내적인 활동성입니다. 내적인 활동성으로의 일깨움입니다. 모든 감각이 일단 침묵하고 오로지 민활한 사고 활동만 남아 있는 경우에 인간 내면에서 여전히 활동할 수 있는 것, 바로 그것에 호소해야 합니다.

¹⁶ 그런데 거기에 극히 의미심장한 것이 놓여 있습니다. 이제 여러분이 그렇게 할 수 있다고 한번 상상해 보십시오. 여러분께 아부하고 싶어서가 아니라 말씀드리고 싶은 것이 있어서입니다. 이제 여러분이 그렇게 할 수 있다고 합시다. 그런데 일단은 이렇게 가정해 봅시다. 여러분의 사고내용이 오로지 사고내용의 내적인 흐름인 듯이 사고할 수 있다고 합시다. 제가 『자유의 철학』에서 순수한 사고에 관해 언급했습니다. 그런데 그 표현이 당시 문화 상태를 위해서는 그야말로 부적절했습니다. 하르트만이 언젠가 제게 이렇게 말했

습니다. ≪그런 것은 있을 수 없다. 사람은 오로지 외적인 관조에 의거해서만 사고할 수 있다!≫ 그에 대해 저는 이렇게 대답할 수밖에 없었습니다. ≪그것을 한번 시도해 보아야만 합니다. 그러면 어떻든 간에 배울 것이고, 결국에는 실제로 할 수 있게 됩니다.≫ 여러분이 순수한 사고내용의 흐름 속에서 사고내용을 지닐 수 있다고 가정해 보십시오. 그러면 사고를 사고라고 부를 필요가 더 이상 없는 지점에 이르는 순간이 여러분에게 시작됩니다. 즉각적으로 손쉽게 —— '생각 쉽게' 라고 합시다. —— 다른 것이 됩니다. ≪순수한 사고≫라 불리는 것이 정당하다면 그 사고가 순수한 의지로 변합니다. 전적으로, 완전히 의지가 됩니다. 여러분이 영적으로 확장되어서 사고를 외적인 관조로부터 해방시켰습니다. 그렇게 함으로써 동시에 사고가 순수한 의지로 변합니다. 여러분이 여러분의 영적인 것과 함께 순수한 사고내용의 진행 과정 속에서 —— 이렇게 표현해도 된다면 —— 떠다닙니다. 그 순수한 사고내용의 진행 과정은 의지의 진행 과정입니다. 그로써 순수한 사고가, 심지어는 그것의 실행을 위한 전력투구가 단지 사고의 연습에만 그치지 않고 의지의 연습이, 더 정확히 말하자면 인간의 중심부에 이르기까지 엄습하는 의지의 연습이 됩니다. 그러면 여러분이 기이한 관찰을 하게 됩니다. 이제서야 비로소 여러분이, 일상의 삶에서 지니는 사고는 머리 활동이라고 말할 수 있습니다. 그렇게 되기 이전에는 사고가 머리 활동이라고 말할 권리가 전혀 없습니다. 여러분이 그런 것을 생리학이나 해부학 등을 통해서 외적으로만 알고 있기 때문입니다. 이제는 여러분이 내적으로 느낍니다. 여러분이 그렇게 높이 위에서만 사고하지 않고 가슴으로 사고하기 시작한다고 느낍니다. 여러분이 사고를 실제로 호흡 과정에 짜넣습니다. 그렇게 함으로써 요가 수련에서는 인위적으로 추구하는 것을 여러분이 고무합니다. 사고가 점점 더 의지 활동이 된다고 느낍니다. 처음에는 인간의 가슴에서, 그 다음에는 인간의 전체 몸에서 그것이 새어 나온다고 여러분이 알아차립니다. 흡사 엄지발가락의 가장 작은 세포 조직에서 사고를 뽑아내는 듯합니다. 여러분이 그런 것을 내적으로 동감하면서 온갖 불완전성으로 세계 내로 들어선 것들을 연구해 보면, —— 여기서 제가 『자유의 철학』을 방어하려는 의도는 아닙니다. —— 그래도 그 책이 자신에게 작용하도록 해서 그 순수한 사고가 무엇인지를 느껴 본다면, 그러면 여러분 안에 새로운 내적인 인간이 태어난다고 느낄 것입니다. 그 내면의 인간이 정신으로부터 의지의 전개를 가져올 수 있습니다.

[17] 그렇지 않다면, 인간이 의지를 지니고 있다는 것을 도대체 어디에서 알 수 있습니까? 인간은 그것을 ≪지니지≫ 않습니다! 왜냐하면 인간은 자신의 유기체적 발달에 연결되어 있는 본능에 몰두하기 때문입니다. 사람들이 자신의 영혼 동력으로 이 일이나 저 일을 한다고 자주 꿈꾸기는 합니다. 그럼에도 불구하고 인간은 사실 자기 배짱에 맞기 때문에 일을 합니다. 이제 여러분이 신체 유기체를 의

식으로 가득 채우는 것으로 관통했다는 점을 알고 있습니다. 그렇게 하기 위해서 형안자가 될 필요는 없습니다. 내적으로 공감하면서 『자유의 철학』을 자신에게 작용시키기만 하면 됩니다. 왜냐하면 『자유의 철학』은 다른 책을 읽듯이 그렇게 읽어 내릴 수는 없기 때문입니다. 그 책이 하나의 유기체라는 느낌을 가지고 읽어야만 합니다. 그 책에서는 하나의 지체가 다른 것에서 발달되어 나옵니다. 그래서 사람이 살아 있는 어떤 것으로 빠져듭니다. 그런 것을 기대하면 사람들은 금세 소름끼쳐 합니다. "그렇게 하면 내가 가지고 싶어 하지 않는 것이 내 안으로 들어온다. 그러면 내가 정말로 부자유로워진다!"

[18] 그런 생각은 이런 주장과 다를 바가 없습니다. "이삼 년 내에 능숙하게 구사하기 위해서 특정 외국어를 배워야만 한다면 사람이 부자유로워진다. 그런 우연적인 관념 연상에 빠져들지 않도록 사람을 그 언어로부터 보호해야 한다. 왜냐하면 그 언어로 인해 사람이 부자유로워지기 때문이다! 그렇게 배워야 할 필요가 없이 금세 중국어나 프랑스 어로, 금세 독일어로 자유자재로 말할 수 있어야만 한다." 너무 어처구니없는 생각이라서 삶에서는 부정되기 때문에 아무도 그렇게 말하지 않습니다. 그런 반면에 어떤 사람들은 오이리트미를 한번 보았거나 그에 대해 들은 다음에 그것이 몇 사람의 우연적인 관념 연상에 근거한다고 말들 합니다. 이렇게 말할 수 있을 정도의 능력을 철학자들에게서 역시 기대할 수 있어야 합니다. "오이

리트미에서 그런 몸짓을 취함과 더불어 좀 더 고차적인 자유의 근거가 생겨나지는 않는지, 더 높은 차원에서의 언어성의 전개는 아닌지를 우선 연구해 보아야 한다."

[19] 한 권의 책을 다른 책과는 완전히 달리 읽어야만 한다고, 책을 읽으면서 무엇인가를 체험하는 식으로 읽어야만 한다고 말하면 사람들이 소름끼쳐 한다는 사실에 그렇게 놀라워할 필요가 없습니다. 일단 지성적인 것을 넘어서기만 하면 오늘날에는 아무것도 편견 없이 고찰되지 않기 때문입니다. 무엇이 체험되어야만 합니까? 정신성을 통한 의지의 깨어남입니다! 이런 관계에서 보아 제 책은 교육 수단이 되어야 합니다. 제 책은 단순히 내용만 전달하고자 하지 않습니다. 완전히 특정한 방식으로 표현했고, 또한 그로써 그 책이 교육 수단으로 작용할 수 있기를 바랍니다. 바로 그런 연유로 제 『자유의 철학』에서 개념 예술에 대한 논쟁을 여러분이 발견하실 것입니다. 달리 말하자면 개념과 더불어 외적인 인상에만 머물지 않고 사고내용의 자유로운 흐름 속에서 살 수 있다면 인간 영혼 생활 내에서 과연 무엇이 일어나는지에 대한 상술이 그 책에 담겨 있습니다.

[20] 그런데, 사랑하는 여러분, 그것이 실은 외적인 자연 인식보다 훨씬 더 깊은 의미에서의 인식을 겨냥하는 활동이며, 동시에 예술 행위입니다. 예술적인 활동과 완전히 동일합니다. 순수한 사고가 의지로서 체험되는 그 순간에 인간은 예술적인 상태에 있습니다. 그 예술적인 상태가 바로 오늘날의 교육자들이 이갈이하는 시기부터 사

춘기에 이르기까지의 청소년들, 심지어는 그 시기를 넘어서까지의 청소년들을 가르치기 위해서 역시 필요합니다. 그것은 내적·영적인 것을 통해서 두 번째 인간에 도달한 경우에 얻는 느낌입니다. 생리학적으로나 해부학적으로 연구할 수 있는 외적인 육체처럼 그 두 번째 인간을 알아볼 수는 없습니다. 그것은 체험되어야만 할 뿐입니다. 바로 그래서, 그것의 명칭을 옛 시대의 언어에서 통용되었던 의미로 받아들이지만 않는다면, 당연히 ≪생명체≫, 혹은 ≪에테르체≫라고 부를 수 있습니다. 그 생명체는 외적으로 볼 수 없습니다. 그것은 내적으로만 체험될 수 있을 뿐입니다. 달리 말하자면 그것을 인식하기 위해서는 일종의 예술 활동이 전개되어야만 한다는 것입니다. 바로 그래서 『자유의 철학』 어디에서나 —— 대부분의 사람들이 전혀 발견하지 못하는데, —— 예술적 요소에 부딪치면서 울리는 정서가 내재합니다. 대다수의 사람들이 자유로운 활동에서가 아니라 통속적인 것에서, 자연에서 예술적인 것을 찾기 때문에 그 예술적인 요소를 알아보지 못합니다. 그런데 그 자유로운 활동으로부터 비로소 교육을 예술로 체험할 수 있습니다. 그렇게 함으로써 교사가 교육 예술가가 되어서 그 정서에 익숙해집니다. 그렇게 되면 의식 영혼 시대에 진정으로 전반적인 수업이 지도하는 이와 지도받는 이 간에 예술적 분위기를 만들어 낼 수 있도록 구성될 것입니다. 그리고 그 예술적 분위기 속에서 가르치는 사람과 배우는 사람 간에 일종의 관계가 형성될 수 있습니다. 그 관계는 바로 의지하기, 기대기입니다. "저 사람은 무엇인가 할 수 있고, 그것을 내게 예술적으로 보여 준다. 저 사람이 할 수 있는 것, —— 그것을 느낍니다. —— 그것을 나도 할 수 있었으면 좋겠다."라고 생각하기 때문에 그렇게 합니다. 그러면 반항하지 않습니다. 반항을 하면 자멸하리라는 점을 느끼기 때문입니다.

[21] 오늘날 어떻게 쓰기를 가르치는지를 보면 어린 나이에 이미 —— 교사보다 더 영리한 인간이 어린이 안에 확실하게 들어앉아 있습니다. —— 이런 느낌이 들도록 합니다. "왜 쓰기 때문에 이 고생을 해야 할까? 나는 쓰기와 아무 관계도 없는데 말이야!" 북미 인디언 원주민들이 유럽 문자를 보았을 적에 그와 유사하게 느꼈습니다. 그들은 까만 부호가 마술을 이용한 속임수라고 여겼습니다. 어린이들의 느낌 역시 그와 다를 바가 없습니다. 그런데 검정, 빨강, 초록, 노랑, 흰색을 바라보는 것이 과연 무엇을 의미하는지 어린이들 내면에 한 번 일깨워 보십시오! 점 하나가 원주를 한 번 돌아가는 것이 무엇을 의미하는지, 그 느낌을 어린이 내면에 불러일으킵니다. 두 개의 초록 동그라미 속에 각각 세 개의 빨강 동그라미가 있는 경우, 그 다음에 두 개의 빨강 동그라미 속에 각각 세 개의 초록 동그라미가, 그리고 두 개의 노랑 동그라미 속에 각각 세 개의 파랑 동그라미가 있는 경우, 그 다음에 두 개의 파랑 동그라미 속에 각각 세 개의 노랑 동그라미가 있는 경우에 생겨나는 차이들에서 엄청나게 다른 느낌을 불러일으킬 수 있습니다. 색채가 다른 무엇보다도 인간에게 무엇을

말하는지를 어린이가 색채 자체에서 느끼게끔 합니다. 색채 안에 전체 세상이 들어 있기 때문입니다. 그런데 색채들이 서로 간에 무엇을 말하고자 하는지도 역시 느끼도록 해야 합니다. 초록색은 빨간색에 무엇을 말하는지, 파란색이 노란색에게, 파란색이 초록색과 빨간색에 무엇을 말하는지 등을 어린이들이 느끼게끔 합니다. 색채들이 서로 간에 가지는 관계, 네, 그것이야말로 가장 경이로운 관계입니다. 어린이에게 상징이나 비유를 보여 주지 않고 예술적으로 접근합니다. 그러면 어느 정도 시간이 흐른 후에 어떻게 어린이가 그 예술적 감각으로부터 도형적인 것을 평면에 그리는지 볼 수 있습니다. 그도형적인 것에서 자모음을 발달시킵니다. 언젠가 문자가 상형문자에서 발달되었던 것과 똑같은 이치입니다. B나 G, 아니면 다른 기호들이 오늘날의 어린이들에게 얼마나 낯선 것입니까? 그런 기호들은 내적인 불가피성으로 인해 오늘날의 형상에 이르렀습니다. 오늘날 일곱 살 먹은 어린이들에게 G, K, U는 과연 무엇입니까? 어린이는 그에 대해 눈곱만큼의 관계도 지니지 않습니다. 인류는 수천 년을 거쳐 지나오면서 비로소 그 관계를 획득했습니다. 어린이는 미학적 방식을 근거로 해서 그에 대한 관계를 얻어야만 합니다. 문자가 비인간적이기 때문에 어린이에게서 모든 것을 절멸시키고 맙니다. 하지만 어린이는 인간적으로 머물기를 원합니다.

[22] 그런 것은 교육학적 예술의 내밀성에 이르기까지 해당됩니다. 구세대를 대하고 있는 청소년들을 이해하려고 한다면 오늘날 그런 것

이 논의되어야만 합니다. 상투어를 통해서가 아니라, 진정으로 정신 과학적 인식을 바탕으로 삼는 데에 주저하지 않는 교육학적 예술을 통해서 구세대와 신세대 간의 심연을 극복해야만 합니다. 바로 그래서 제가 며칠 전에 이렇게 말했습니다. "예술은 과연 무엇에 관한 문제인가?" 예술은 실재적인 정신성의 체험에 관한 문제입니다. 그런데 시대가 점차적으로 발달시켰으며, 청소년들에게 당연히 가르쳐야만 한다고 믿는 것, 그것은 무엇에 관한 문제입니까? 정신에 관한 것이 아니라 정신 없는 것에 관한 문제입니다! 사람들이 지식과 과학이라고 부르는 것에 정신을 들여가려고 하면 죄악시합니다.

[23] 그 과학은 인간을 태어나자마자부터 가만히 버려두질 않습니다. 유별나게 될 수도 없습니다. 왜냐하면 식물학적 체계 내에서 사람이 훈련되고, 식물학적 체계 내에서 유용한 책들만 있으면, 교사 역시, 자연 과학적 식물학 내에 들어 있는 내용과 다른 방식으로 어린이들에게 말하는 경우에 죄를 범한다고 믿을 수밖에 없기 때문입니다. 그런데 식물학의 내용은 열 살 이전의 어린이를 위해서는 아무 소용이 없습니다. 열여덟, 열아홉 살이 지나야지만 그에 대한 관계를 얻을 수 있습니다.

[24] 제가 말씀드린 것으로 또 다른 지성적 교육론을 만들어 내서는 안 됩니다. 구세대와 신세대 간에 예술적인 분위기가 형성되어야만 합니다. 그런 분위기가 생기는 경우에만 들어서야 할 것이 들어서서 오늘날의 신세대가 건강한 방식으로 세상에 적응할 수 있습니다. 오

늘날의 인간이 무엇에 적응하는지 아주 구체적으로 묘사할 수 있습니다. 심리 장애가 있지 않은 한 아홉 살과 열 살 사이의 영혼에는 일종의 불확실한 느낌이 살고 있습니다. 그에 대한 어떤 확실한 개념이 존재해야 할 필요가 없습니다. 심지어는 불확실한 개념조차 있어야 할 필요가 없습니다. 그래도 그 느낌이 아홉 살, 열 살 경부터 인간 내면에 살기 시작합니다. 그 나이까지는 아스트랄 체라 부르는 것이 인간 내면에서 단독적으로 영혼 생활을 처리했습니다. 그 나이부터는 '자아력 천성' 이라는 것이 인간 내면에서 활동하기 시작합니다. 그 '자아력 천성' 의 '스스로 움직임' 은 인간 내면에서 개념으로 정의되지 않은 채 살고 있습니다. 하지만 완전히 무의식적으로 느낌 속에서, 영혼 속에서 하나의 질문이 성장하는 인간의 정서 안으로 들어와 살기 시작합니다. 그 질문은 사람마다 다릅니다. 그런데 그것을 개념으로 파악하자면 아마도 이럴 것입니다. "지금까지는 아스트랄 체가 다른 사람들을 믿었다. 이제는 한 사람이 내게 말해 주는 무엇인가를 필요로 한다. 그래서 내가 내 주변에 있는 한 사람이나 여러 사람을 믿을 수 있도록 말이다." 그런 것에 가장 심하게 반항하는 어린이일수록 그런 것이 더욱더 필요합니다. 아홉 살과 열 살 사이에 인간이 나이 든 한 사람을 향한 믿음을 통해서 자신의 자아를 확립할 수 있는 시기가 시작됩니다. 믿으라고 억지로 주입시키지 않아도 형성된 예술적 분위기를 통해 나이 든 사람을 믿을 수 있어야 합니다. 어떤 어린이들의 경우에는 열예닐곱 살에 이르기까지, 어떤 경우에는 심지어 열여덟, 열아홉 살까지도 유지될 수 있는 그 질문에 대해 나이 먹은 사람에게서 올바른 방식으로 답을 얻을 수 없다면, 크나큰 재앙입니다. 올바른 방식으로 답을 얻어야지만 청소년들이 스스로 이렇게 말할 수 있습니다. "그 사람에게서만 체험할 수 있는 것을 그 사람에게서 체험할 수 있어서 정말 감사하다. 그 사람이 내게 말할 수 있는 것은 오로지 그 사람만 말할 수 있다. 왜냐하면 내가 나이가 든 후에 그것을 체험한다면 그것이 상당히 다르게 될 터이기 때문이다.

²⁵ 그렇게 함으로써 교육학적인 방식에서 다시금 무엇인가가 형성될 수 있습니다. 올바른 방식으로 적용하기만 하면 의식 영혼 시대를 위해서 가장 의미심장한 것이 될 수 있으며, 고대 부족 시대에 이미 젊은이들과 늙은이들 간에 이어졌던 것입니다. 그 당시에는 모든 젊은이들이 이렇게 말했습니다. "백발의 저 노인은 경험이 있다. 그 경험은 저 노인처럼 늙어야지만 얻을 수 있다. 그 이전에는 그것을 위한 기관이 없다. 바로 그래서 그 사람이 자신의 경험을 다른 사람에게 전해 주어야만 한다. 오로지 그 사람만 그것을 말할 수 있기 때문에 그 사람은 자신의 진술과 연결되어 있다. 분명히 나도 그 사람처럼 나이를 먹을 것이다. 하지만 나는 삼, 사십 년 후에나 경험할 것이다. 그때에는 많은 세월이 흘렀을 테고, 그래서 나는 그것을 다르게 경험할 것이다."

²⁶ 세계 정신생활의 저변에는 말하자면 과거로부터 미래에 이르기

까지 걸쳐진 사슬이 존재합니다. 그것이 세대를 받아들여서 계속 유지하고 단련시키면서 양성해야만 합니다. 그 사슬이 지성주의 시대에 파괴되었습니다. 바로 그 상태를 19세기와 20세기의 전환기에 자라났던 사람들이 광범위하게 느꼈습니다. 여러분이 비록 당시에 표현할 수 없었다 하더라도 그런 것을 느꼈었다고 한번 느껴 보십시오! 그에 대해 올바른 방식으로 한번 느껴 보십시오! 그리고 여러분이 그것을 느낀다면, 오늘날 야누스의 머리를 지닌 청년 운동의 올바른 의미를 체험할 것입니다. 오늘날 청년 운동은 정신적인 것의 체험을 참조해야 합니다. 사고내용이 의지가 될 때까지, 가장 내적인 인간 자극이 될 때까지 그것을 추적하는 정신적인 것의 체험을 참조해야 하기 때문에 청년 운동이 야누스의 머리를 지닐 수밖에 없습니다.

 [27] 이제 우리가 의지를 그것의 추상적인 극에서, 사고내용에서 찾아 냈습니다. 다음 며칠 동안 그것을 인간의 좀 더 깊은 영역에서 찾아보기로 합시다.

11강 예술 감각으로 교육을 관통시키라

1922년 10월 13일, 슈투트가르트

⁰¹ 의식 영혼의 발달 시대에 비록 한편으로는 가장 추상적인 요소가 인간 내면에 의식적으로 살고 있다 하더라도, 다른 한편으로는 무의식 속에, 갈망 속에, 인간이 삶에 있어서 열망하는 것 속에는 가장 구체적인 것이 현존으로 뚫고 나오려 한다는 것 역시 기정사실입니다.

⁰² 한편으로는 의식 영혼의 시대로 들어서는 오늘날의 인간이 머릿속의 추상적인 관념들에 박혀 있습니다. 그런데 다른 한편으로는 머리 외의 인간이 —— 이런 표현이 허락된다면 —— 머리가 체험할 수 있는 것보다 더 많이 체험하려는 갈망을 지닙니다. 일단 인간은 자연에 대해 자신의 머리와 그 자연 간에 형성되는 관계만 지닐 뿐입니다. 인간이 오늘날의 과학에서 자연에 관해 수용하는 모든 것, 그것은 머리를 통해 습득하는 한에서만 인간에게 가치가 있습니다. 오늘날에는 사실 인간과 자연 사이에 항상 머리가 끼어듭니다. 세계

로부터 인간에게 다가오는 모든 것이 머릿속에서 함께 모여 비대해지는 듯합니다. 흡사 머리에 변비가 생기는 듯합니다. —— 이렇게 신랄한 표현을 용서하시기 바랍니다. —— 그래서 머리가 세계에 대한 관계가 될 수 있는 것 중에서 아무것도 자신의 두터운 층들을 통과시키지 않습니다. 그런데 인간이 그저 머리로만은 살아갈 수 없습니다. 머리에 나머지 유기체도 역시 붙어 있습니다. 인간이 모든 것을 머리로 이끌어 가기 때문에 나머지 유기체의 삶은 둔감하고 무의식적인 상태에 머뭅니다. 머리가 나머지 유기체에 아무것도 다가오지 못하게 하기 때문에 머리에서 모든 것이 정체됩니다. 나머지 인간은 세상으로부터 얻는 것이 전혀 없습니다. 머리가 점차적으로 만족할 줄 모르는 대식가가 되어 버렸습니다. 외부 세계에서 오는 모든 것을 가지고 싶어 합니다. 그래서 가슴과 나머지 유기체에 있어서는 인간이 흡사 이 세상으로 전혀 들어선 적이 없다는 듯이, 흡사 주변 세계와는 아무 관계도 없다는 듯이 살아갑니다.

⁰³ 하지만 그 나머지 유기체 역시 소망을, 의지를, 갈망의 능력을 기르면서 마침내는 고독하게 격리되었다고 느낍니다. 예를 들어서 눈이 모든 색채를 주워 모은 다음에 보잘것없는 나머지나 머릿속에서 체험하도록 하면, 색채들이 아래로는 내려갈 수 없기 때문입니다. 색채들이 핏속으로, 머리 외에 존재하는 신경 체계로 들어가지를 못합니다. 인간은 세계에 대해 머릿속에서만 조금 알고 있을 뿐입니다. 바로 그래서 어떤 방식으로든 나머지 유기체로도 세계와 조

우하려는 갈망 능력이 더욱더 강렬해집니다. 성장하는 인간의 내면
에는 머리로만이 아니라 어떤 방식으로든 나머지 유기체로도 세계
를 만나고자 하는 갈망 역시 살고 있습니다. 머리로만이 아니라 전
체 인간으로 생각하기를 배우고, 세계를 체험하는 법을 배우고자 갈
망합니다.

04 사실 오늘날의 인간은 아주 어릴 적에만 전체 인간으로 세계를
알아보는 능력을 지닙니다. 그 시기를 상당히 일찍이 벗어납니다.
제가 지금 말씀드린 모든 것은 성인에 관한 문제입니다. 이갈이를
하기 전까지의 어린이는 자신의 인간 전체로 세상을 파악할 수 있
는 능력을 여전히 지니고 있습니다. 예를 들어서 젖먹이가 우유를
마시면서 성인들처럼 그렇게 추상적으로 체험한다고 믿는다면 완전
히 잘못된 생각입니다. 오늘날 성인이 우유를 마시면 혓바닥으로만,
기껏해야 혀 주변의 몇 군데로만 맛을 볼 뿐입니다. 우유가 목구멍
을 넘어가면 더 이상 맛을 느끼지 못합니다. 왜 위장이 구강보다 맛
을 덜 느껴야 하는지 실은 한번 물어보아야 할 일입니다. 위장이 맛
을 덜 느끼지는 않습니다. 위장도 똑같이 맛을 볼 수 있습니다. 단
지 머리가 절대로 만족할 줄 모르는 대식가일 뿐입니다. 그래서 성
인의 경우에 머리가 모든 《맛들을》 자기 것으로 만듭니다. 하지만
어린이는 자신의 전체 유기체로 맛을 봅니다. 어린이는 위장으로도
맛을 느낍니다. 젖먹이는 전적으로 감각 기관입니다. 젖먹이에게서
는 감각 기관이 아닌 부분이 없습니다. 온전히 온몸으로 맛을 봅니

다. 사람이 나중에는 그것을 그저 잊어버릴 뿐입니다. 전체 유기체로 맛을 보는 것이 말을 배우기 시작하면서부터 이미 약화되기 시작합니다. 그 시기가 되면 말을 배우는 데에 관여하느라 머리를 움직여야 하기 때문입니다. 그렇게 만족할 줄 모르는 탐욕의 첫 단계가 시작됩니다. 말을 배우는 데에 몰두하기 위해서 맛보기의 쾌적함 역시 간직합니다. 말하자면 ≪세계를 맛보기≫라는 면에서조차 세계에 대한 통합적인 관계가 상당히 어린 나이에 사라집니다. ≪세계를 맛보기≫라는 면에서 보자면 사실 그렇게 중요하지 않습니다. 그런데 다른 면에서는 세계에 대한 인간의 통합적인 관계가 극히 중요합니다.

　[05] 여러분도 아시다시피 예를 들어서 피히테 같은 위대한 철학자를 다양한 방식으로 알아볼 수 있습니다. 모든 방식이 옳습니다. 제가 여러분께 열거할 것들 중에서 한 가지만 유별나게 강조하고 싶지는 않습니다. 비록 피히테의 철학에 심취함으로써 —— 오늘날의 사람들은 그런 것이 너무 어려워서 대부분 그렇게 하지 않습니다만, —— 아주 많은 것을 얻을 수 있고, 그것이 아무리 아름답다 하더라도, 그 피히테를 한 번쯤은 인간의 전체적인 감각을 통해서 추적해 보았다면, 피히테가 어떻게 항상 전체 발바닥으로, 특히 발꿈치로 발을 디뎠었는지를 보았다면, 피히테의 철학으로부터 훨씬 더 많은 것을 얻을 수 있을 것입니다. 피히테의 그 발걸음, 발꿈치를 땅에 내딛는 그 고유성, 그것에 엄청난 힘이 들어 있습니다. 그의

발걸음마다 함께 체험할 수 있는 사람에게는 발을 내딛는 피히테의 방식이, 피히테가 강단에 올라가서 사람들을 내려다보면서 말할 수 있었던 모든 것보다 훨씬 더 강렬한 철학이 되었을 것입니다. 기괴하게 들리겠지만, 그래도 그런 것을 통해서 제가 말하고자 하는 것을 여러분이 아마도 느낄 수 있을 것입니다.

⁰⁶ 그런 것이 오늘날의 사람들에게서는 완전히 사라졌습니다. 이십 년 전이 아니라 한 오십 년 전 쯤에 아이였었던 사람은 어떻게 그런 식의 철학이 사람들 사이에 여전히 회자되었었는지를 기억합니다. 당시만 해도 사람들이 서로를 그런 식으로 알고 있었습니다. 적잖은 표현들이, 오늘날의 사람들은 그저 머릿속에서만 보는 것을 어떻게 전체 인간 속에서 보았었는지를 엄청난 조형성으로 누설합니다. 예를 들어서 어떤 《양반》이 다가오면 이렇게 말했었습니다. "어르신께서 팔자걸음으로 납신다." 네, 그런 표현이 오늘날의 머리 인간들에게는 걷는 버릇이 잘못 들어 양발을 바깥으로 벌리면서 걷는다는 의미가 되겠지요. 그런데 당시에는 그런 의미가 아니었습니다. 당시에는 전체 인간이 "팔자걸음을 걸었습니다." 양반이 어떻게 양팔을 앞뒤로 휘이휘이 휘저으면서 걸어오는지, 얼마나 위풍당당한 태도로 다가오는지, 그 양식과 방식, 전반적인 거동, 그런 것이 이른바 "팔자걸음을 걷는다" 였습니다. 요즘 사람들은 잘못된 자세로 '팔자걸음을 걷는다' 고 생각하겠지만 옛시절의 그 《팔자걸음 걷기》란 한 인간 전체를 의미했었습니다.

⁰⁷ 이미 말씀드렸듯이 그런 것이 이제는 사라졌습니다. 사람들이 자신을 머리로 축약시켰습니다. 그리고 머리가 인간에게서 가장 가치 있다는 믿음에 이르렀습니다. 문제는 그렇게 되었다고 해서 사람이 절대적으로 행복해지지는 않았다는 것입니다. 인간의 나머지 천성이 의식의 저변에서 자신의 요구 사항을 계속해서 관철하기 때문입니다. 하지만 머리로가 아니라 다른 것을 통해서 함께 체험하기가 오늘날의 사람들에게서는 이미 어린 시절의 초반에, 이갈이를 하면서 완전히 사라지고 맙니다. 그런 것을 위한 안목만 있다면, 어떤 사람의 발걸음을 이, 삼십 년 후에 그 사람의 아들이나 딸에게서 다시 발견할 수 있을 것입니다. 그와 똑같이 어린이가 주변에 있는 성인에 적응합니다. 그렇게 어린 시절에 감지했던 것이 그 사람의 천성이 됩니다. 그런데 그런 식의 적응은 더 이상 우리 문화가 아닙니다. 우리 문화란 머리가 관찰하는 것, 머리의 도움으로 완성해 낼 수 있는 것일 뿐입니다. 어떤 경우에는 사람들이 머리에 휴가를 주기도 합니다. 모든 것을 잘 적어서 문서 보관소에 쌓아 놓습니다. 그렇게 하면 머리에서 빠져나와서 머리카락으로 들어갑니다. 하지만 그것을 머리카락에 보존할 수 없습니다. 서른에 벌써 대머리가 되기 때문입니다.

⁰⁸ 제가 재미 삼아서 이 모든 것들을 말씀드리는 바는 정말로 아닙니다. 어떤 것을 비난하고자 해서도 아닙니다. 그런 것이 인류 발달의 불가피성에 내재하기 때문에 말씀드립니다. 인간이 그렇게 되어

야만 했습니다. 자연스러운 방식으로는 더 이상 찾을 수 없는 것을 내적인 전력투구를 통해서, 내면의 활동을 통해서 다시금 찾기 위해서입니다. 달리 말하자면 자유 체험의 가능성에 이르기 위해서 그렇게 되어야만 했습니다.

[09] 바로 그래서 오늘날에는 우리가 어린이들의 경우에 아직도 존재하는 ≪인간 전체로 주변을 체험하기≫와는 다른 체험으로 이갈이를 한 후에 건너가야만 합니다. 그리고 미래의 초·중등 교육은, 제가 어제 말씀드렸듯이 예술적인 것을 통한 우회로에서 어린이들이 외적인 인간을 완전히 통과해서 타인의 영혼 전체를 감지할 수 있는 능력을 얻도록 하는 데에 근거를 두어야만 합니다. 어린이를 추상적이고 과학적인 내용으로 교육하려고 하면, 어린이가 교사의 영혼에 대해 아무것도 체험하지 못합니다. 여러분이 어린이에게 예술적으로 다가설 때에만 어린이가 여러분의 영혼에 대해 무엇인가를 체험합니다. 예술적인 것에서는 누구든 간에 개인적으로 될 수밖에 없고, 예술적인 것에서는 누구든 간에 각기의 다른 인간이 되기 때문입니다. 과학적 이상이란 다름 아니라 누구든 간에 다른 사람과 똑같이 되는 것입니다. 모두 서로 다른 과학을 가르친다면 이야기가 재미있겠다고 말들은 합니다. 그렇게 될 수 없는 이유는, 과학이 모든 사람들에게 똑같은 것으로 축약되었기 때문입니다. 예술적인 것에서는 저마다의 인간이 개인이 됩니다. 바로 그래서 스스로 움직이고 활동하는 인간에 대한 어린이의 개인적인 관계가 역시 예술적인

것을 통해서 생겨납니다. 바로 그것이 필수적입니다. 그렇게 한다고
해서 어린 시절에 그랬듯이 타인을 신체 전체로 감지하지는 않습니
다. 그래도 지도자로서 자기 앞에 서 있는 사람의 영혼에 대한 통합
적인 감각이 생깁니다.

[10] 교육에는 영혼이 담겨 있어야 합니다. 그런데 과학자로서는 영
혼을 지닐 수가 없습니다. 영혼은 예술적인 것을 통해서만 지닐 수
있습니다. 주제를 다루는 그 양식을 통해서 과학을 예술적으로 형성
하면 사람이 영혼을 지닐 수 있습니다. 하지만 우리가 오늘날 이해
하는 과학의 내용을 통해서는 안 됩니다. 과학은 개인적으로 될 수
가 없습니다. 바로 그래서 초·중등의 연령대에서 지도하는 사람과
지도되는 사람 사이에 아무 관계도 만들어 내지 못합니다. 그 연령
대에는 전반적인 수업이 예술로, 인간적 개인성으로 관철되어 있어
야만 합니다. 고안해 낸 온갖 계획대로 하는 것보다 수업하는 사람,
교육하는 사람의 개인성이 훨씬 더 중요합니다. 교사의 개인성, 그
것이 학교 내에서 작용해야만 합니다.

[11] 이갈이를 하는 시기부터 사춘기까지의 시기를 주시해 보면, 그
시기에 지도하는 사람과 지도되는 사람 사이에 실제로 무엇이 형성
됩니까? 과연 무엇이 그 시기에 양자를 연결합니까? 인간이 초감각
적 정신세계로부터, 전 지상적 현존으로부터 지상적 현존으로 함께
가지고 오는 것, 바로 그것이 양자를 서로 연결시킵니다. 사랑하는
여러분, 인간이 인간으로서 전 지상적 현존으로부터 함께 가져오는

것을 머리는 절대로 인식하지 못합니다. 머리는 지구상에 있는 것만 파악하는 자질을 지닐 뿐이고, 지구상에는 당연히 물체적인 인간이 있을 뿐입니다. 머리는 타인에게서 전 지상적 현존에서 유래하는 것을 전혀 파악하지 못합니다. 그런데 인간 영혼의 예술적 성향이 주는, 그 특유의 인간적 뉘앙스 속에 전 지상적 현존에서 인간이 함께 가져 내려오는 것이 살면서 활동하고 있습니다. 특히 이갈이와 사춘기 사이의 어린이는 교사 내면에서 그 전 지상적 현존에서 유래하는 것으로서 자신을 마주 대하고 있는 것을 가슴으로 느낄 수 있는 자질을 지니고 있습니다. 아주 어린 아이들이 지상의 삶 내에서 형성된 대로의 외적인 인간 형상을 감지할 수 있는 자질을 지니는 바와 마찬가지로, 일곱 살부터 열너덧 살까지의 어린이들은 개념으로는 파악되지 않지만 지도하는 사람 내면에 그렇게 살고 있는 것을 사람들과의 공생에서 찾습니다. 거기에 그렇게 살고 있는 것을 개념으로 파악하려고 하면, 그것이 뚜렷한 윤곽을 지닌 개념에 대항해서 몸서리를 치는 듯합니다. 개념들은 윤곽이 있습니다. 말하자면 외적인 경계가 있다는 것입니다. 그런데 방금 설명드린 양식에서의 인간적 개인성에는 외적인 경계가 없습니다. 오로지 심도, 질만 있을 뿐이며, 심도로만, 질로만 체험될 뿐입니다. 제가 말씀드린 바로 그 연령대에 그것을 아주 각별히 체험합니다. 예술적인 정서 외에 다른 정서로는 그것을 체험할 수 없습니다.

¹² 그런데 우리가 의식 영혼의 시대에 살고 있습니다. 이 시대에 우

리의 영혼을 위해서 얻는 자산 중 첫 번째가 지성적 개념에 있습니다. 실제로는 추상화에 있지요. 오늘날에는 농부도 실은 추상적입니다. 농부도 지방 신문이라든가 여러 가지 그런 종류의 아주 추상적인 읽을거리에 몰두하는데 어떻게 그렇지 않을 수 있겠습니까? 우리의 자산은 추상화에 있습니다. 바로 그래서 제가 어제 암시했던 그 발달을 통해서 추상적 사고로부터 벗어나야만 합니다. 우리가 사고를 완전히 정화해서 의지로 만들고, 의지로 형성해야 합니다. 우리의 개인성을 점점 더 강화시킬 수 있는 방향으로 뚫고 나아가야만 합니다. 그런데 그것에는, 우리가 그 순수한 사고를 향해 전력투구할 때에만 이를 수 있을 뿐입니다. 허영스러운 잠꼬대로 이런 말씀을 드리는 것이 아니라, 제게 그렇게 보이기 때문입니다. 제가 『자유의 철학』에서 암시한 바와 같은 순수한 사고로 뚫고 나아가는 사람은, 그 책에서 일종의 철학적 체계를 이루는 몇 가지 개념들을 얻는 데에 그치지 않는다는 사실을 알게 됩니다. 그 책은 인간적 개인성의 포착을, 그리고 그 개인성의 전 지상적 현존의 포착을 다룹니다.

¹³ 당장에 형안자가 될 필요는 없습니다. 형안자가 되려면 전 지상적 현존을 관조할 수 있어야 합니다. 그럼에도 불구하고 제가 이미 말씀드린 것의 정당성은, 순수한 사고내용의 흐름 속에서 습득하게 되는 그 의지력에 이름으로써 인정할 수 있습니다. 거기에서 개인성이 시작됩니다. 역시 거기에서, 하나의 개념이 다른 개념에 맞물려

있으면서 모든 것이 확실한 윤곽을 지니는 철학적 체계와 전혀 관계하지 않는다고 느낍니다. 오히려 살아서 움직이는 것 속에 머물도록 몰아대어진다고 느낍니다. 그것은 『자유의 철학』에서 의도한 바를 올바른 방식으로 체험하는 경우에 얻게 되는 영혼 생활의 특이한 양식입니다.

[14] 그렇게 함으로써 생겨날 수 있는 것, 바로 그것이 전 지상적 현존을 진정으로 인간의 삶으로 이끌어 들이기입니다. 바로 그것이 교사라는 직업, 교육자라는 직업을 위한 준비입니다. 대학 공부로는 교육자가 될 수 없습니다. 타인을 교육자로 훈련시킬 수는 없습니다. 우리 모두가 이미 교육자라는 바로 그 이유 때문에라도 그렇게 할 수 없습니다. 모든 인간 내면에 교육자가 있습니다. 단지 그 교육자가 잠을 자고 있을 뿐입니다. 그저 일깨워져야만 할 뿐이고, 예술적인 것이 바로 일깨우기 위한 수단입니다. 예술적인 것이 발달되면, 그것이 지도받고 싶어 하는 인간에게 지도하는 이를 인간으로서 접근시킵니다. 지도받아야 할 사람이 지도하는 사람에게 인간적으로 다가설 수 있어야 합니다. 인간적으로 무엇인가를 얻어 내야만 합니다. 어떤 사람이 많이 알기 때문에 혹은 지식의 의미에서 많은 것을 ≪할 수 있기≫ 때문에 —— 오늘날에는 이렇게도 말할 수 있을 정도가 되었습니다. —— 교육자가 될 수 있다고 믿는다면 정말 끔찍한 일입니다. 그런 생각은 어처구니없는 상황을 초래합니다. 여러분이 다음과 같은 형상을 숙고해 보시면 그 점이 분명해질 것입

니다.

¹⁵ 여러분이 삼십여 명의 학생들이 있는 반을 가르친다고 합시다. 그 학생들 중에 두 명의 천재가 있다고 합시다. 아닙니다. 한 명이라고 합시다. 한 명이라고 해도 충분합니다. 그런데 우리가 학교 일을 처리하다 보면, 그 천재적인 학생이 미래에 할 수 있어야 하는 만큼 가르치기 위해서 그렇게 천재적인 교사를 항상 채용할 수는 없는 노릇입니다. 초·중등 시절에는 별로 중요하지 않다고들 말하겠지요. 왜냐하면 천재라면 어쨌든 간에 고등 교육 기관에 들어갈 것이고, 그곳에서 그 천재가 필요로 하는 천재적인 교사를 분명히 만날 터이기 때문이라고 합니다. 그런데 경험은 그 반대를 보여 주기 때문에 여러분이 그런 의견을 고수할 수가 없습니다. 교사가 자기보다 더 영리해질 수밖에 없도록 운명적으로 타고난 어린이를 만나는 경우가 생길 수 있다는 점은 사실 인정해야만 합니다. 우리 수준의 영리함 정도로만 어린이를 이끌어 가는 데에 그치지 않고, 어린이에 내재하는 재능으로 이끌어 가는 데에 교육학적 과제가 근거합니다.

¹⁶ 교육자로서의 우리가 우리를 능가하는 무엇인가를 이끌어 내야만 하는 상황에 부닥칠 수 있다는 말입니다. 그리고 학생이 언젠가 이르게 될 정도로 교사가 영리하지 않아도 전혀 문제가 되지 않는다는 입장에 서지 않고서는 충분한 수의 교사를 학교에 공급하기란 불가능합니다. 지식의 전달이 아니라 개인성에 관한 문제이기 때문에, 전 지상적 현존을 생생하게 되살리는 문제이기 때문에 역시 누

구나 훌륭한 교사가 될 수 있습니다. 그러면 어린이가 우리에게 의지해서 스스로를 교육합니다. 그렇게 되어야 역시 옳습니다. 실제로 교육을 하는 것은 우리가 아니기 때문입니다. 우리가 너무 강하게 직접적으로 교육에 개입하면 오히려 교육을 방해합니다. 우리가 행동을 취하는데 그 행동거지를 통해서 어린이가 스스로를 교육할 수 있도록 해야 합니다. 아이를 학교에 입학시킵니다. 방해가 되는 것을 제거하기 위해서 그렇게 합니다. 어린이를 발달할 수 없게 하는 상황으로부터 벗어날 수 있도록 교사가 배려해야 합니다. 바로 그래서 수업과 교육을 통해서는 인간에게 아무것도 주입시킬 수 없다는 점을 분명히 해야만 합니다. 그 대신에 우리가 태도를 취함에 있어서 성장하는 인간으로서 자신의 내면에 존재하는 소질을 이끌어 낼 수 있도록 합니다. 그런데 우리가 알고 있는 것으로는 그렇게 할 수 없습니다. 예술적인 양식으로 우리 내면에서 움직이는 것을 통해서만 그렇게 할 수 있습니다. 교사로서의 우리가, 교육자로서의 우리가 별로 천재적이지 못한 경우가 가끔은 있다 하더라도, —— 이렇게 말해서는 물론 안 되겠지요. 그런데 여러분이 비록 청년 운동을 한다고 해도, 제가 이렇게 말해도 괜찮을 정도로는 나이가 들었습니다. —— 그런 경우에 조금이라도 본능적 · 예술적 감각을 내면에 지니고 있는 교사가, 비예술적인데다가 엄청나게 많이 배운 교사보다는 어린이가 자신의 영혼 내에서 성장하는 데에 방해물을 덜 놓습니다. 엄청나게 많이 배운 사람이 되기란 그렇게 어렵지 않습니다.

¹⁷ 이런 문제를 한 번은 아주 분명하게 말해야만 합니다. 그저 분명하게만 말해서는 우리 시대가 그것을 듣지 않기 때문입니다. 우리 시대는 그런 문제에 대해 지긋지긋하게 둔감합니다. 그 모든 것을 이해했다고 확언하는 사람들이 특히 더 그렇습니다. 삼십 년 후에 보면 그들이 실은 전혀 이해하지 못했다는 것을 볼 수 있습니다. 요점은 인간의 영적인 상태가 이갈이하는 시기부터 사춘기까지의 연령대에 있는 어린이를 위한 교육과 수업에서, 교육학적 작용에서 본질을 이룬다는 것입니다. 그 이후에는 사람들이 서로 주고받아야 하는 경우에 —— 특히 의식 영혼의 시대에서는 —— 인간 천성으로부터 더욱 깊은 힘이 올라와 작용해야만 하는 연령대로 들어섭니다.

¹⁸ 보시다시피 한 사람이 타인에게 바치는 감각의 양식과 방식은 아주 복잡합니다. 여러분이 타인에 바치는 공감과 반감의 범위, 공감과 반감의 상호 작용을 정의하려고 하면 결코 끝에 이를 수가 없습니다. 인간에서 인간으로 이어지는 삶의 관계에서 오 분 동안 체험할 수 있는 것에 대해서는 심지어 오십 년이 지나도 단 하나의 정의조차 완성할 수 없을 것입니다. 사춘기 이전에는 주로 전 지상적인 것의 체험입니다. 모든 손짓을 통해서, 모든 눈길을 통해서, 단어 하나하나의 강조를 통해서 그것이 비쳐 나옵니다. 교육자의 손짓 하나, 말 한 마디를 통해서, 교육자의 생각을 통해서 어린이에게로 작용해 가는 것은 근본적으로 보아 바로 그 음색입니다. 바로 그것을

어린이가 찾습니다.

[19] 우리가 성인으로서 —— 열다섯 살, 열여섯 살에 이르렀거나 혹은 그 나이를 넘어서서 —— 타인을 대하면 문제는 더욱 복잡해집니다. 그러면 한 인간 내면에서 타인을 거부하거나, 타인에게 이끌리는 느낌이 추상적인 개념 세계를 위해서는 정말로 뚫고 나아갈 수 없는 어둠 속으로 빠져듭니다. 그런데 사람이 오 분 동안 체험할 수 있지만 오십 년이 지나도 묘사할 수 없는 것이 과연 무엇인지를 인지학적 정신과학의 도움으로 연구해 보면, 그것은 지구상에서의 전생으로부터, 혹은 일련의 전생들로부터 현재의 영혼 생활로 뚫고 들어와서 영혼들 속에서 교환되는 것입니다. 그 불확실하고 정의할 수 없는 것이 성인으로서의 우리가 타인을 마주 대하면 우리에게 덮쳐옵니다. 바로 그것이 그 사람의 전생으로부터 우리의 전생으로 비쳐들고 그 반대로도 역시 비쳐듭니다. 전 지상적 현존뿐만 아니라 인간의 이어지는 전생들에서 숙명적으로 거쳤던 모든 것이 거기에 작용합니다.

[20] 그리고 우리가 상호 간의 그 작용을 고찰해 보면, 오늘날의 우리 ≪머리≫ 문화가 —— 의식 영혼 시대인 오늘날에는 우리가 주변에서 수용하는 모든 것이 머릿속에서 울혈되면서 전체 인간에게 도달하지 못하기 때문에 —— 오로지 인간으로부터 인간에게로만 작용할 수 있는 것에 대치해 있는 것을 볼 수 있습니다. 그저 머리로만, —— 사람들이 서로 머리를 두들겨 부순다고는 말하지 않겠습니다,

—— 혹은 눈이라고 합시다. 그저 눈으로만 바라보기 때문에 사람들이 서로 스쳐 지나갑니다. 인간으로부터 인간으로는 반복되었던 전생에서 넘어오는 것만 작용할 수 있기 때문에 사람들이 서로 스쳐 지나갑니다. 그런데 그렇게 넘어오는 것에 대한 감각을 발달시킬 수 있도록 하기 위해서는 오늘날의 문화는 아무것도 하지 않습니다. 성인으로서의 우리가 인간 내면에 있는 좀 더 깊은 그것을, 전생의 삶들에서 넘어오는 것을 느낄 수 있는 감각, 감지할 수 있는 감각을 지니기, 바로 그것이 우리의 교육에, 우리의 수업에 수용되어야만 합니다. 인간의 전체적인 삶을 이 지구상에서 일어나는 그대로 교육에 포함하기를 배우지 않는다면, 그런 감각에 도달할 수 없습니다.

[21] 오늘날에는 사람들이 사실 직접적인 현재에 대한 감각만 지닐 뿐입니다. 바로 그래서 교육에 있어서도 역시 어린이에게 무엇이 쓸모있는지만 물어볼 뿐입니다. 그런데 그런 질문은 삶에 별 도움이 되지 않습니다. 첫 번째로는 그 질문이 일방적이기 때문에 일방적인 답만 얻을 수 있을 뿐입니다. 두 번째로는 학교 교실이나 학교를 졸업한 후 몇 년을 위해서가 아니라 인생 전체를 위해서 어린이를 교육해야 합니다. 그래야 우리에게 불명예를 초래하지 않습니다. 그런데 그렇게 교육하려면 인생에서 예측할 수 없는 것에 대한 이해가 있어야만 합니다. 지구상에서 일어나는 그대로의 전체적인 인간 삶의 합일성에 대한 이해가 있어야만 합니다.

[22] 일정 연령에 이른 후에는 자신의 존재 자체를 통해서 영향을 미

치는 사람들이 있다는 사실을 여러분도 아십니다. 그런 사람이 있다는 그 자체에서 주변의 사람들이 은혜를 느낍니다. 그런 사람들이 있습니다. 그런 사람들이 어떻게 해서 행위를 통해서가 아니라 그들의 존재 자체로 주변을 위한 은혜가 되는 상태에 이르렀는지 연구해 보면, 그런 사람들 스스로가 어렸을 적 언젠가 자비로운 것을 체험했었다는 사실을 찾아볼 수 있습니다. 어린이로서 존경스러운 권위자를 자연스러운 방식으로 우러러보고 경모할 수 있었습니다. 그런 사람들은 적절한 연령에 그것을 체험했었습니다. 언젠가 한 번은 스스로 경모할 수 있었음으로 해서 많은 세월이 흐른 후에 주변을 위한 은혜가 됩니다. 본보기적으로 그것을 이렇게 표현할 수 있다고 저는 생각합니다. "축복을 내릴 수 있는 사람이 있다. 물론 대다수가 그렇지는 않지만, 고령에 이르러서 축복을 내리는 힘을 얻는 사람들이 그래도 있다. 그들은 어린 시절에 기도하기를 배웠기 때문에 그렇게 할 수 있다." 여기에 인과율적으로 서로 결합되어 있는 두 가지 태도가 있습니다. 기도하기와 축복하기. 기도하기에서 축복하기를 배우지 않은 사람은 절대로 축복을 내릴 수 없습니다. 그런 것을 지나치게 감상적으로 이해해서는 안 됩니다. 신비주의적 뒷맛이 전혀 없이 자연 현상을 고찰하듯 이해해야 합니다. 자연 현상은 사람에게 인간적으로 더 가까울 뿐입니다.

²³ 어린이는 어린이의 천성에 맞추어서 성장할 수 있어야만 합니다. 어린이가 더 자라나지 못하도록 하면서 평생 동안 그렇게 머물

도록 옭아매는 기구를 여러분이 고안해 낸다면, 여러분은 말할 수 없이 나쁜 짓을 하는 것입니다. 인간은 성장할 수 있어야만 합니다. 그런데 우리가 학교에서 어린이들에게 개념을 가르칩니다. 그 개념들과 함께 우리는 이런 이상을 지닙니다. "어린이들이 평생을 통해서 그렇게 머물러야 한다." 어린이가 그 개념들을 기억으로 보존해야 합니다. 그 개념들이 오십 년 후에도 여전히 오늘날과 같이 머물러야만 합니다. 우리의 교재를 통해서 어린이의 영혼에 손보기를 어린이들이 항상 조그마하게 머물러야만 한다는 것입니다. 올바르게 하자면 어린이를 교육하면서 어린이가 지니는 모든 개념들 역시 함께 성장할 수 있도록 해야 합니다. 어린이의 개념들, 어린이의 의지 자극이 살아 있도록 해야 합니다. 그런 교육이 편안하지는 않습니다. 그런데 교육 의도가 예술적이면 그것이 가능합니다. 우리가 죽은 개념 대신에 살아 있는 개념을 가르치면 어린이가 다르게 감지합니다. 왜냐하면 무의식 중에 알기 때문입니다. "저 사람이 나한테 가르치는 것은 나와 함께 자란다. 흡사 내 양팔이 나와 함께 자라듯이."

[24] 어린이가 개념을 정의한 다음에 그것을 정의로 소유해야 하도록 교육되는 것을 보면 정말 가슴이 찢어지는 듯합니다. 그런 것은 정말로 어린이의 사지를 기구 속에 옥죄어 넣으려 하는 것과 다르지 않습니다. 어린이는 성장력이 있는 형상들을 받아야만 합니다. 그 형상들은 십 년, 이십 년이 지난 후에 완전히 다른 것이 됩니다. 어

린이에게 성장력이 있는 형상들을 전달하는 경우에만 다른 인간적 개인성의 깊은 곳에 대부분 감추어져 있는 것에 스스로 느끼면서 익숙해질 수 있도록 어린이를 고무합니다. 그 연관성이 얼마나 복잡한지 여러분이 보십니다. 청소년기에 영적인 성장을 가능하게 해 줌으로써 인간에 대한 더 깊은 관계를 얻도록 배웁니다.

[25] 그렇다면 타인을 체험한다는 것은 과연 무엇을 의미합니까? 죽은 개념으로서 타인을 체험할 수는 없습니다. 타인을 마주 대하는 경우에 나를 내적으로 엄습하는 것이 체험으로 변할 때에만 그 타인을 파악할 수 있습니다. 그렇게 하는 데에는 내적인 움직임이 필요합니다. 오늘날에는 서로를 제대로 알아보지도 않으면서 아침 식사를 함께 하고 차도 마시고 저녁 식사도 함께합니다. 오늘날의 사람들은 자신에 대해서는 상대적으로 많이 알고 있습니다. 그런데 어떻게 사람들이 경험을 본능적으로 개조합니까? 아침 식사 때나 저녁 식사 때 만나는 많은 사람들에 대해 어떻게 판단합니까? 그들이 기껏해야 이런 식으로 판단합니다. "그 사람도 나 같을까? 혹시 나와는 조금 다를까?" 그 사람이 자기 같다고 생각되면, 그러면 그 사람은 괜찮은 놈입니다. 그 사람이 자기 같지 않으면 괜찮은 놈이 아니라서 더 이상 관심을 두지 않습니다. 그런데 대부분의 사람들이 자기 같지 않기 때문에 아주 가끔 —— 괜찮은 놈을 하나도 발견하지 못하면 결국은 너무 싱거워지기 때문에 —— 자기 같은 사람을 하나쯤은 발견했다고 믿습니다. 이런 방식으로는 사실 타인을 전혀

발견할 수 없습니다. 항상 자기 자신만 발견할 뿐입니다. 다른 모든 사람들 안에서 스스로를 봅니다. 그런 상태가 대다수의 사람들에게는 천만다행입니다. 완벽하게 들어맞지는 않지만 그래도 어느 정도까지는 괜찮은 놈이라 여겨지는 사람을 한번 조우한다면, 그리고 그 상대방을 파악한다면, 그 체험이 너무나 강렬해서 자기 자신의 인간을 전혀 들을 수 없게 되기 때문입니다. 두 번째 만남에서는 그 체험이 그들의 자아를 더 뒤덮어 버릴 것이고, 세 번째, 네 번째 만남이 이어지면 더 이상 자신에 다가설 수가 없습니다. 자신을 완전히 잃어버리고 말 테지요. 이는 내적인 강도와 활동이 너무 적다는 말입니다. 핵이 너무 허약해서, 개인성이 너무 덜 발달되어서 인간이 스스로를 잃어버릴까 봐 두려워하면서 타인을 체험하고 싶어 하지 않습니다. 그렇게 서로를 스쳐 지나갑니다.

[26] 바로 그래서 사람들이 다시금 공생하기를 배울 수 있도록 하는 교육의 형성이 그렇게 중요합니다. 상투어로는 그렇게 할 수 없습니다. 진정한 인간 인식에 근거하는 교육 예술을 통해서만, 여기서 논의된 바로 그 교육 예술을 통해서만 그렇게 할 수 있습니다. 그런데 전반적으로 바로 그 지성주의적 시대가 삶 전체를 지성에 담구었습니다. 우리는 사실 사회 제도와의 관계 내에서 살고 있습니다. 다중적으로 더 이상 인간들 사이에 살지 않습니다. 육체화된 지성 속에 살고 있습니다. 육체화된 지성이라는 거미줄에 얽혀서 살고 있습니다. 그런데 거미가 거미집 속에 있는 것 같지 않고, 그 거미줄에 걸

려든 수많은 파리들 같습니다.

²⁷ 우리가 어떤 사람을 마주 대하는 경우에 그 사람이 우리에게 무엇인지 과연 느낄 수 있습니까? 오늘날 우리가 타인을 그렇게 인간적으로 판단합니까? 그렇지 않습니다. 우리는 대부분의 경우에 그렇게 하지 않습니다. 그 사람의 대문에 혹시나 작은 문패라도 붙어 있지는 않은지 물어봅니다. 그 문패에 어떤 개념이 쓰여 있습니다. 예를 들어서 빈에서 말하는 식으로 ≪법률 고문≫, 독일에서는 ≪변호사≫라고 쓰여 있습니다. 다른 사람의 경우에는 ≪일반 개업의≫라고 되어 있습니다. 그 문패를 읽어 보고는 그 사람이 병을 고칠 수 있다고 생각합니다! 또 다른 사람의 경우에는 ≪영문학 교수≫라고 쓰여 있습니다. 그것에서 우리가 그 사람으로부터 무엇을 얻을 수 있는지 압니다. 화학에 대해 어떤 것을 알고 싶으면 화학 박사 학위를 받은 사람이 어디에 있는지 물어보는 것 외에 별도리가 없습니다. 그런 사람이 우리에게 말하는 내용, 그것이 화학입니다. 그런 식으로 계속됩니다. 우리는 정말로 개념들의 거미줄 속에 걸려들어 있습니다. 사람들 사이에 살지 않습니다. 무엇이 종잇장에 쓰여 있는지, 그것에만 신경을 씁니다. 그 종잇장이 대다수의 사람들에게는 유일한 근거점입니다. 종잇장에 쓰여 있지 않다면 내가 어떤 종류의 인간인지 도대체 알 도리가 없습니다!

²⁸ 물론 그 모든 것이 아주 과격하게 표현되기는 했습니다. 그래도 역시 그런 것들이 우리 시대를 성격화합니다. 지성은 그저 우리 머

릿속에나 들어 있지 않습니다. 실제로 사방에서 우리를 거미줄처럼 휘감고 있습니다. 우리는 오직 개념만 기준으로 삼습니다. 인간적 자극을 기준으로 삼지 않습니다.

²⁹ 제가 아직 상당히 젊었을 적에 빈 근교에 있는 바덴에서 오스트리아 시인이었던 롤레트와 친분을 쌓았었습니다. 그 사람은 벌써 오래 전에 세상을 떠났습니다. 그 사람은 지성주의를 향한 발달이 옳다는 생각이었습니다. 동시에 지성주의를 터무니없이 무서워했습니다. 지성이 오로지 인간의 머리만 장악한다고 느꼈습니다. 언젠가 제가 슈뢰어 박사와 함께 그 사람을 방문했었는데, 그 사람이 자신의 터무니없는 문화 공포에 대해 시인다운 방식으로 표현하기 시작했습니다. 이렇게 말하는 것이었습니다. "요즘 사람들을 관찰해 보면 사람들이 손가락을 제대로 이용할 줄을 모른다. 많은 사람들이 제대로 쓰지도 못한다. 쓰기만 하면 손에 통증이 생기고 손가락이 오그라든다. 바지 단추도 제대로 달지 못한다. 재봉사들만 그런 일을 할 수 있다. 그런데 손가락이나 사지가 요령이 없어지는 데에만 그치지 않고 심지어는 점점 더 작아진다. 그것들이 오그라들어서 작아지고 머리만 점점 더 커진다." 그 사람이 그런 식으로 시인의 공상을 읊조렸습니다. 그리고는 세상에 머리 공들만 굴러다닐 날이 오리라고 말했습니다.

³⁰ 당시에 그것이 그 사람에게서 보여진 문화 공포증으로 제게 다가왔습니다. 그 사람은 시대의 자식이었습니다. 물질주의자였다는

말이지요. 바로 그래서 미래에는 그런 머리들만 세상에 굴러다니게 된다고 하면서 그렇게 깊은 공포를 느꼈던 것입니다. 물론 신체적인 머리가 그렇게 굴러다니지는 않을 테지요. 하지만 에테르적 머리, 아스트랄적 머리는 아주 걱정스럽게도 오늘날 벌써 그렇게 굴러다니고 있습니다. 건강한 청소년 교육이 인간을 그런 것으로부터 보호해야만 합니다. 교육이 인간을 다시금 양다리로 굳건히 설 수 있도록 만들어야 합니다. 사람들이 한 주제에 대해 숙고하면서 그저 알기 위해서만 무엇인가를 얻지 않고, 다시금 자신의 심장 박동을 느낄 수 있도록 교육되어야 합니다. 인류의 미래를 향하는 교육학적 예술을 위한, 교육 예술을 위한 특징이 되어야만 하는 것에 우리가 익숙해지고자 한다면, 바로 이 점을 전적으로 고려해야만 합니다. 내일은 제가 이 주제에 대해 더 보충해서 말씀드리겠습니다.

12강 진정한 인간 인식을 배우라

1922년 10월 14일, 슈투트가르트

[01] 오늘날에는 인간이 인간을 옛 시대와는 다르게 대한다는 점을 여러분이 지난 며칠간의 강의에서 알아보셨을 것입니다. 현시대에 인간이 인간을 마주 대하는 그 양식과 방식이 최근 들어서야 비로소 생겨났다는 사실도 짐작하실 수 있을 것입니다. 그것은 사실 현세기에 들어서 인류 발달에 등장했습니다.

[02] 현시대를 위해서는 더 이상 적합치 않은 언어 속에 옛 시대가 어느 정도까지는 시적으로 오늘날 인류를 위해 들어선 것을 예언했었습니다. 19세기 말에 소위 말하는 암흑의 시대가 끝나고 새 시대가 시작되기 때문에 인간 발달을 위해 완전히 새로운 조건이 들어서야만 한다고 옛 시대가 말했습니다. 인류가 새 시대에 아직은 적응하지 않았기 때문에 그 조건을 획득하기란 아주 어려울 것입니다. 그리고 비록 인간이 빛의 시대와 관계한다 하더라도 그 초기에는 어두웠던 암흑의 시대가 형성했던 것보다 인간을 더 혼란스럽게 만드

는 상황이 오랫동안 지속될 것입니다.

03 구시대의 형안적 관조에서 나온 형상들 속에서 일단 인류 앞에 세워진 것을 오늘날의 우리 언어로 단순하게 직역해서는 안 됩니다. 그렇게 하면 우리는 다시금 그저 낡은 것만 이해할 수 있을 뿐입니다. 오늘날 우리에게 가능해진 정신적 수단을 이용해서 그것을 새롭게 인식해야만 합니다. 실은 이 시대 들어서야 비로소 영혼의 교류 내에서 인간 자아가 인간 자아를 서로 마주 대하고 있다는 의식으로 우리를 완전히 강렬하게 관통시켜야만 합니다. 저는 껍데기가 없이 서로 마주 대하고 있다고 표현하고 싶습니다.

04 아틀란티스 대재앙 이후의 첫 번째 시대로 되돌아가 보면, 그러니까 기원전 칠, 팔천 년 전으로 돌아가서 당시에 성인으로서의 인간들이 서로 마주 대하고 있었던 상태를 찾아보면, 오늘날에는 오직 어린이로서만 성인을 그렇게 마주 대하고 있다는 점을 알게 됩니다. 달리 말하자면 제가 어제 성격화했듯이 어린이만 통합적으로 인간을 파악한다는 말입니다. 신체로부터 분리된 영적인 것, 혹은 심지어 정신적인 것을 들여다보지 않고 물체적 신체 자체를 영적이고 정신적인 것으로서 지각하는 상태입니다. 제가 고대 인도 문화기라 명명하는 시대, 아틀란티스 재앙 이후에 곧바로 생겨났던 인류 문명에서, —— 우리가 오늘날 심지어는 일정한 정당성을 부여하면서까지 그렇다고 믿는데 —— 인간이 영혼과 정신으로부터 분리된 것으로 생각했었다고 믿어서는 안 됩니다.

⁰⁵ 오늘날 우리에게는 상당히 영적이고, 상당히 정신적으로 들리는 바로 그 구시대의 표현들을 우리는 사실 오해하고 있습니다. 아틀란티스 시대 이후의 첫 번째 문화기 사람들이 외부 세계를 간과하고 항상 감각 세계 외에 존재하는 것만 시사하려 했었다고 믿는다면, 우리는 그들을 제대로 이해하지 못하는 것입니다. 전혀 그렇지 않았습니다. 그 사람들은 예를 들어서 인간의 움직임이라든가 얼굴 표정 등, 혹은 어린이가 어떻게 오 년 동안 자라는지, 어떻게 꽃이 잎과 꽃잎의 조형성을 발달시키는지, 어떻게 동물의 전체적인 힘이 발굽이나 다리의 끝 부분으로 부어 넣어지는지 등 그런 것의 양식과 방식을 훨씬 더 진하게 포화된 상태에서 지각했었습니다. 그 사람들은 우리가 오늘날 감각 세계라 부르는 세계로 눈길을 향했었습니다. 그런데 그 감각적인 과정 내에서 정신적인 것을 보았습니다. 감각 세계 내에서 그들의 감각에 드러나는 것이 그들에게는 동시에 정신적인 것이었습니다. 그런데 그런 관조가 그들에게 가능했었던 이유는, 우리가 오늘날 감각 세계에서 보는 것 외에도 그들 나름의 방식으로 정신적인 것을 지각했었기 때문입니다. 예를 들어서 그들이 초원을 바라보면 거기에서 융단처럼 깔린 꽃들만 보지는 않았습니다. 그 꽃들 위로 가벼운 떨림처럼 진동하면서 활동하는 존재들 내에서 식물을 땅 바깥으로 잡아 이끌어 내는 우주의 힘들을 지각했었습니다. 요즘 사람들한테는 그런 이야기가 정말로 기괴하게 들리겠지요. 그래도 저는 여러분께 그 실재

를 말씀드리겠습니다. 그 사람들은 어떻게 인간이 일종의 에테르적 · 아스트랄적 챙이 달린 모자를 항상 머리에 쓰고 있는지를 보았다고 할 수 있습니다. 그 에테르적 · 아스트랄적 모자 속에서 그들은 힘을 감지했었습니다. 그 힘으로 인해 머리카락이 길어집니다. 요즘 사람들은 머리카락이 안에서 바깥으로 밀려나면서 자란다고만 믿고 싶어 합니다. 그런데 진실은, 외부의 자연이 머리카락을 잡아당겨 낸다는 것입니다.

[06] 그 옛 시대에는 사람들이 그런 것을 실재라 여겼습니다. 그것이 나중에는 단지 예술적인 복제품들에 문화적으로 어느 정도 비쳐들 뿐입니다. 예를 들어서 팔라스 아테네 여신의 투구 같은 것을 한번 고찰해 봅시다. 그 투구는 의심의 여지가 없이 머리에 속합니다. 팔라스 아테네 여신의 투구가 그저 그렇게 머리에 얹혀져 있다고 믿는다면 그것을 제대로 느끼지 못하는 것입니다. 그 투구는 머리에 그냥 얹혀지지 않고, 우주적 사출력이 응집되어서 아테네 여신에게 선사되었습니다. 그 힘들이 여신의 머리 주변에서 작용하고 농축되면서 저장됩니다. 바로 그래서 초기 그리스 인들에게는 투구 장식을 쓰지 않은 팔라스 아테네를 만든다는 것이 불가능해 보였습니다. 투구 장식이 없는 경우에 그리스 인들이 느꼈던 것은 우리가 오늘날 두피가 벗겨진 머리를 볼 때에 느끼는 것과 똑같았습니다. 그리스 문화의 후기에도 여전히 그랬었다고는 말할 수 없습니다.

[07] 옛 시대로 되돌아가 보면 사람들이 감각 세계를 정신적 · 영적인

것으로 체험할 수 있었다는 점을 알 수 있습니다. 당시의 사람들은 어느 정도까지는 여전히 에테르적인 것, 영적·정신적인 것을 체험할 수 있었기 때문입니다. 그런데 그 사람들은 영적·정신적인 것에 그렇게 큰 의미를 두지 않았었습니다. 요즘 사람들은 흔히 이렇다고 믿습니다. "고대 비밀 의식에서는 비교 제자들에게 감각 세계는 단지 허상일 뿐이고 정신세계만 유일한 실재라고 주로 가르쳤었다." 그런데 그것은 사실이 아닙니다. 오히려 비밀 의식의 모든 추구는 정신적·영적인 것의 파악이라는 우회로에서 바로 그 감각적인 것을 영적으로 파악하게끔 하는 방향으로 나아갔다고 말해야 진실입니다.

    ⁰⁸ 후기 아틀란티스의 첫 번째 문화기에서 이미 비밀 의식이 추구하기를 지구상에 형상으로서 살고 있는 그대로의 인간을 영적·정신적으로 파악할 수 있는 쪽으로 나아갔습니다. 특히 내적으로 느끼면서 —— 이론적으로가 아니라 —— 육체적 인간의 어떤 표현이 정신적인 것 내에서 무엇을 의미하는지를 파악할 수 있도록 했습니다. 예를 들어서 걷기의 역학만 생각해 낸다는 것이 그들에게는 완전히 불가능해 보였습니다. 인간이 걸어가면 모든 발걸음마다 하나의 체험을 한다고 알고 있었기 때문입니다. 그 체험이 오늘날에는 의식의 경계선 저 아래 깊은 곳에 존재합니다. 왜 우리가 걸어갑니까? 다리를 앞으로 뻗고 발을 내딛으면 우리는 지구와 하늘의 세계에 대해 다른 관계로 들어섭니다. 그 변화의 지각 내에서,

── 예를 들어서 앞으로 뻗은 발이 뒤에 남아 있는 발의 상태와는 다른 온욕의 상태로 들어간다는 그 변화, ── 우주에 대한 그 변화된 상태의 지각 속에는 역학적인 것뿐만 아니라 전적으로 초역학적인 것이 존재합니다.

[09] 그런 것이 바로 옛 시대에 있었던 지각입니다. 당시에는 사람들의 눈길이 인간의 외양을, 인간의 외적인 움직임을 향했습니다. 그들이 자연의 얼굴 표정처럼 지각했었던 것, 예를 들어서 식물의 성장, 식물의 형태, 동물의 성장, 동물의 형태 등등을 현시대의 우리가 과학적으로 하듯이 판단한다는 것은 당시의 사람들에게는 꿈에서조차 생각할 수 없었습니다. "지구가 특정 계절 동안에는 천계의 존재들을 들이쉰다. 다른 계절이 되면 그 존재들을 내쉰 채 자신을 고립시키고, 내면에서 홀로 일한다." 제가 어제 암시했던 고대 인도 문화기에 속하는 사람이 이런 이야기를 들으면 전적으로 자연스럽다고 느꼈습니다. 인간 정서 내에 오늘날 있을 수 있는 것과는 완전히 다른 것이 존재했습니다. 물론 고대 인도 시대의 기후 상태가 달랐었기 때문에 당연히 다를 수밖에 없었습니다. 그런데 우리가 옛 시대의 그 감각을 우리의 기후 상태로 확장시켜 보면 이렇게 말할 수 있습니다. "여름에는 지구가 잠을 잔다. 우주의 기운에 헌신하고 태양의 힘을 받아들여서 그 힘이 지구의 무의식으로까지 흘러들도록 한다. 여름은 지구의 잠이고 겨울은 지구의 깨어남이다. 여름 동안 잠을 자면서, 꿈을 꾸면서 하늘과의 연관성 내에서 생각했던 것

을 겨울 동안에는 지구가 자신의 힘을 통해서 생각한다. 여름 동안 우주적 힘과 권능의 작용을 통해 자신의 소유가 된 것을 지구가 겨울 동안에 내면에서 작업한다."

[10] 오늘날에는 실질적으로 그에 대해 아는 바가 거의 없습니다. 기껏해야 촌에 사는 농부가 겨울 동안 감자를 땅 속에 보관한다는 정도일 뿐입니다. 그런데 그렇게 하면서도 직접적인 자연 존재 내로 '자신을 전치시키기'가 사라졌기 때문에 그 감자의 운명에 대해서는 생각치 않습니다. 고대 인도 시대의 사람들은 자연을 바라보면서, 오색찬란한 동물계, 식물계, 광물계를 바라보면서 그것들의 유일한 실재가 원자 운동이라고는 상상조차 할 수 없었을 것입니다. 그런 원자 운동이야말로 그들에게는 완전히 비실재로 보였을 테지요. 이 점에 대해 분명 어떤 사람들은 이런 이의를 제기하겠지요. "하지만 자연에 대해 계산을 하기 위해서 그 원자 운동이 필요하다." 네, 사랑하는 여러분, 자연을 계산하기 위해서 원자 운동이 필요하다고 믿는 것, 바로 그것이 문제입니다. 먼 옛 시대에 계산이란, 숫자와 크기 내에서 스스로 살 수 있기를 의미했었습니다. 전적으로 응집된 물질성에 그치는 것에 숫자와 크기를 갖다 붙이는 식이 아니었습니다. 그 응집된 물질이 현시대에 굉장히 유용하게 쓰인다는 점에 대해 어떤 반박을 하려는 생각은 아닙니다. 그럼에도 불구하고 그 옛 시대 영혼의 구성 상태가 오늘날과는 얼마나 달랐었는지에 대해 말하지 않을 수 없습니다.

¹¹ 그 다음에 다른 시대가 도래했습니다. 제 『신비학 개요』에서 그 시대를 고대 페르시아 시대라고 명명했습니다. 그 시대는 모든 것이 권위성의 원리를 근거로 구축되었었습니다. 오늘날의 인간이 일곱 살과 열네 살 사이에 —— 억제되고 둔화된 상태에서 —— 하는 체험 중에서 어떤 것을 그 사람들은 한평생 유지했습니다. 당시에는 오늘날 인간이 일곱 살에서 열네 살 사이에 하는 체험을 나이가 들어서까지 지니고 있었습니다. 그것이 내밀했던 반면에 훨씬 더 강렬했습니다. 인간이나 꽃의 외적인 움직임, 외적인 표정을 특정한 의미에서 투시하기는 했습니다. 외부로는 그렇게 많이 구체화되지 않는 것들을 여전히 들여다보았습니다. 그런데 그들이 보았던 것이 점차적으로 좀 더 실재의 현시로 변해 버렸습니다. 후기 아틀란티스 첫 번째 문화기에서는 세계 전체가 실재였습니다. 정신적인 실재였습니다. 인간이 정신이었습니다. 인간이 머리와 양팔, 몸통을 지녔었고 그것이 인간 정신이었습니다. 고대 인도인들은 양다리로 서 있는 인간을, 양팔과 머리를 지닌 인간을 보면서 그 인간을 정신으로 간주하는 데 아무 어려움도 없었습니다. 다음 시대에는 좀 더 뚫고 들어가는 식으로 보았습니다. 보이는 것이 이제는 좀 더 표면이었습니다. 그 표면 뒤에 좀 더 에테르적인 것을, 빛의 형상이라 할 수 있는 것을 보았습니다. 환원적 형안이 여전히 존재했었기 때문에 그 빛의 형상을 지각할 수 있는 능력이 있었습니다.

¹² 그 다음에 후기 아틀란티스 세 번째 문화기가 왔습니다. 그 시대

의 사람들은 인간이나 자연의 내면을 들여다보려는 욕구를 더 많이 지녔었습니다. 외적인 것이 상당히 고도로 감각적으로 변했습니다. 사람들이 감각적 외형에서 정신적·영적인 내면으로 뚫고 들어가서 보기 시작했습니다. 그 세 번째 후기 아틀란티스 문화기에 속하는 이집트 인들은 인간을 미라로 만들었습니다. 고대 인도 문화기에서는 인간을 미라로 보존한다고 하면 허황된 짓이라고 했을 것입니다. 그들에게는 정신을 옭아매는 것과 다름없었을 테니까요. 시체를 미라로 보존하려는 경향이 있었다는 것은 육체와 정신을 구분했었음을 시사합니다. 그렇지 않았다면, 육체와 정신을 구분하지 않기 때문에 인간의 육체를 미라로 방부처리하는 경우에 인간의 정신을 가두게 된다고 믿었을 테니까요.

[13] 그리스 인들의 경우에는 육체·신체적인 것과 정신적·영적인 것을 아주 분명하게 구분했습니다. 그것이 우리 시대에 이르기까지 유지되었습니다. 오늘날 우리는 그 양자를, 육체적·신체적인 것과 정신적·영적인 것을 완전히 분리된 것으로 여길 수밖에 없습니다. 그런 식으로 옛 시대에는 사실 껍데기를 통과해서 자아를 보았습니다.

[14] 고대 인도인들을 한번 상상해 보십시오. 인간의 자아를 그렇게 직접적으로 쳐다보지 않았습니다. 그들의 언어가 그러했습니다. 사실 외적으로 보이는 몸짓과 외적으로 보이는 표면만 표현했습니다. 산스크리트 어가 지니는 전반적인 성격을 그 내용이 아니라 정신성

에 따라 연구해 보면 지금도 역시 몸짓과 외관을 나타내는 성격을 지닙니다. 그런 성격이 특히 움직임과 제한성 내에 표현됩니다. 달리 말하자면 고대 인도인들의 경우에는 물체적 신체라는 껍데기를 통해서 자아를 보았습니다. 다음 시대에는 에테르 체라는 껍데기를 통해서, 세 번째 문화기에서는 아스트랄 체라는 껍데기를 통해서 자아를 보았습니다. 그리고 우리 시대 들어 껍데기가 없이 인간 간의 교류에 들어설 때까지 자아가 여전히 불분명하게 남아 있었습니다.

¹⁵ 사랑하는 여러분! 비록 서서히 그렇게 되었다 하더라도 벌거숭이 상태에 있는 자아와 자아 간의 교류에서 완전히 새로운 무엇인가가 인간 발달 내로 들어섰다는 사실을 지적하지 않는 사람은 우리 시대에 인류 발달이 처한 중대한 분기점을 전혀 설명하지 않는 것입니다. 저는 우리 시대가 과도기라고 통상적인 의미에서 말하고 싶지 않습니다. 과연 어느 시대가 과도기가 아닙니까? 모든 시대가 앞서 지난 시대와 도래할 시대 간의 과도기입니다. 그래서 우리 시대가 과도기라고 그저 말만 하는 한 그런 것은 상투어에 불과합니다. 과연 무엇이 넘어가고 있는지를 성격화할 때에만 비로소 주제가 구체화됩니다. 우리 시대에 인류가 타인을 껍데기로 싸인 상태에서 체험하기에서 타인의 자아를 진정으로 체험하기로 넘어가고 있습니다. 우리가 인간으로부터 인간에 대한 완전히 새로운 관계에 익숙해져야만 한다는 것, 바로 그것이 인간의 영혼 생활이 지니는 어려움입니다. "이제 우리 모두 그 자아에 대한 학설을 배워야만 한다." 제

가 이렇게 암시하고 싶어 한다고 믿으셔서는 안 됩니다. 우리가 어떤 이론을 배우는 것에 관한 문제가 아닙니다. 여러분이 촌에 사는 농부든, 육체 노동을 하는 사람이든, 아니면 많이 배운 식자든, 그런 것과는 무관하게 여러분 모두를 위해서 오늘날에는 —— 우리가 문명화된 인간과 관계하는 한에는 —— 인간의 자아들이 서로 간에 껍데기가 없이 마주 대하고 있다는 것입니다. 그런데 바로 그것이 전반적인 문화 발달에 특유의 색채를 부여합니다.

[16] 한 인간이 타인을 감지했던 그 양식과 방식이 중세 적에만 해도 얼마나 더 요소적이었는지, 그 느낌을 한번 발달시켜 보십시오. 우리가 중세의 한 도시에 있다고 가정해 봅시다. 어떤 사람이 자물쇠바치라고 합시다. 그 사람이 길에서 문벌 좋은 시 참사회 의원 나리를 만납니다. 그 상황에서의 체험은, 그 자물쇠바치가 그렇게 만난 타인이 시 참사회 의원 나리님이라고 아는 데에서 그치지 않았습니다. "우리가 저 사람을 뽑았다."라고 아는 데에서도 역시 그치지 않았습니다. 물론 길드 같은 조직이 있었고, 그것이 사람들에게 표지標識를 붙이기는 했습니다. 재단사 길드나 자물쇠바치 길드 등에 속해 있었습니다. 그런데 그런 것이 그때까지만 해도 아직은 좀 더 본능적인 방식으로 체험되었습니다. 시 참사회 의원 나리가 다가오면, 자물쇠바치는 주소록을 보지 않고도 "저 양반은 시 참사회 의원 나리다!"라고 알아보았습니다. 그런 것을 알아보기 위해서 서류나 신문을 읽어 보아야 할 필요가 없었습니다. 시 참사회 의원은 다르게 걸

었고, 다르게 보았고, 다른 태도를 취했습니다. 중세 적만 해도 인간이 껍데기를 통해서 타인을 체험했습니다.

[17] 근대적 인류 발달의 의미에서야 비로소 우리가 인간을 껍데기가 없이 체험해야만 하는 상태에 이르렀습니다. 그 상태는 서서히 도래했습니다. 그 상태가 인류를 특정한 의미에서 경악시키고 있습니다. 문화 심리학이 있다면, 그것이 지난 수세기를 위해서 무엇보다도 인류의 그 경악을 묘사했을 것입니다. 자신의 옆에 타인을 자아로서 껍데기가 없이 두어야만 한다는 사실, 그 사실을 형상으로서 자신의 앞에 세워 보면, 이렇게 말하고 싶을 것입니다. "지난 수세기 동안 자신의 시대를 동참하면서 체험했던 바로 그 사람들이 깜짝 놀라서 휘둥그레진 눈을 하고 있는 듯이 보인다." 그 깜짝 놀란 눈, 그리스 인들이나 로마 인들에게서는 찾아볼 수 없는 그 놀란 눈이 주로 16세기 중반 이후로 등장합니다. 그 깜짝 놀란 눈을 문학에서도 추적할 수 있습니다. 예를 들어서 베이컨의 상술을 읽어 보면 그에 대해 아주 분명한 표상을 형성할 수 있습니다. 그가 세상을 얼마나 놀란 눈으로 보았는지, 그의 상술들에서 읽어 낼 수 있습니다. 그런데 셰익스피어는 더 놀란 눈을 했습니다. 그것을 아주 분명하게 영혼 앞에 세워 볼 수 있습니다. 셰익스피어가 어떻게 생겼었는지 그 양식에 대해 세상에 알려진 형상들을 단어들에 대입하기만 하면 됩니다. 지난 수세기 동안 자신의 시대에 가장 동참하면서 살았던 사람들을 표상할 적에는 그런 식으로 조금은 놀란 눈을, 무의식적으로 경악하는

눈길을 더하지 않을 수 없습니다. 그들은 살아가면서 적어도 한 번은 그 경악하는 눈길을 지녔었습니다. 괴테가 그랬었고, 레싱이 그랬었습니다. 헤르더도 그랬었고 장 폴은 죽을 때까지 그 놀란 눈을 버릴 수 없었습니다. 역사 발달을 어떻든 간에 이해하고자 한다면 그런 섬세한 사항을 위한 기관을 지녀야만 합니다.

[18] 19세기의 대리자들이 20세기를 위해서는 더 이상 적합하지 않다는 사실이 20세기로 들어서는 인류에게는 사실 분명해져야만 합니다. 19세기에 괴테에 관해 쓴 글들을 읽어 보십시오. 고루하기 짝이 없는 루어스나 편협하기 이를 데 없는 리하르트 마이어의 글들을 읽어 보면, 당연히 괴테에 대해 아무 표상도 얻지 못합니다. 19세기의 마지막 30년에 있었던 문학 중에서 그래도 괴테에 대한 표상을 얻을 수 있는 유일한 작품은 헤르만 그림이 쓴 것입니다. 그런데 근대 들어 만연하는 문화 질병을, 고루한 속물성을 앓고 있는 사람들에게는 괴테에 관한 헤르만 그림의 책이 그야말로 혐오 그 자체입니다. 『파우스트』가 하늘에서 떨어진 작품이라는 문장이 그 책에 쓰여 있기 때문입니다. 모든 것을 일일이 검토해서 반박하고 조목조목 따져드는 비평가들이 『파우스트』에 대해 말한 것을 한번 생각해 보십시오. 그런데 어떤 사람이 와서 그렇게 일일이 따져서는 안 된다고 합니다. 이런 문제가 필시 그렇게 중요해 보이지 않을 수도 있습니다. 그럼에도 불구하고 문화 현상에 관해 논한다면 이런 문제에 귀를 기울여야만 합니다. 그림이 라파엘로에 대해서 쓴 작품 1장을 한번 읽어 보

십시오. 자신이 훌륭한 대학 교수라 믿는 사람에게는 그 책이 혐오 그 자체입니다. 아무리 그래도 우리가 20세기로 넘겨받을 만한 것이 거기에 조금은 있습니다. 그 훌륭한 대학 교수들을 위해서 옳은 것이라고는 그 책에서 하나도 찾아볼 수 없다는 바로 그 이유에서입니다.

[19] 예전에는 사람을 껍데기 속에서 보았습니다. 인간을 껍데기가 없이 자아-존재로 보도록 배웠어야만 하고 배워야만 합니다. 바로 그것에 경악합니다. 제가 껍데기라고 표현하는 모든 것을, —— 시 참사회 의원 나리가 그런 껍데기 속에 다가오는 것을 보았습니다. —— 이제는 사람들이 더 이상 감지할 수 없기 때문입니다. 사람들에게 껍데기의 외적인 대리물을 더 이상 줄 수도 없습니다. 적어도 중 유럽에서는 그렇습니다. 왜냐하면 중세 적 시 참사회 의원들의 경우에 외적인 대리물이 정신적 내용으로 존재했던 것과 적어도 연관성을 지녔었기 때문입니다. 제가 여러분께 한 가지 고백을 하지 않을 수 없습니다. 외적인 껍데기에서 정부 각료들과 정부 비밀 각료들 간의 차이를 알아보기가 제게는 정말 어렵다는 사실입니다. 전성기의 군대에서는 여전히 알아볼 수 있었습니다. 그래도 아주 세심하게 배웠어야만 했습니다. 그에 대해 우선 개인적으로 연구를 했어야만 했습니다. 근원적인 인간 체험과 더 이상 연결되어 있지 않았습니다.

[20] 말하자면 일종의 경악이 있었습니다. 그리고 제가 어제 여러분

께 설명드렸던 그 지성주의적 몽상으로 인해 그에 대한 감각이 무뎌졌습니다. 그 지성주의적 몽상이 우리 주변에 확산되고 모두가 그 속에 들어앉아 있습니다. 동양적인 것을 여전히 보존했던 문화 중심지에서는 사람들이 그 내적인 것을 외적인 것에, 근원적인 것을 지성주의적인 것에 특정하게 연결시켰습니다. 빈 출신이라면 지난 세기에만 해도 그것을 강하게 느낄 수 있었다는 사실을 알고 있습니다. 빈에서는 예를 들어서 어떤 사람이 안경을 끼고 있으면 박사님이라고 불렀기 때문입니다. 대학 졸업장이 아니라 외관을 중시했습니다. 마부를 채용할 수 있었다면 그 사람은 귀족이었습니다. 남작이었던게지요. 결국은 외관이었습니다. 사람이라면 역시 단어로 표시할 수 있는 어떤 것 속에 살고 싶어 한다는 느낌이 여전히 있었습니다.

[21] 인간과 인간이 그들의 내적인 자질에 맞추어서, 영혼이 요구하는 것에 맞추어서 껍데기가 없이 서로를 대한다는 것, 그런데 그렇게 껍데기가 없이 '서로를 마주 대하기'를 할 능력을 아직 습득하지 못했다는 것, 그것이 바로 새 시대로의 거대한 변화입니다. 무엇보다도 우리는 자아와 자아 간의 관계를 얻을 수 있는 가능성을 습득하지 않았습니다. 그런데 바로 그것이 교육을 통해서 준비되어야만 합니다. 바로 그래서 교육 문제가 그렇게 타들어 가는 문제이고, 그렇게 중요한 문제입니다.

[22] 이제 제가 여러분께 숨김없이 말씀드리고 싶습니다. 새로운 시

대의 개별적인 '자아 인간'을 교육하는 방식과 관련해서 과연 언제 커다란 진보가 다가올 수 있는지를. 그런데 제가 부탁을 하나 드리겠습니다. 제가 이제 말씀드릴 것을, 오늘날 아직도 상반되는 의견을 지닌 사람들을 당혹스럽게 만들기 위해서는 절대로 이용하지 말라는 것입니다. 그렇게 하면 인지학에 대한 엄청난 욕지거리 외에는 나오는 것이 전혀 없을 터이기 때문입니다. 우리가 무엇이든 간에 교육에 관해 논하기를 부끄러워할 줄 알게 되면, 특정한 수치심을 습득하게 되면, 그러면 그때에서야 비로소 우리가 교육에서 올바르게 작용할 수 있을 것입니다. 당혹스런 일이지만 사실이 그렇습니다. 오늘날의 교육에 관한 논의들이 언젠가 미래의 인류에게는 파렴치하고 염치없어 보일 것입니다. 오늘날에는 모두가 교육에 관해 이야기하고, 저마다 자신이 옳다고 여기는 것에 대해 말들 합니다. 그런데 교육은 그렇게 개념으로 표현될 수 있는 것이 아닙니다. 이론화하면서 접근할 수 있는 주제가 아닙니다. 교육은 인간이 들어서서 함께 성장하는 어떤 것입니다. 그 안에서 사람이 나이가 들어가면서 젊은이들을 마주 대합니다. 그리고 나이가 들어서 젊은이들을 마주 대할 때에야 비로소, 사람이 한때는 스스로 젊었었기 때문에, 젊은이들을 마주 대한다는 그 사실을 통해서 자아에 다가섭니다. 그렇게 함으로써 교육이 일종의 자명함이 됩니다.

[23] 교육 제도에 대한 수많은 지시들이 제게는 —— 말로 꺼내기조차 끔찍합니다만, —— 한때 유명했던 《크닉게》의 책 내용과 전혀

다를 바 없다는 생각이 듭니다. 어떻게 성인을 대해야 하는지, ≪예의범절≫에 대한 책들이 어떠해야 하는지 지시했습니다. 바로 그래서 저 스스로 교육에 관해 말하고 쓴 것, 그리고 발도르프 학교에서의 실질적인 시도와 연관된 모든 것이 가능한 한 많이 인간의 성격에 대해 말하는 것만, 인간을 알아볼 수 있는 것만 겨냥했습니다. 하지만 이것은 이렇게 해야 하고, 저것은 저렇게 되어야 한다고 지시하지는 않았습니다. 인간 인식, 실은 그것을 추구해야 합니다. 그리고 나머지는 —— 제가 종교적인 표현을 빌려도 된다면 —— 신에게 맡겨야 합니다. 올바른 인간 인식이 인간을 이미 교육자로 만듭니다. 실은 교육에 대해 논하기를 부끄러워해야 한다는 느낌을 얻어야 하기 때문입니다. 물론 문화의 영향으로 인해 사람이 부끄러워해야만 할 짓도 적잖이 할 수밖에 없겠지요. 그래도 교육에 관해 더 이상 논할 필요가 없는 시대가 올 것입니다.

[24] 그런 사고 형태가 오늘날의 사람에게는 없습니다. 그런데 근본적으로 보아서는 대략 백여 년 이래로만 그렇습니다. 피히테나 실러를 한번 읽어 보십시오. 그 책들에서 여러분은 오늘날의 사람들에게 정말로 끔찍하게 보이는 내용을 발견하실 것입니다. 그 사람들은 예를 들어서 국가나 온갖 제도들에 관해 말했습니다. 그리고 국가의 목적에 대해 이렇게 말했습니다. "국가가 스스로를 불필요하게 만드는 윤리성이 존재해야만 한다. 사람들이 스스로 자유로운 인간이 될 수 있고, 그들 자신의 윤리성을 통해 국가를 쓸데없는 것으로 만들어야

한다." 피히테는 국가가 스스로 말 안장에서 내려와서 차츰차츰 불필요해지는 기관이 되어야 한다고 말했습니다. 오늘날의 사람들에게는 그런 말이 흡사 유랑 극단에서나 있을 법한 생각이라는 인상을 줄 것입니다. 그 유랑 극단이 연극 하나를 쉰 번쯤 상연하고 나자 극단 감독이 배우들에게 이렇게 말했습니다. "이 연극을 벌써 쉰 번이나 공연했으니 이제 프롬프터 박스를 없애도 좋을 듯하다." 그러자 배우들 모두 깜짝 놀랐습니다. 마침내 배우들 중 한 명이 용기를 내어 이렇게 말했습니다. "네, 감독님, 그러면 청중들이 프롬프터를 볼 텐데요!" 대략 이런 식으로 오늘날의 사람들에게 작용하겠지요. 프롬프터 역시 없어도 된다는 점은 보지 않습니다. 국가가 스스로를 불필요하게 만들면, 그제서야 국가가 최상의 구조에 이르게 됩니다. 네, 그러면 정부 각료들과 관료들, 비밀 각료들, 그들이 과연 뭐라고 하겠습니까?

²⁵ 옛 문화 시대에서처럼 교육에 관해 더 이상 논의할 필요가 없게끔 되어야 합니다. 우리가 다시금 그 관점을 얻으려면 직접적인 일상의 실천을 벗어나서 우리 시대에 영혼의 심연에서 일어나고 있는 그 거대한 변혁으로 한 번쯤은 자신을 전치시켜야만 한다고 저는 말하고 싶습니다. 옛 시대에는 교육에 관해 말하지 않았었습니다. 인간의 근원적인 힘으로부터는 더 이상 교육을 할 수 없게 되자 비로소 교육학이 등장했습니다. 이 사실은 생각보다 훨씬 더 중요합니다! 교실에 들어서는 교사를 바라보는 소년, 소녀들이 이런 느낌을

지녀서는 안 됩니다. "저 사람은 무의식적인 것을 파악하지 않기 때문에 이론적인 원칙에 따라 가르친다." 그들은 교사와 인간적인 관계를 맺고자 합니다. 그런데 교육 원칙이 존재하면 그 관계를 형성하는 데 방해가 됩니다. 바로 그래서 청소년들이 나이 먹은 사람에 대해 일종의 자명한 권위성을 다시금 얻도록 하는 것이 말할 수 없이 중요하고, 무조건 필요합니다. 교육에 관해 그렇게 많이 논하지 않는 것, 교육에 관해 오늘날처럼 그렇게 많이 논하고 생각할 필요가 없는 것, 바로 그것이 필수적입니다. 몇몇 영역에서는 비록 허점투성이기는 하지만 그래도 아직까지 전적으로 건강한 원칙에 따라 교육하기는 합니다.

²⁶ 이론적으로는 그 모든 것이 완전히 명확합니다. 그리고 이론적으로는 현시대의 학자적 의향이 하듯이 문제를 역시 다룰 줄도 압니다. 그런데 언젠가 제가 제 친구 집에서 보았던 것 같은 일을 체험한다면 역시 실질적으로 아주 유익합니다. 그 친구는 접시 옆에 저울을 두고 유기체가 적정량을 섭취하도록 모든 식품을 일일이 저울에 달았습니다. 그런 것이 생리학적으로는 옳을 수도 있을 테지요. 그런데 그런 것을 아동 교육의 영역에서 한번 생각해 보십시오. 단순한 방식이기는 하지만 불행히도 그런 일이 일어나고 있습니다. 그런 일이 특정한 직관으로부터 생긴다면, 그러니까 부모가 아이에게 어떻게 영양 섭취를 시켜야 하는지 알아보기 위해서 특별한 생리학 기구를 구입하지 않고, 자신이 어렸을 적에 어떤 음식을 먹었

없는지 그 느낌에 따라 판단한다면, 그래도 아직은 건강한 축에 속합니다. 그렇게 보면 관건은, 얼마나 많은 음식물을 우리 위장으로 들여보내도 좋은지에 대해 지시하는 교육학을 극복하는 것입니다. 교육학의 영역에서 인간 존재와 천성을 진정으로 이해할 수 있도록 전력투구하는지, 바로 그에 관한 문제입니다. 인간 존재와 천성을 이해하기, 바로 그것이 인간의 전반적인 삶에 지대한 영향을 미칩니다.

[27] 제가 지난 며칠간 성격화했던 바와 같이 인간을 진정으로 알아보면서 예술적인 이해를 인식으로 끌어들이는 사람은 그렇게 알아보기를 통해서 스스로의 인간적 천성을 젊게 유지하게 됩니다. "우리가 일단 성인이 되면 사실 상당히 영락한 인간이 된다."라는 말은 역시 의미심장합니다. 내면에 성장력을 지닌다는 것은 인간에 속하는 가장 중요한 요소 중에 하나입니다. 어렸을 적에 내면에 지니는 것이 인간을 위해서는 가장 중요합니다. 그런데 진정한 인간 인식을 통한 내적인 체험 속에서 우리가 그것으로 다시금 인도됩니다. 올바른 인간 인식을 획득하면 우리는 정말로 어린이처럼됩니다. 그리고 그렇게 됨으로써 역시 청소년들과 어린이들을 올바른 방식으로 마주 대할 수 있게 됩니다.

[28] 바로 그것을 추구해야만 합니다. ≪너희가 어린 아이처럼 되지 않으면 천국에 들지 못하리라!≫라고 오늘날 자주 말들 하는데, 그런 식의 이기적인 의미에서가 아니라 실생활에서 찾아야만 합니다.

인간의 활동적인 힘, 어린 시절 우리 안에서 작용했던 그 힘이 오늘날 우리와 연결되어 있지 않다면 우리는 교육을 할 수 없습니다. 교육학이 교사나 교육자를 그저 똑똑하게만 만들어서는 충분치 않습니다. 그들을 생각 없는 사람으로 만들라는 말이 아닙니다. 하지만 제가 말씀드린 방식으로는 역시 생각 없는 사람이 되지 않습니다. 교사를 그저 똑똑하게만 만드는 교육학은 옳지 않습니다. 교사를 내적으로 움직이게 만들고, 신체적인 삶의 핏속으로 활기 있게 흘러드는 영적인 피로 가득 채우는 교육학, 그런 교육학이야말로 옳습니다. 어떤 사람이 훌륭한 교사나 교육자임을 어떻게 알아볼 수 있습니까? 그 교사가 교육학적 예술을 통해 꽁생원이 되지 않았다는 사실에서 그것을 알아볼 수 있습니다.

[29] 사랑하는 여러분, 곳곳에서 속물들이 영향력을 행사한다는 말은 아마도 전설에 불과할 수도 있습니다. 조금은 신화처럼 이야기되기도 합니다. 가르치고 교육하는 인물들이 속물이라면, 그 전설과 신화가 어떻든 간에 진실에 근거한다면, 우리는 교육학이 샛길로 빠져 들어 갔다고 확신할 수밖에 없습니다. 누구도 탓하지 않기 위해서 저는 그 신화와 전설의 진정한 진실을 가정으로 전제하면서 이렇게 말하지 않을 수 없습니다. "고루한 속물들과 편협한 꽁생원들이 실제로 교사진에 존재한다면, 그것은 우리의 교육학이 퇴락의 길에 빠졌다는 일종의 징후일 것이다. 교육학의 체험을 통해서, 그리고 교육학의 전반적인 작용을 통해서 인간에게서 고루한 속물성과 꽁생원

같은 편협성을 근본적으로 몰아낸다면, 그렇게 하는 경우에만 교육학의 상승로가 시작될 것이다. 올바른 교육자는 절대로 고루한 속물이나 편협한 꽁생원이 될 수 없다."

[30] 이 점과 관련해서 과연 어떤 직업에서 꽁생원이라는 단어가 생겨났는지에 대해 한번 생각해 보시기 바랍니다. 그러면 제가 의도했던 바에서 여러분이 저를 검증하실 수 있습니다. 그렇게 하시면 방금 암시되었던 사실성의 인식에 있어서 여러분이 조금은 기여하실 수 있을 것입니다. 제가 암시했던 것을 널리 퍼뜨리고 싶지는 않습니다. 저로 인해 이미 너무 많은 사람들의 감정이 상해 있는 상태라서 말입니다. 오직 이 전제 조건하에서만 올바른 교육학이라 할 수 있습니다. 그렇지 않다면 제가 지난 며칠간 시사했던 것을 따르면서 올바른 교육학으로 만들어야 합니다. 그럼 내일 이 주제에 대해 일종의 마무리를 짓도록 합시다.

13강 앎을 삶이 되도록 일깨우라

1922년 10월 15일, 슈투트가르트

01 지난 며칠간 이 자리에서 여러분께 전개시켰던 것을 마무리지으려면 아직도 많은 것들을 다루어야만 합니다. 한 주제에 대해 말을 하면 어쩔 수 없이 그 주제를 단어와 관념으로 분해해서 펼쳐 낼 수밖에 없습니다. 그런데 의도하는 바는 합일적인 성향이며 합일적인 힘입니다. 분해되어 펼쳐진 수많은 단어와 관념들을 바로 그 힘과 성향으로 관통시키고자 합니다. 제가 더 많은 말을 덧붙일 수도 있었고, 실은 말했어야만 하는 적잖은 것들을 그래도 특정한 방식에서 다시금 총괄하기 위해서 오늘 여러분께 아직 말씀드릴 것을 반★형상적으로 제시하도록 허락하시기 바랍니다. 그 '반형상적인 것'을 소화하시면 제가 의미하는 바를 아마도 조금 더 이해하실 수 있을 것입니다.

02 오늘날 모든 인간이, 문명과 더불어 사는 사람이라면 누구나 지성주의 내에, 개념 생활 내에 살고 있다는 점을 여러분께 다양한 측

면에서 제시했습니다. 그 지성주의, 관념 생활이 바로 우리 시대에 가장 강렬하고 가장 집중적인 방식으로 형성되었습니다. 인류가 추상적인 개념들에 이를 수 있을 정도가 되었습니다. 우리 시대 바로 이전에 살았던 단테가 어떻게 스승으로부터 세계에 대한 설명을 들었었는지 한번 생각해 보기만 하면 됩니다. 그 당시만 해도 모든 것이 영적이었습니다. 모든 것이 정신적이었습니다. 그것이 마법의 숨결처럼 단테의 위대한 문학에서 여전히 느껴집니다. 그 다음에 인류가 내적인 체험을 추상적인 개념에 부어 넣으려는 시대가 도래했습니다. 사람들이 개념을 항상 지니고 있기는 했습니다. 다만 그것이, 제가 이미 여러분께 설명드렸던 바와 같이 현시된 개념들이었습니다. 내면의 영적인 현시에 전혀 들어맞지 않는 개념들이 아니었습니다. 인간이 더 이상은 영적인 현시에서 솟아나지 않는 개념을 전력투구해서 쟁취한 이래로야 비로소 모든 개념들을 외적인 자연 관찰에서, 네, 심지어는 외적인 실험에서 발달시키는 상태에 이르렀습니다. 이제는 관찰을 통해서 외부에서 받아들인 것들만 정당한 개념으로 인정합니다.

　03 구시대의 사고 세계에 심취해 보면, 심지어는 12, 13, 14세기 적에만 해도 인간을 내면의 영혼 존재와 연결시키는 무엇인가가 있었다는 느낌을 항상 받습니다. 사람이 아직은 내면의 삶을 지니고 있었다고, 내면으로부터 솟아나는 삶, 인간이 스스로를 그것과 연결시킴으로써 생성되는 체험이 있었다는 느낌이 듭니다.

⁰⁴ 오늘날에는 가장 소박한 사람조차 개념 체계를 외부로부터, 감각적으로 관찰되는 외부의 자연으로부터 획득합니다. 특정한 믿음으로 구시대의 개념들을 여전히 고수하려는 사람도 실은 그 믿음에 대해 예전에 그랬었듯이 그렇게 강한 관계를 더 이상 지니지 않습니다. 심지어는 농사꾼도 그렇게 하지 못합니다. 과학적으로 확정된 것, 자연에서 입증된 것을 외부로부터 인간에게 전달하기가 오늘날 추구되는 이상입니다. 그런데 영혼의 내면으로부터 부상하는 개념들은, 제가 드린 설명에서 나오듯이, 기이한 특색을 지닙니다. 그것들이 내면의 영성으로부터 떨어져 나오려 애쓰는 중에 개념으로서 죽어 버린다는 것입니다. 인간은 자신의 개념이 내면으로부터 태어나는 한에서는 죽는 것이 옳다고 느낍니다. 그런데 지난 수백 년 동안 일어났었고, 특히 19세기에 정점을 이룬 특징은, 내면에서 죽어가는 개념들을 외부 세계에서 다시 살려 낸다는 것입니다. 역사 현상에서 그 점을 정말로 증명할 수 있습니다. 어떻게 괴테가 '변형 개념'에서 그 절정을 이루는 진화관을 자신의 내면으로부터 형성했었는지를 한번 생각해 보십시오. 살아 있는 것으로부터 이끌어 내어서 죽은 것으로 작업해 들어가는데 살아 있는 것이 속박이라서 그렇게 하지 않을 수 없다는 느낌이 듭니다. 개념들이 죽은 것에 이른 후에야 비로소 자유가 생성될 수 있었습니다. 헌데 동시에 그 개념들이 외적인 자연에서 다시금 소생합니다. 다윈주의 같은 것이 —— 역시 우리 중 유럽 문명에서입니다. —— 괴테 진화관의 자리에 들어

서면서 우리가 외적인 자연에서 다시금 삶을 얻는 개념들, 관념들을 얻습니다. 그런데 그것이 인간을 삼켜 버리는 삶이 됩니다!

⁰⁵ 오늘날 어떻게 우리가 자연에 연결된 생각으로, 자연으로부터 생명력을 얻은 생각으로 둘러싸여 있는지, 어떻게 그것들이 인간을 삼키는지, 그 점을 아주 깊이, 그 완전한 심도로 느껴야만 합니다. 어떻게 삼킵니까? 바로 가장 진보된 사고 방식이 자연에서 관념으로서 이끌어 내는 모든 것, 그 모든 것으로는 우리가 인간을 절대로 파악할 수 없습니다. 그 위대한 다윈의 진화론이 우리에게 무엇을 제시합니까? 어떻게 동물이 동물로부터 발달되었는지를 우리에게 보여줍니다. 이제 인간이 우리 앞에 있습니다. 그런데 그가 인간으로서가 아니라 동물계의 종착점으로서만 서 있습니다.

⁰⁶ 그것을 오늘날의 문명이 우리에게 말합니다. 예전의 문명들은 인간으로부터 자연계를 파악했었습니다. 현재의 우리 문명은 자연계로부터 인간을 파악하면서, 인간이 최상의 동물이라고 합니다. 그런데 우리 문명이 파악하지 않는 것이 있습니다. 동물은 과연 어느 정도까지 불완전한 인간이냐는 점입니다. 사고가 자연에서 되어 버린 것으로 우리의 영혼을 채워 보면, 인간을 삼켜 버리는 용의 형상 속에 오늘날 우리 문명에서 가장 깊게 내포되어 있는 것이 우리에게 드러납니다. 우리를 삼키는 존재를 마주 대하고 있는 인간으로서의 우리를 느낍니다.

⁰⁷ 그 삼킴이 어떻게 자리 잡기 시작했는지 한번 상상해 보십시오.

15세기 이래로 자연 과학이 정말 의기양양하게 점점 더 자리를 넓혔던 반면 인간학은 더욱더 쇠퇴되었습니다. 사람들이 더 이상 삶이 담기지 않은 낡은 전통을 보존하고 전승하면서 인간의 가장 내적인 삶을 삼켜 버리는 용을 가까스로 방어할 수 있었을 뿐입니다. 인간의 영혼 생활을 아주 소름끼치는 방식으로 삼켜 버리겠다고 위협하는 용이 19세기의 마지막 30년에 특별한 강도로 인간 앞에 대치해 있었습니다. 완전한 영혼 생활을 여전히 내면에 간직하고 있었던 사람들은, 죽음을 피할 수 없는 숙명을 지닌 그 용이 어떻게 최근의 시대 발달에서 관찰과 실험을 통해 삶을 얻었는지 느꼈습니다. 그런데 그 삶이 인간을 삼켜 버립니다.

[08] 옛 시대에는 인간이 그런 용을 만들어 내는 데에 관여했었습니다. 그와 함께 죽음의 힘도 역시 적당량을 받았었기 때문에 용을 처치할 수도 있었습니다. 당시에는 인간이 체험에 적당량의 지성만 주었으며, 그래서 지성을 가슴의 힘으로 극복할 수 있었습니다. 이제는 그 용이 단호하게 객관적으로 변했습니다. 이제는 그 용을 바깥에서 만날 수 있습니다. 그 용이 영혼 존재로서의 우리 자신을 삼키면서 살아갑니다.

[09] 그것이 15세기부터 19세기에 이르기까지 문명의 본질적인 징후였습니다. 옛 시대에 이미 예언되었던 그 용의 형상을 주시할 때에만 문명의 징후를 올바르게 읽어 낼 수 있습니다. 미래에 그 용이 다가올 것이라고 옛 시대가 암시했었습니다. 옛 시대의 사람들은 스

스로 용을 낳았습니다. 하지만 다른 한편으로는 그 용을 극복할 수 있는 미하엘이나 성 게오르크 역시 함께 낳아야 한다고 의식했었습니다.

¹⁰ 15세기부터 19세기에 이르기까지 인류는 그 용을 대면해서 무기력하기만 했습니다. 점차적으로 물질적인 세계에 대한 믿음에 완전히 빠져들었던 시대였습니다. 그로 인해서 바로 그 시대에 가장 내면적인 것에서 영혼성이 근절되었고, 가장 내적인 영혼의 보고와 관련해서 어떤 진실성도 더 이상 존재하지 않게 되었습니다. 저절로 응결되어서 그 응결 속에서 생명이 생겨나고 결국에는 인간도 만들어졌다는 칸트-라플라스의 원초 안개로부터 세계를 생성시키는 시대, 그 시대에는 다음과 같이 말할 수밖에 없습니다. "그런 식의 작용은 결국 열의 죽음 속으로 사라질 뿐이다." 그런데 그렇게 되면 인간이 스스로 도덕적으로 작업해 낸 것 역시 죽게 됩니다! 그 시초에는 소위 말하는 칸트-라플라스의 원초 안개가, 그 종착지에는 열의 죽음이 있는 세계에서 도덕적 세계 질서가 자리 잡을 수 있다는 증거를 보여 주겠다고 항상 반복해서 시도한다면 위선적입니다. 게다가 도덕적 발달이 적충류와 더불어 부상했다가 열의 죽음이 멸망시키면 사라진다는 식으로 파악한다면, 그야말로 아주 솔직하지 못하고, 전혀 신뢰할 수 없습니다.

¹¹ 그렇다면 인간이 왜 그런 세계관에 이르렀습니까? 왜 오늘날에는 근본적으로 보아 모든 영혼 내에 그런 세계관이 존재합니까? 비

록 의식되지는 않지만 아주 외진 촌구석에 이르기까지 그 용이 파고들어서 심장을 파괴했기 때문입니다. 왜 그렇습니까? 인간이 인간을 더 이상 이해할 수 없어서입니다. 그럼 인간 내부에서는 무슨 일이 벌어집니까? 지구상의 주변 환경에서는 어디에서도 일어나지 않는 것이 매 순간 인간 내부에서 일어납니다. 인간은 외부 세계로부터 삶이 풍부하게 들은 것을 음식물로 섭취합니다. 죽음의 세계로부터는 아주 적은 것들만 섭취합니다. 그런데 음식물이 소화 체계를 거쳐가면, 삶을 가장 많이 내포한 음식물 역시 죽습니다. 인간이 살아 있는 것으로서 섭취한 것을 파괴합니다. 죽은 것에 자신의 삶을 불어넣기 위해서 완전히 파괴합니다. 음식물이 임파선으로 넘어가면 바로 그 죽은 것이 인간 내부에서 다시금 삶을 얻습니다.

¹² 영혼과 정신으로 완전히 관통된 유기적 과정 내에서는 —— 인간 존재를 완전히 인식하고 투시하면 이런 결과가 나옵니다. —— 물질이 새롭게 창조되기 위해서 일단은 완전히 파괴됩니다. 인간적 유기체 내에서는 항상 물질의 파괴 과정이 존재합니다. 그로써 그 물질이 새롭게 창조될 수 있습니다. 우리 내부에서 물질이 지속적으로 무로 변화되고 다시금 새롭게 창조됩니다.

¹³ 19세기에 이 인식으로의 문을 잠궈 버렸습니다. 그 당시에 열량 보존의 법칙이 생겨났고, 물질이 인간 유기체를 통과하면서도 그대로 보존된다고 사람들이 믿기 시작했습니다. 열량 보존의 법칙을 확립했다는 자체가, 인간이 내적으로 인식하지 않는다는 사실에 대한

분명한 증거입니다.

[14] 이제 한번 상상을 해 보십시오. 현재의 물리학이 가장 확실하다고 간주하는 것에 대항하면서 어처구니없는 멍텅구리로 손가락질받지 않기가 얼마나 어려운지! 물질 보존의 법칙, 열량 보존의 법칙은 자연 과학이 인간을 향하는 길을 꼭꼭 잠궈 버렸다는 것을 의미할 뿐입니다. 거기에서 용이 인간 천성을 완전히 삼켜 버렸습니다. 하지만 그 용은 처단되어야만 합니다. 바로 그래서 용을 무찌르는 미하엘의 형상이 낡은 시대의 형상이 아니라, 우리 시대에 최고도로 그 실재성을 얻은 형상이라는 인식이 자리 잡아야만 합니다. 옛 시대에는 그런 형상들을 만들어 냈었습니다. 무의식적으로 인간을 관통하고, 단순한 지성에서 나오는 것을 무의식적으로 극복하는 것으로서의 미하엘을 사람들이 내면에서 느꼈기 때문입니다. 이제는 그 악의 용이 완전히 외적으로 변했습니다. 이제는 그 악의 용을 외부에서 조우합니다. 그 용이 인간을 죽이겠다고 끊임없이 협박합니다. 그 용을 무찔러야만 합니다. 그런데 어떻게 미하엘과 성 게오르크 역시 외부에서 오는지를 알아보아야지만 그 용을 물리칠 수 있습니다. 외부에서 오는 그 미하엘, 그 성 게오르크, 용을 무찌를 능력이 있는 미하엘과 성 게오르크, 그들은 다른 아무것도 아닌, 바로 진정한 정신 인식입니다. 그 정신 인식이 인간 내면을 위해서는 죽음의 중심이 되는 그 삶의 중심을 —— 소위 말하는 열량 보존의 법칙을 —— 역시 극복합니다. 그래서 인식에 이르기까지 인간이 다시금 인

간이 될 수 있습니다. 오늘날에는 그렇게 하면 안 됩니다. 왜냐하면 물질 보존의 법칙이나 열량 보존의 법칙이 있는 한 도덕적 법칙이 열의 죽음으로 녹아 없어지고, 칸트-라플라스 이론이 절대로 상투어가 아닐 터이기 때문입니다.

[15] 이 귀결에 항상 놀라 자빠진다면 그것이야말로 진실치 못한 태도입니다. 그 진실치 못함이 인간의 심장을, 인간의 영혼을 파고들었습니다. 인간의 모든 것을 엄습해서 지구상의 인간을 진실치 못한 존재로 만들었습니다. 우리는 미하엘을 다시금 우러러볼 수 있어야 합니다. 그 미하엘이, 지구상에 물질적으로 있는 것이 단지 열의 죽음만 통과하지 않고 언젠가는 정말로 흔적 없이 사라진다는 사실을 우리에게 보여 줍니다. 그리고 우리가 정신세계와의 연결을 통해서 우리의 도덕적 자극과 더불어 삶을 심을 수 있다는 사실을 보여줍니다. 그러면 땅 속에 있는 것이 새로운 삶으로, 도덕적인 것으로 변형되기 시작합니다. 바로 도덕적 세계 질서의 실재가 다가오는 미하엘이 우리에게 줄 수 있는 것이기 때문입니다. 구시대적 종교들은 그렇게 하지 못합니다. 그들은 자신들을 용에게 정복당하도록 두었기 때문입니다. 그들은 인간을 죽이는 용을 그저 그렇게 받아들였습니다. 그리고 그 용 옆에 특별하게 추상적 · 도덕적 · 신적인 질서를 건립했습니다. 하지만 용은 그런 것을 허용하지 않습니다. 그래서 그 용은 정복되어야만 합니다. 용은 사람들이 자기 옆에 다른 것을 세우도록 허용하지 않습니다. 인간이 필요한 것은 그 악의 용을 무

찌르면서 얻을 수 있는 바로 그 힘입니다.

[16] 문제를 얼마나 심도 있게 파악해야만 하는지 여러분이 알 수 있습니다. 근대 문명이 우리에게 무엇을 주었습니까? 모든 과학이 실은 그 용의 변형이라는 사실을, 모든 외적인 문화 역시 그 용의 결과라는 사실을 우리에게 주었습니다. 기계에서뿐만 아니라 우리의 전반적인 사회 유기체 내에도 살고 있는 외적인 세계 매커니즘, 그것 역시 악의 용이라고 말해도 의심의 여지 없이 정당합니다. 오늘날의 과학이 삶의 근원에 대해, 생명 존재의 변화에 대해, 인간 영혼에 대해 말하는 곳 어디에서나, 사방에서 용이 다가옵니다. 심지어는 역사에 관해 말하는 곳 역시 실은 용으로부터 나온 결과입니다. 19세기의 마지막 30년 이래로, 19세기에서 20세기로 넘어가는 전환기에, 그리고 심지어는 20세기 들어서까지 그런 것이 너무 심해졌습니다. 그러다보니 성장하는 청소년들이 나이가 든 사람이 알고 있는 것으로부터 무엇이든 조금은 체험하고 싶은 갈망에 헐떡입니다. 그런데 어디에서나, 식물학이든 동물학이든, 역사학이든 사방에서, 모든 과학에서 악의 용이 다가오는 것을 보았습니다. 인간 영혼의 가장 내밀한 본성을 삼켜 버리려 하는 그 용이 다가오는 것을 보았습니다.

[17] 용을 대항하는 미하엘의 투쟁이 우리 시대 들어서야 비로소 가장 집중적으로, 가장 고도로 실재가 되었습니다. 세계의 정신적 구조로 파고들어가 보면, 19세기에서 20세기로 넘어가는 전환기에 용

의 힘이 절정에 이르렀습니다. 동시에 미하엘의 관여 역시 시작되었다는 점을 알 수 있습니다. 우리가 그 미하엘에 우리를 연결할 수 있습니다. 인간이 원하기만 한다면 정신과학을 얻을 수 있습니다. 그말은 미하엘이 정신세계로부터 우리 지상 세계에 이르기까지 정말로 파고든다는 것을 의미합니다. 그런데 미하엘은 우리에게 강요하지 않습니다. 오늘날에는 모든 것이 인간의 자유에서 솟아나야만 하기 때문입니다. 하지만 악의 용은 주제넘게 나서서 최고의 권위를 요구합니다. 오늘날 과학이 행사하는 정도로 그렇게 강력하게 등장하는 권위성은 세상에 전혀 없었습니다. 교황의 권위를 그것과 한번 비교해 보십시오. 교황의 권위도 그와 거의 대등하기는 합니다. 형편 없이 멍청한 놈이라도 "과학이 그것을 증명했다."고 말할 수 있습니다. 과학이 인간을 어떻게 침묵시키는지 한번 생각해 보십시오. 아무리 진실된 것을 말해도 그렇습니다. 전체 인류 발달 내에서 오늘날의 과학보다 더 압도적인 권위는 없었습니다. 사방에서 악의 용이 튀어나와서 다가옵니다.

[18] 그에 대항해서는 미하엘과 동맹을 맺는 것 외에는 다른 방도가 없습니다. 달리 말하자면 진정한 인식을 통해서 세계의 정신 활동과 존재로 스스로를 관통시켜야 한다는 것입니다. 이제서야 비로소 미하엘의 형상이 우리 앞에 똑바로 서 있습니다. 이제서야 비로소 그것이 우리 고유의 인간 과제가 되었습니다. 옛 시대에는 그 형상을 구상적 상상 속에서 보았습니다. 오늘날에는 그런 것이 외적인 의식

을 위해 불가능합니다. 바로 그렇기 때문에 외적인 과학을 악의 용이라 표현하면, 모든 바보들이 그런 것은 진실이 아니라고 말할 수 있습니다. 아무리 그래도 외적인 과학은 악의 용입니다.

[19] 과학과 함께 성장했지만 그 악의 용에 현혹되지 않았던 사람들, 그저 조용히 자신을 삼키도록 두지 않았던 사람들, 기억력이나 회상력을 검사하기 위해서 온갖 기구로 영적인 것을 연구하도록 버려둘 만큼 극단적이지 않았던 사람들, 인간으로서 과학과 더불어 성장했지만, 용이 인간을 삼켜 버렸던 관계로 누구에게서도 인간이 무엇인지를 더 이상 들을 수 없었던 사람들, 그 사람들은 용이 다가오는 것은 보았지만 미하엘은 보지 못했습니다. 느낌으로, 본능적으로 앞에 서 있는 악의 용은 보았지만 미하엘은 볼 수 없었다는 사실, 바로 그 사실이 20세기 초반에 수많은 사람들의 가슴속에 살고 있었습니다. 그래서 그들은 용을 피해서 가능한 한 멀리 도망쳤습니다. 용이 더 이상 들어올 수 없는 곳을 찾고 싶어 했습니다. 용에 대해 아무것도 알고 싶어 하지 않았습니다. 어떻게 청소년들이 구세대로부터 도망을 치는지 볼 수 있습니다. 그들은 용의 영역을 벗어나고 싶었기 때문입니다. 그것 역시 청년 운동의 한 단면입니다. 청소년들은 그 용으로부터 도망치고 싶었습니다. 용을 물리칠 가능성을 전혀 찾을 수 없었기 때문에 어디라도 괜찮으니 용이 없는 곳으로 가고 싶어 했습니다.

[20] 그런데 이제 비밀을 하나 말씀드리겠습니다. 용은 자신의 권력

을 어디에서나, 항상 행사할 수 있다는 것입니다. 공간적으로 존재하지 않으면서도 그렇게 할 수 있습니다. 관념을 통해서, 지성주의를 통해서 직접적으로 인간을 죽일 수 없는 경우에는 세상 어디에서나 공기를 아주 희박하게 만들어서 사람들이 더 이상 숨을 쉴 수 없게 했습니다. 본질적인 것은 아마도 이렇겠지요. 악의 용으로부터 화를 당하지 않기 위해 도망쳤던 젊은이들, 그렇게 해서 결국은 삶의 공기가 희박한 곳으로 들어서서 미래를 전혀 숨 쉴 수 없게 된 젊은이들, 그들은 기껏해야 과거라는 가위에 눌려 버리고 말았습니다. 왜냐하면 용의 직접적인 영향을 벗어나는 곳이라 하더라도 공기가 건강에 좋지 않아졌기 때문입니다. 내면에서 오는 그 가위눌림은 인간의 체험이라는 관계에서 보아 외부에서, 악의 용으로부터 오는 압력과 별 차이가 없습니다.

[21] 직접적으로 '용에게 방치된 상태'가 그러했습니다. 그것을 19세기의 마지막 30년에 구세대가 느꼈습니다. 그리고 젊은이들은 용으로 인해 오염된 공기의 가위눌림을, 숨 쉴 공기가 전혀 없는 상태를 체험했습니다. 그 상태에서는 용을 무찌를 미하엘을 발견하는 것만 유일한 도움이 됩니다. 용의 정복자가 지니는 힘이 필요합니다. 왜냐하면 용은 인간 영혼이 살 수 있는 세계와는 완전히 다른 세계에서 삶을 얻기 때문입니다. 용이 삶의 피를 덜어 내는 세계에서는 인간 영혼이 살 수 없습니다. 하지만 인간은 살 수 있기 위해서 그 용을 극복하면서 힘을 얻어야만 합니다. 바로 그래서 오늘날에는 이렇

게 말해야 옳습니다. "15세기부터 19세기까지의 시대, 모든 것이 인간으로부터 나가 버리도록 인간을 발달시킨 그 시대가 극복되어야만 한다. 악의 용을 무찌르는 미하엘의 시대가 시작되어야만 한다. 왜냐하면 용의 힘이 막강해졌기 때문이다!"

²² 그런데 우리가 청소년들을 위해 올바른 지도자가 되려고 한다면 바로 그것을 반드시 성사시켜야만 합니다. 미하엘이 우리 문명으로 들어오기 위해서는 일종의 수레가 필요하기 때문입니다. 그 수레란 다름 아니라 청소년들에게서, 성장하는 인간에게서, 네, 심지어는 어린 아이에게서 드러나는 경우에 진정한 교육자에게 그 실체를 보이는 것입니다. 전 지상적 삶의 힘이었던 것이 거기에 아직도 일하고 있습니다. 우리가 그것을 돌보면 미하엘을 위한 수레가 될 것이 거기에 실제로 존재합니다. 그 수레를 타고 미하엘이 우리 문명으로 들어올 것입니다. 우리가 올바른 방식으로 교육하면, 미하엘을 위한 수레가 준비되어서 그가 우리 문명으로 들어올 수 있습니다.

²³ 인간의 영혼으로, 인간의 육체로, 인간의 지체 내로 뚫고 들어가서 인간을 형성한다고는 전혀 생각되지 않는 사고 형태로 과학을 육성하면서 계속해서 용을 길러서는 안 됩니다. 우리는 미하엘을 위한 수레, 차량을 만들어 내야만 합니다. 그렇게 하기 위해서는 생생한 인간성이 필요합니다. 인간 삶의 초기 몇 년 동안 초감각적 세계로부터 지상의 인간 내로 들어와서 표현되는 바로 그 인간성이 필요합니다. 그런 교육을 위해서는 느낌이, 가슴이 반드시 있어야만 합

니다. 진정한 교육자가 되고자 한다면 우리가 ── 형상적으로 말씀드리자면 ── 들어서고 있는 미하엘의 동맹자가 되도록 특정한 의미에서 배워야만 합니다. 우리가 수용하는 것이 우리를 미하엘의 동맹자로 느낄 수 있게 만든다면 교육예술을 위해서는 온갖 교육학적 원칙보다 훨씬 더 낫습니다. 우리가 생동적이고 예술적인 교육으로 청소년들을 지도함으로써, 그 정신적 존재가 지구상으로 타고 들어올 수레를 마련하게 됩니다. 19세기의 마지막 30년에 즈음해서 낡아 버린 용의 문화 내로 들어오려고 하는 미하엘을 바라볼 수 있어야만 합니다.

²⁴ 그것이 사실상 모든 교육학의 근본 자극입니다. 교육 예술을 이론으로서, 배울 수 있는 것으로서 받아들여서는 안 됩니다. 죽은 개념이 아니라, 살아 있는 정신적 존재로서 우리에게 다가오는 것을 환영하면서 그것과 동맹을 맺는다는 생각으로 교육예술을 수용해야만 합니다. 인류가 지속적인 발달의 길을 찾아야 한다면 우리가 그것에 봉사해야만 하기 때문에 그것에 헌신하고자 합니다. 달리 말하자면 앎을 삶이 되도록 일깨우라는 말입니다. 한때 인류의 무의식 속에 있었던 모든 의식성을 다해서 다시금 이끌어 올리라는 말입니다.

²⁵ 사랑하는 여러분! 사람들이 환원적 형안에 익숙했었던 옛 시대에는 비교의 성지가 있었습니다. 종교 기관이면서도 학교였고, 동시에 예술의 전당이기도 했던 그 비교 성지에서 인간적 발달을 거쳤

던 사람들 역시 인식력에 이르기를 추구했었습니다. 그런데 그들은 좀 더 영적인 방식으로 그렇게 했습니다. 당시의 그 비교 성지에서 적잖은 것들을 만날 수 있었습니다. 그런데 오늘날 우리가 생각하는 그런 도서관은 없었습니다. 우리가 오늘날 의미하는 식의 도서관이 없었다는 제 말을 오해하지 마십시오. 도서관과 유사한 것, 달리 말하자면 기록한 것들이 있기는 있었습니다. 그런데 모든 기록은 읽기 위해서, 영혼에 작용시키기 위해서 있었습니다. 오늘날에는 대부분의 도서관 자료가 읽기 위해서라기보다는 저장해 놓기 위해서 존재합니다. 박사 학위 논문을 쓰는 경우에나 도서관의 책을 읽는 정도입니다. 그런 것을 참작하지 않으면 안 되기 때문에 그렇게 할 뿐입니다. 기왕이면 생동감, 생명성을 완전히 차단해 버리고 싶어 합니다. 박사 학위 논문에는 완전히 기계적인 것만 들어 있어야 합니다. 그것에 인간이 가능한 한 적게 들어 있기를 바랍니다. 정신성에 대한 인간의 모든 관여가 인간으로부터 완전히 잘려 나갔습니다.

[26] 그런데 그것이 다시금 도래해야 합니다. 감각 기관을 통해 외적으로 보여지는 것뿐만 아니라, 정신 내에서 관조될 수 있는 것을 다시금 경험하기, 정신성을 다시금 되살려 내기, 그것이 바로 지금, 완전한 의식성 내에서 이루어져야 합니다. 미하엘의 시대가 들어서야만 합니다. 15세기 이래로 인간에게 주어진 것은 근본적으로 모두 외부에서 흘러들었습니다. 미하엘의 시대에는 인간이 정신세계에 대해 자신의 관계를 스스로 발견해야만 합니다. 그러면 지식이, 인식

이 완전히 다른 방식으로 가치 있어질 것입니다.

[27] 보시다시피 고대 비교 성지의 도서관에 있었던 것은 좀 더 기념비적이었습니다. 모든 이들의 기억으로 건너가야 할 것들이 적혀 있었습니다. 그 도서관에 있었던 것과 오늘날의 책들은 절대로 비교할 수 없습니다. 왜냐하면 비교 성지의 모든 지도자들은 제자들에게 다른 읽을거리를 추천했었기 때문입니다. 그들은 이렇게 말했습니다. "도서관이 있다. 그런데 그 도서관은 바깥에 돌아다니는 사람들이다. 그 사람들을 읽어 낼 수 있도록 배워라! 모든 인간 내면에 새겨진 그 비밀을 읽을 수 있도록 배워라!" 바로 그 상태에 우리가 다시금 이르러야만 합니다. 특정한 의미에서 다른 측면으로부터 그 상태에 당도해야만 할 뿐입니다. "쌓아 놓은 것으로서의 모든 지식, 모든 인식은 전혀 가치가 없다. 그런 것은 죽어 있고, 그 삶을 오로지 용에게서만 얻는다."라고 교육자로서의 우리가 알게 되는 상태에 이르러야만 합니다. 우리가 어떻든 간에 ≪알려고≫ 한다면, 그 지식이 여기저기에 쌓아 놓을 수 있는 것이 아니라는 느낌을 얻어야만 합니다. 그렇게 쌓아 놓으면 곧바로 산산히 흩어져 버리기 때문입니다. 문헌들에는 정신이 무엇인지가 그저 암시되는 정도에 그친다는 점을 배워야만 합니다.

[28] 과연 정신이 무엇인지를 어떻게 책 한 권에 정말로 포괄할 수 있겠습니까? 정신은 살아 있는 것입니다! 정신은 뼈와 비교할 수 없습니다. 그것은 피와 유사합니다. 그리고 피는 흘러갈 수 있는 혈관

이 필요합니다. 우리가 정신으로서 인식하는 것은 흘러갈 수 있는 혈관이 필요합니다. 그리고 그 혈관이 바로 성장하는 인간입니다. 바로 그 성장하는 인간 속으로 정신을 들이부어야만 합니다. 그렇게 함으로써만 정신이 집결됩니다. 그렇게 하지 않으면 생생하게 살아 있는 정신이 금세 녹아 없어지고 맙니다. 우리의 모든 인식을 보관하기는 하되, 그것이 성장하는 인간 내면에서 흐를 수 있도록 해야 합니다. 그러면 우리가 미하엘을 위한 수레를 조립하는 것입니다. 그러면 우리가 미하엘의 동맹자가 될 수 있습니다. 여러분이 바라는 것, 사랑하는 여러분, 그것에 여러분은 이렇게 의식함으로써 가장 잘 이룰 수 있습니다. "우리는 미하엘의 동맹자가 되고자 한다."

²⁹ 지구상에 육신을 가지고 태어나지 않는 존재, 순수하게 정신적인 존재를 따를 수 있는 상태에 여러분이 다시금 이르러야만 합니다. 한 인간이 여러분에게 미하엘의 길을 전달하기 때문에 그 사람을 믿을 수 있다고 여러분이 다시금 배워야만 합니다. 인류는 "내 세계는 이 세상이 아니다."라는 그리스도의 말을 새롭고 생동적인 방식으로 이해해야만 합니다! 그런데 그렇게 새로이 이해함으로써 비로소 그리스도의 세계가 정말로 이 세상이 됩니다. 왜냐하면 인간 없이는 이 세상에 있을 수 없는 정신을 이 세상의 내용으로 만들기 위해서 인간이 존재하기 때문입니다. 그리스도 스스로 이 세상에 왔습니다. 그는 인간을 천상에 있는 지상적 삶으로 데려가지 않았습니다. 인간이 이 지상적 삶을 정신성으로 관통시켜야 합니다. 그 정신

성은 전달될 수 있으며, 인간에게 용을 무찌를 수 있는 가능성을 다시금 줍니다.

30 이런 것들을 아주 근본적으로 이해해서 왜 사람들이 20세기의 20년대에 서로 물어뜯으면서 싸웠는지, 그에 대해 스스로 답을 찾을 수 있을 정도가 되어야 합니다. 사람들이 실제상의 적, 용을 볼 수 없었기 때문에 실은 전쟁이 속하지 않는 범위에서 전쟁을 하면서 서로 갈기갈기 찢어 버렸습니다. 용의 극복에 속하는 그 힘, 그 힘이 일단 올바른 방식으로 발달되기만 하면 지구에 평화를 가져올 것입니다.

31 간단히 말해서 미하엘 시대로의 진입을 진지하게 받아들여야만 한다는 것입니다. 생동적인 영혼 생활을 향해 성장하는 인간의 힘을 통해서 인류를 빨아먹는 용을 무찌를 수 있는 미하엘의 형상, 찬란한 빛으로 둘러싸인 막강한 그 미하엘의 형상이 다시금 인간 주변을 감싸도록 해야 합니다. 일단 현재의 수단으로 그렇게 할 수 있다면, 인간이 예전에 눈앞에 보았던 것보다 훨씬 더 생생하게 그 형상을 자신의 영혼 안에 다시금 수용할 수 있다면, 자신이 미하엘의 동맹자라는 사실을 알기 때문에 비로소 내면의 활동성을 발달시킬 수 있는 힘이 사람에게 생길 것입니다. 그러면 비로소 인간이 모든 것에 관여하게 됩니다. 세대 간의 평화와 진보를 가져올 수 있는 것에, 젊은이들이 구세대에 귀 기울이도록 만드는 것에, 구세대가 무엇인가 말할 수 있도록 만드는 것에, 젊은이들이 알고 싶고 수용하고 싶

은 것에, 그 모든 것에 비로소 인간이 관여할 수 있게 됩니다.

[32] 구세대가 젊은이들에게 그 악의 용을 내밀었기 때문에 젊은이들이 공기가 희박한 곳으로 도망쳤습니다. 악의 용을 더 이상 내밀지 않고, 그 용을 처단하는 것을 미하엘의 힘으로부터 발견할 수 있다면, 그러면 진짜 청년 운동이 그 진정한 목표를 쟁취할 것입니다. 세대 간에 서로 말할 것이 생기고, 세대 간에 서로를 수용할 수 있다는 것에서 그 목표가 드러나게 됩니다. 왜냐하면 실제로는 교육자가 온전한 인간이기만 하다면 자신이 어린이에게 주는 바로 그만큼 역시 어린이에게서 받기 때문입니다. 어린이가 정신세계로부터 소식으로 가지고 내려오는 것을 어린이에게서 배울 수 없는 사람은 지상적 현존의 비밀에 대해 어린이에게 아무것도 가르쳐 줄 수 없습니다. 어린이가 정신세계로부터 소식을 가지고 내려오기 때문에 우리를 위한 교육자가 될 수 있다고 생각하는 한에서만, 우리가 지상의 삶으로부터 가져다주는 소식을 수용할 준비가 되어 있다고 어린이가 생각할 것입니다.

[33] 괴테가 예를 들어서 호흡과 유사한 것을 —— 내쉬기, 들이쉬기, 내쉬기, 들이쉬기 —— 어디에서나 찾았던 이유는 그저 상징성을 위해서만은 아니었습니다. 괴테는 인간의 전체적인 삶을 주고받는 형상으로 보았습니다. 누구나 주고, 누구나 받습니다. 누구나 주는 사람이고, 누구나 받는 사람입니다. 그런데 그 주고받기가 올바른 리듬을 얻을 수 있도록 하기 위해서는 미하엘 시대로의 진입

이 불가피합니다.

³⁴ 이 형상으로 이제 마무리를 짓고자 합니다. 이로써 여러분이 지난 며칠간의 고찰들이 실제로 무엇을 의미하는지를 알 수 있습니다. 제가 여기서 말씀드린 것을 여러분의 머릿속에 담아 두고 그에 대해 생각만 하라는 의미에서가 아닙니다. 제가 원하는 바는, 여러분의 가슴속에 무엇인가 조금은 지니라는 것입니다. 그렇게 여러분의 가슴속에 지니는 것이 효력을 발생하도록 실행하라는 것입니다. 사람이 머릿속에 담아 두는 것은 중도에 다 잃어버리고 맙니다. 하지만 가슴으로 수용하는 것은 인간이 자리를 옮기는 모든 효력 범위에 이르기까지 가슴이 보존합니다. 제가 이 자리에서 여러분께 말씀드리도록 허락되었던 것, 그것이 가능하다면 여러분의 머리로만 옮겨지지 않기를 바랍니다. 그렇게 하면 곧바로 모두 잃어버리고 말 것이기 때문입니다. 여러분의 가슴으로, 여러분의 인간 전체로 그것을 옮겨 가면, 그러면, 사랑하는 여러분, 우리가 여기서 올바른 방식으로 서로 대화를 했다고 할 수 있습니다.

³⁵ 이 관점으로부터, 이 느낌으로부터, 이 감각으로부터 제가 오늘 여러분의 가슴에 작별의 인사를 드리면서 이렇게 호소하고자 합니다. 제가 여러분께 말로 표현하고자 노력했던 것, 그것으로 제가 말로는 표현할 수 없는 것을 실은 무엇보다도 여러분의 가슴속에 새기고 싶었다고 받아들이십시오. 우리의 가슴이 여기에서 생생한 정신으로서 의도되었던 것을 조금이라도 조우했다면, 그러면 우리가

여기에 함께 모여서 이르고자 원했던 것에서 적어도 한 부분은 이루었다고 할 수 있습니다. 이 느낌을 가지고 이제 우리가 헤어지고자 합니다. 이 느낌을 가지고 우리가 역시 다시금 모이기를 바랍니다. 비록 우리가 삶의 다양한 영역에서 개별적으로 일을 한다 하더라도, 그렇게 우리가 정신 내의 연관성을 발견할 것입니다. 요점은 우리가 가슴속에서 우리를 발견했다는 것입니다. 그러면 역시 정신적인 것이, 미하엘 적인 것이 우리의 가슴속으로 흘러들 것입니다.

루돌프 슈타이너 강의물 출판에 즈음하여

   루돌프 슈타이너는 항상 준비된 원고가 없이 강의를 행하였다. 그는 사전에 생각했던 것들을 비망록에 요점이 되는 낱말로 적어 놓기도 했고, 때로는 짤막한 문장이나 도식, 혹은 스케치로 표현해 놓기는 했지만 완성된 원고는 쓰지 않았다. 아주 드물게 썼던 요약은 주로 통역자들을 위한 것이었다. 루돌프 슈타이너 스스로는 극소수의 강의물만 출판을 위해 개작했지만, 그래도 강의물들의 출판을 허락하기는 했었다.

   루돌프 슈타이너 전집의 일환으로 출판된 강의물들은 대부분 강의에 참석한 청중이나 전문 속기사가 한 속기 기록의 번역을 근거로 한다. 강의 참석자의 필사본이 본문 근거가 되는 경우도 자주 있다. 루돌프 슈타이너가 강의를 하기 시작한 초기에, 그러니까 대략 1905년까지의 강의물들이 주로 이에 해당한다. 긴 문장이나 청중들의 기록은 출판을 위해서 발행자 측에서 철저한 검토를 거친다. 이

검토는 특히 의미, 문장 구조, 인용문의 정확성, 인명, 전문 개념 등에 중점을 둔다. 예를 들어서 해독할 수 없는 문장과 단어 구조 혹은 문장에서 빠진 부분 등 문제가 생기는 경우에는 원래의 속기 기록이 보존되어 있는 한 그 기록을 보조로 삼는다.

이 책에 담긴 강의들의 본문 근거, 작업, 생성 역사 등에 대한 상세한 내역은 304쪽 이하의 참조에 실려 있다.

원서 발행자

젊은이여,
앎을 삶이 되도록
일깨우라!

참조

이 발행본에 대해

본문의 근거: 이 연속강의를 위해 공식적으로 전문 속기사를 부르지 않았기 때문에 표준이 될 만한 기록은 존재하지 않는다. 1922년 슈투트가르트에서 개인 소장용으로 출판된 첫 번째 발행본은 1925년에 절판되었다. 그 해에 괴테아눔의 청소년 정신 운동 지부에서 역시 개인 소장용 한정판으로 두 번째 발행본을 출판했다. 현재는 소실된 개인 필사본을 근거로 두 번째 발행본의 본문이 수정되었다. 1947년에 마리 슈타이너가 더 폭넓은 조사를 시작한 후, 1953년에 슈타이너 유고국의 출판사가 세 번째 발행본을 출판하였다. 이 책의 본문은 이 세 번째 발행본을 근거로 한다. 다섯 번째 발행본에서 본문 내용을 다시 한 번 더 철저히 검토했다.

이 연속 강의들은 열여덟 살부터 스물다섯 살까지의 청년들 백여 명을 대상으로 하였다.

이 책의 제목: 1953년까지 이 연속 강의의 제목으로 알려진 『청년들을 위한 교육학 강의: Pädagogischer Jugendkurs』는 강의가 이루어진 상황에서 나온 명칭이었다. 현재의 제목은 세 번째 발행본의 발행인이 선택하였다. 이 연속 강의가 성사된 상황에 대해서는 레르스(E. Lehrs)의 "청년들을 위한 교육학 강의가 이루어진 배경", 〈독일 인지학 협회지〉(15년차 1961년, 요한니 2호), 라트(W. Rath)의 "청년들을 위한 교육학 강의를 통한 루돌프 슈타이너와 젊은이들의 만남", 〈독일 인지학 협회지〉(1922년 미하엘리, 같은 간행물 10년차 1956년, 부활절 1)를 참조하라.

본문에 대한 참조

총서로 발행된 루돌프 슈타이너의 작업들은 모두 일련의 서지 번호에 따라 분류된다. 이 책의 마지막 부분에 있는 전집 목록을 참조하라.

쪽, 행	내 용
15, 10	**옥스포드 대학교의 《졸업생》인 친구:** 해리 콜리슨 Harry Collison 1869~1945, 변호사, 화가, 작가, 루돌프 슈타이너 원서 번역가. 여러 해 동안 영국 인지학 협회장을 역임했다.
19, 13	**야코프 그림** Jakob Grimm 1785~1863, 그림 형제 중 맏형, 독문학과 독일 고

	고학의 창시자.
26, 13	**괴테… "분명하게 현시되는 것"**: 괴테의 『동화』에서. 독일 이주민들의 대화, 두 번째 저녁.
27, 2	**조르다노 브루노** Giordano Bruno 1548~1600, 이태리 철학자. 종교 재판소로부터 사형 선고를 받고 7년간 지하 감옥살이를 한 후 화형에 처해졌다.
27, 5	**율리우스 로베르트 마이어** Julius Robert Mayer 1814~1878
36, 13	**≪무≫는 정확하게 표현하자면:** "너의 무 속에서 온 천지를 발견하기를 갈망하네." 『파우스트』, 파우스트가 메피스토에게, 2부, 1막, 5장(어두운 회랑).
39, 4	**제 저서 중에:** 루돌프 슈타이너, 『신비학 개요』(서지 번호 13), 1910
40, 11	**요하네스 스코투스 에리우게나** Johannes Scotus Eriugena 대략 810~877, 디오니시우스 아레오파기타의 번역가, 『De divina praedesinatione(신적인 예정에 관하여)』, 『De divisione naturae(자연계에 관하여)』 등의 편찬자, 1225년 바티칸 교황청이 그의 저서들을 모두 불 태우도록 명령하였다.
40, 21	**프리드리히 카를 폰 사비니** Friedrich Karl von Savigny 1779~1803, 저명한 법률 전문가.
42, 4	**프리드리히 고틀리프 클롭슈토크** Friedrich Gottlieb Klopstock 1724~1803, 『메시아』의 시작 부분.
42, 12	**보에티우스** Boethius 480~524, 로마 정치가, 기독교 철학자, 『De consolatione philosophiae』의 저자.
45, 9	**발도르프 학교:** 1919년 루돌프 슈타이너의 교육학적 지도에 따라 발도르프 아스토리아 담배 공장주였던 에밀 몰트(Emil Molt, 1876~1936)가 공장 직원들과 노동자들의 자식들을 위해서 설립했다. 학교 설립에 즈음해서 행한 루돌프 슈타이너의 연속 강의집 『교육학의 기초가 되는 인간에 대한 보편적인 앎』(서지 번호 293), 『1학년부터 8학년까지의 발도르프 교육 방법론적 고찰』(서지 번호 294), 『발도르프 학교 교사를 위한 세미나 논의와 교과 과정 강의』(서지 번호 295)를 참조하라.

63, 4	**제 저서인:** 루돌프 슈타이너, 『고차 세계의 인식으로 가는 길』(서지 번호 10), 1904
69, 11	**지난 옥스포드 대학에서의 강연들:** 루돌프 슈타이너의 『사회 질서 내의 인간, 개인성과 공동체』(3회의 연속 강의, 옥스포드, 1922) 도르나흐, 1988, 서지 번호 305에서 발췌.
72, 17	**영구한 원자:** 루돌프 슈타이너의 『내 삶의 발자취』(서지 번호 28), 1923~1925, 32과.
74, 3	**알로이스 마게어** Alois Mager O. S. B. 1883~1946, 『현대에 있어서 신의 변화』, 아우그스부르크 1921, 『신지학과 기독교』, 베를린 1922.
78, 13	**허버트 스펜서** Herbert Spencer 1820~1903, 영국 철학자, 사회학자. 『도덕의 원리』 1권, 런던 1892. 1893년 4월 15일 독일 문학 신문에 실린 요들(Jodl)의 비평, 452쪽.
80, 7	**『자유의 철학』:** 루돌프 슈타이너, (서지 번호 4), 제1판 1894년, 제2판 1918년.
86, 20	**다피트 프리드리히 슈트라우스** David Friedrich Strauß 1808~1874, 개신교 신학자. 니체가 슈트라우스에 대해 "다비드 슈트라우스, 신앙 고백자이면서 작가"라고 했다.(시대에 맞지 않는 고찰 Ⅰ).
88, 1	**폴 레** Paul Rée 1849~1910, 『도덕적 감각의 원천』, 1877, 『양심의 생성』, 1885. 루돌프 슈타이너의 『프리드리히 니체, 시대에 대항하는 전사』(서지 번호 5, 1895)를 참조하라.
92, 13	**내 집에서 산다:** 니체 인용문 『즐거운 학문』에 대한 모토
104, 6	**안셀름 폰 켄터베리** Anselm von Canterbury 1033~1109, 스콜라파 학자. 소위 말하는 신의 현존에 대한 본체론적 증명에서 안셀름 폰 켄터베리는, 의심의 여지 없이 완벽한 존재로서의 신이라는 개념으로부터 진정한 실재가 신의 속성일 수밖에 없다는 결론을 내렸다.
107, 19	**오스발트 슈펭글러** Oswald Spengler 1880~1936, 문화 철학자, 『서양의 몰락』, 전 2권, 뮌헨 1920. 루돌프 슈타이너의 『현대 문화 위기의 중심에서 본

	째 세 학과는 ≪세 가지 길 Trivium≫이라 불리웠으며 중세 대학에서 기본 과정으로 가르쳤다. ≪네 가지 길 Quadrivium≫이라 불리었던 나머지 네 학과는 고등 과정에서 가르쳤다.
196, 4	**에른스트 쿠르티우스** Ernst Curtius 1814~1896, 고고학자, 역사학자.
201, 18	**괴테가 어떻게 말하는지 들어 보십시오:** "아름다움은 비밀스러운 자연법칙의 공시다. 그 아름다움이 드러나지 않는다면 자연법칙은 우리에게 영원히 숨겨져 있을 것이다." 『괴테의 자연 과학 저작물』, 퀴르쉬너의 〈독일 민족 문학〉의 일련으로 루돌프 슈타이너가 발행하고 주해 하였다. 1884~1897, 전 5 권, 재발행 1975년 도르나흐, 5권(서지 번호 1e), 494쪽.
202, 2	**실러는 이렇게 수려한 문장을 썼습니다.** : 시 "예술가" 중에서, "오로지 아름다움이라는 여명의 문을 지나서만 네가 인식의 나라로 들어설 수 있다!" (34~35번째 줄)
202, 17	**심신 병행론……** : 헤르만 에빙하우스 Hermann Ebbinghaus 1850~1909의 『심리학 개요』, 라이프치히 1908. 에빙하우스는 이 책의 "상호 작용와 병행론"에서 두뇌가 영혼의 도구라는 생각을 부정하였다. 에빙하우스는 열량 보존의 법칙과 루브너 Max Rubner 1854~1932와 에트워터 Wilbur Olin Atwater 1844~1907의 실험을 근거로 심신 병행론을 택하였다.
210, 16	**프리드리히 니체:** 『그리스 비극 시대의 철학』, 1872/73.
211, 20	『**정신과학의 관점에서 본 아동 교육**』: 루돌프 슈타이너, 도르나흐 1988.
212, 8	**괴테:** 『詩作과 진실』 1권, 1부.
213, 14	**노스트라다무스** Nostradamus, 실명 Michel de Notre-Dame 1503~1566, 프랑스 천문학자, 의사. 프랑스 시형식으로 저술한 예언으로 유명하다. 루돌프 슈타이너의 연속 강의집 『정신 연구로 조명해 본 인간 역사』(서지 번호 61)에서 1911년 11월 9일 베를린에서 행한 강연 『예언자의 의미』를 참조하라.
213, 16	**…를 묘사합니다:** 〈파우스트〉 1막 1장, 고딕실 장면.

215, 3	**에두아르트 첼러** Eduard Zeller 1814~1908, 신학자, 철학자.
215, 4	**카를 루드비히 미헬레트** Karl Ludwig Michelet 1801~1893, 철학자.
215, 6	**에두아르트 폰 하르트만** Eduard von Hartmann 1842~1906, 『무의식의 철학』 등 을 저술하였다. 루돌프 슈타이너는 자신의 박사 학위 논문 『진실과 과학』(서지 번호 3, 1892)을 하르트만에게 헌정하였다.
254, 5	**헤르만 롤레트** Hermann Rollett 1819~1904.
258, 17	**고대 인도 문화기라 명명하는 시대, 아틀란티스 재앙:** 루돌프 슈타이너의 『신비학 개요』(서지 번호 13, 1910)을 참조하라.
268, 14	**프랜시스 베이컨** Francis Bacon, 혹은 Baco von Verulam 1561~1626, 영국 철학자.
269, 9	**루어스** G. H. Lewes의 『괴테』, 제15판, 베를린 1886.
269, 9	**리하르트 마이어** Richard M. Meyer의 『괴테』, 제4판, 1913.
269, 12	**헤르만 그림** Herman Grimm의 『괴테』, 전 2권, 제7판, 슈투트가르트 1903, 제2권 223쪽.
269, 21	**헤르만 그림**의 『라파엘로의 삶』, 제4판 1903.
272, 21	**아돌프 프라이헤르 폰 크닉게** Adolf Freiherr von Knigge 1752~1796, 『인간 교제에 관해』, 1788.
280, 4	**스승:** 단테의 스승 브루네토 라티니 Brunetto Latini 13세기 중반에서 후반까지 생, 이태리 철학자. 단테의 〈신곡〉, 인페르노 ⅩⅤ를 참조하라.

인명부

(참조= 본문에 대한 참조에 언급됨, *=본문에 이름을 거론하지 않고 인용한 경우)

갈릴레이, 갈릴레오 (Galilei, Galileo 1564~1642) 114

괴테, 요한 볼프강 폰 (Goethe, Johann Wolfgang von 1749~1832) 17, 26 참조, 30, 36* 참조, 127* 참조, 174, 201 참조, 212 참조, 213 참조, 269 참조, 281, 298.

그림, 야코프 (Grimm, Jakob 1785~1863) 19

그림, 헤르만 (Grimm, Herman 1828~1901) 269 참조.

노스트라다무스, 미셸 (Nostradamus, Michel 1503~1566) 213 참조.

니체, 프리드리히 빌헬름 (Nietzsche, Friedrich Wilhelm 1844~1900) 82 이하, 152, 210 참조.

다윈, 찰스 (Darwin, Charles 1809~1882) 17, 281.

단테; 알리기에리 (Dante, Alighieri 1265~1321) 280 참조.

뒤부아-레이몽, 에밀 (Du Bois-Reymond, Emil 1818~1896) 108 참조.

라메트리, 쥘리앵 드 (Lamettrie, Julien de 1749~1827) 115 참조.

라티니, 브루네토 (Latini, Brunetto 1210년에서 1230년 사이 출생, 1294년이나 1295년 사망) 280* 참조.

라파엘로, 산티 (Raffaello, Santi 1483~1520) 269 참조.

라플라스, 피에르 시몽 (Laplace, Pierre Simon 1749~1827) 284, 287.

레, 폴 (Rée, Paul 1849~1910) 88 참조. 90 이하.

레싱, 고트홀트 에프라임 (Lessing, Gotthold Ephraim 1729~1781) 269.

롤레트, 헤르만 (Rollett, Hermann 1819~1904) 254 참조

루어스, 조지 헨리 (Lewes, George Henry 1817~1878) 269 참조.

마게어, 알로이스 (Mager, Alois 1883~1946) 73 참조, 74.

마그누스, 알베르투스 (Magnus, Albertus 1193~1280) 149 이하 참조.

마우트너, 프리츠 (Mauthner, Fritz 1849~1923) 119 참조.

마이어, 율리우스 로베르트 (Mayer, Julius Robert 1814~1878) 27 참조, 29.

M. 마이어, 리하르트 (M. Meyer, Richard 1860~1914) 269 참조.

미헬레트, 카를 루드비히 (Michelet, Karl Ludwig 1801~1893) 215 참조.

바그너, 리하르트(Wagner, Richard 1813~1883) 83, 86, 93.

베네딕트 폰 누르시아 (Benedikt von Nursia 480년 출생, 대략 542년 이후 사망) 74.

베르그송, 앙리 (Bergson, Henri 1859~1941) 119 참조.

베이컨, 프랜시스 (Bacon, Francis 1561~1626) 268 참조.

보에티우스(Boethius 480~524) 42 참조.

볼테르, 프랑소아 마리(Voltaire, Francois Marie Arouet 1694~1778) 87.

부르다흐, 카를 프리드리히 (Burdach, Karl Friedrich 1776~1847) 174 참조, 176.

브루노, 조르다노 (Bruno, Giordano 1548~1600) 27 참조, 181.

사비니, 프리드리히 카를 폰 (Savigny, Friedrich Karl von 1779~1861) 40 참조.

셰익스피어, 윌리엄 (Shakespeare, William 1564~1616) 268.

소크라테스(Sokrates 대략 기원전 469~399) 83, 84, 85, 210.

소포클레스(Sophokles 기원전 496~406) 83.

쇼펜하우어, 아르투어 (Schopenhauer, Arthur 1788~1860) 83, 93.

슈뢰어, 카를 율리우스 (Schrör, Karl Julius 1825~1900) 254.

슈타이너, 루돌프 (Steiner, Rudolf)

       저서:

           『자유의 철학』(서지 번호 4) 80, 101, 102, 111, 116, 182, 222, 242.

           『고차 세계의 인식으로 가는 길』(서지 번호 10) 63, 117.

           『신비학 개요』 39, 215, 264.

           『교육 예술의 정신적, 영적 근본력』(서지 번호 305), 옥스포드 연속 강의 69.

           『루시퍼-그노시스』(서지 번호 34), 아동 교육 211.

슈트라우스, 다피트 프리드리히(Strauß, David Friedrich 1808~1874) 86 참조.

슈펭글러, 오스발트(Spengler, Oswald 1880~1930) 107, 111 이하.

0스펜서, 허버트 (Spencer, Herbert 1820~1903) 78 참조, 79, 95*.

실러, 프리드리히 폰 (Schiller, Friedrich von 1759~1805) 131 참조, 202 참조, 213, 273.

아낙사고라스(Anaxagoras 기원전 500~428) 84.

아이스킬로스(Aeschylos 기원전 525년 Eleusis 출생, 기원전 456년 시칠리아 섬의 젤라에서 사망) 84.

에리우게나, 요하네스 스코투스 (Eriugena, Johannes Scotus 대략 810~877) 40 참조.

에빙하우스, 헤르만 (Ebbinghaus, Hermann 1850~1909) 202* 참조.

장 폴, 프리드리히 리히터 (Jean Paul, Friedrich Richter 1763~1825) 269.

첼러, 에두아르트 (Zeller, Eduard 1814~1908) 215 참조.

카이사르, 가이우스 율리우스 (Caesar, Gaius Julius 기원전 100~44) 66.

칸트, 이마누엘 (Kant, Immanuel 1724~1804) 131, 132, 284, 287.

캔터베리, 안셀름 폰 (Canterbury, Anselm von 1033~1109) 104 참조.

케플러, 요하네스 (Kepler, Johannes 1571~1630) 173.

코페르니쿠스, 니콜라우스 (Kopernikus, Nikolaus 1473~1543) 114.

콜리슨, 해리 (Collison, Harry 1869~1945) 15* 참조.

쿠르티우스, 에른스트 (Curtius, Ernst 1814~1896) 196 참조.

크닉게, 아돌프 프라이헤르 폰 (Knigge, Adolf Freiherr von 1752~1796) 272 참조.

클롭슈토크, 프리드리히 고틀리프 (Klopstock, Friedrich Gottlieb 1724~1803) 42 참조.

파라셀수스, 아우레올루스 필리푸스 (Paracelsus, Aureolus Philipus 1493~1541) 136 참조.

포르트라게, 카를 (Fortlage, Carl 1806~1881) 180 참조.

피히테, 요한 고틀리프 (Fichte, Johann Gottlieb 1762~1814) 236, 273.

하르트만, 에두아르트 폰 (Hartmann, Eduard von 1842~1906) 215 참조, 220.

헤라클리트(Heraklit 대략 기원전 540~480 혹은 483) 84.

헤르더, 요한 고트프리트 폰 (Herder, Johann Gottfried von 1744~1803) 269.

헤르바르트, 요한 프리드리히 (Herbart, Johann Friedrich 1776~1841) 150 참조.

헤켈, 에른스트 (Haeckel, Ernst 1834~1919) 68.

헨레, 프리드리히 구스타프 야코프 (Henle, Friedrich Gustav Jakob 1809~1885) 174 참조.

호머(Homer 기원전 9세기경) 41.

휘르틀, 요세프 (Hyrtl, Joseph 1811~1894) 175 참조.

참고 문헌

이 책의 내용을 심화 연구하기 위해서 루돌프 슈타이너의 다음 저서들을 참조하라.

저작물과 논설

자유의 철학, 현대 세계관의 근본 특징 — 자연 과학적 방법에 따른 영적인 관찰 결과(서지 번호 4, 포켓북 627)

문화와 시대 역사에 대한 논설 모음집, 1887-1901(서지 번호 31), "낡은 도덕 개념과 새로운 도덕 개념"

인지학의 방법적 근거, 논설 모음집 1884-1901(서지 번호 30), "철학에서의 개인주의"

〈프리드리히 니체, 시대에 대항하는 전사〉(서지 번호 5, 포켓북 621)

문화와 시대 역사에 대한 논설 모음집, 1887-1901(서지 번호 31), 3부 "니체주의와 니체에 대한 논설들"

신비적 사실로서의 기독교와 고대의 비밀 의식들(서지 번호 8, 포켓북 619)

고차 세계의 인식으로 가는 길(서지 번호 10, 포켓북 600)

고차적 인식으로의 단계(서지 번호 12, 포켓북 641)

신비학 개요(서지 번호 13, 포켓북 601)

철학사에서 보이는 철학의 수수께끼를 개요로 서술하다.(서지 번호 18, 포켓북

610/611)

현재와 미래 생활의 불가피한 사항에 있어서 사회 문제의 핵심(서지 번호 23, 포켓북 606)

국가 정치와 인류 정치, 사회적 유기체의 삼지성에 대한 논술 1919-1921(포켓북 667): 이 책은 사회적 유기체의 삼지성과 시대 상황에 대한 논술 1915-1921(서지 번호 24)의 부분 출판본이다.

강의물

인간의 원천과 목적. 정신과학의 기본 개념(서지 번호 53, 포켓북 682), 1904년 9월 24일부터 1905년 6월 8일까지 베를린에서 행한 23회의 강의.

어디에서 어떻게 정신을 발견할 수 있는가?(서지 번호 57, 포켓북 686), 1908년 10월 15일부터 1909년 5월 6일가지 베를린에서 행한 18회의 강의.

인지학을 통한 현대 과학의 보충(서지 번호 73, 포켓북 664), 1917년 11월 5일부터 14일까지, 1918년 10월 8일부터 17일까지 취리히에서 행한 8회의 강의.

토마스 아퀴나스의 철학(서지 번호 74, 포켓북 605), 1920년 5월 22, 23, 24일에 행한 3회의 강의.

인지학, 그것의 인식근거와 삶의 열매. 진정한 인간됨을 파멸시키는 불가지론에 대한 도입과 더불어(서지 번호 78, 포켓북 653), 1921년 8월 29일부터 9월 6일까지 행한 8회의 강의

환생과 업, 그리고 현대 문화를 위한 그것의 의미(서지 번호 135, 포켓북 647, 1903년의 논술 두편 보충)1912년 1월 23일부터 3월 5일까지 베를린과 슈투트가르트에서 행한 강의.

인간 존재의 건강한 발달. 인지학적 교육학과 방법론 입문(서지 번호 303, 포켓북 648), 1921년 12월 23일부터 1922년 1월 7일까지 도르나흐에서 행한 16회의 강의와 3회의 질의 응답.

〈인식-과제(서지 번호 217a), 1920년부터 1924년까지의 논술, 보고문, 환영사, 질의 응답.

루돌프 슈타이너의 생애와 작품

루돌프 슈타이너가 후세에 남긴 일생의 작품은, 그 내용과 규모에서 볼 때 문화계 안에서는 유례를 찾기 힘들 것이다. 그의 글들 ― 저작물들과 논문들 ― 은 생전에 그가 강연과 강좌를 통해 청중들에게, 늘 새로운 시각에서, '인지학으로 방향이 정해진 정신학' 이라고 표현하고 상론했던 것의 기초를 이룬다. 약 6천 회에 걸친 강연의 대부분은 필사본으로 보존되어 있다. 이와 아울러 예술 영역에서도 중대한 활동을 펼쳤는데, 그 정점은 도르나흐에서 첫 번째 괴테아눔 (Goetheanum) 건물을 세운 것이다. 그래서 그의 손으로 이루어진 많은 수의 회화 · 조각 · 건축 작업과 설계 및 밑그림이 존재한다. 수많은 생활 영역의 쇄신을 위해 그가 제공한 자극은, 오늘날 점점 더 많은 주목을 받기 시작한다.

1956년부터 '루돌프 슈타이너 유고(遺稿) 관리국'에 의해 『루돌프 슈타이너 전집』이 발간되고 있다. 『전집』은 약 340권 분량이 될 것이다. 저작물은 제1부로, 강연문은 제2부로 발행되는 한편, 제3부에서는 예술 작품이 적절한 형태로 재생되고 있다.

전체 작품에 대한 체계적인 개관은 1961년에 발행된 문헌 목록('루돌프 슈타이너. 문학적 · 예술적 작품. 서지학적 개관')이 제공해 준다. 아래에서 사용되는 '서지 번호' 표시는 그 목록에 의거한 것이다. 출판된 책들의 현황에 관해서는 '루돌프 슈타이너 출판사'의 도서 목록이 알려 주고 있다.

연대순으로 작성한 약력(그리고 저작물에 대한 개관)

연 대	약력과 저작물에 대한 개관
1861	2월 27일에 루돌프 슈타이너는 오스트리아 남부 철도청 소속 공무원의 아들로서 크랄예벡(그 당시는 오스트리아 · 헝가리 제국에, 지금은 크로아티아에 속함)에서 태어났다. 그의 부모는 오스트리아 동북부의 주(州)인 니더외스터라이히 출신이다. 그는 오스트리아의 여러 지방에서 유년기와 청소년기를 보낸다.
1872	비너 노이슈타트 실업계 학교에 입학, 1879년 대학 입학 자격 시험을 볼 때까지 그 학교를 다닌다.
1879	빈 공과 대학에 입학. 수학과 자연 과학, 그리고 문학, 철학, 역사를 공부. 괴테에 관한 기초적 연구.
1882	최초의 저술 활동.
1882~1897	요제프 퀴르쉬너가 주도한 『독일 국민 문학』 전집에서 괴테의 자연 과학 논문 5권, 루돌프 슈타이너가 서문과 해설을 첨부하여 발행(서지 번호 1a~e). 단행본으로 된 입문서가 1925년 『괴테의 자연 과학적 논문에 대한 입문서』(서지 번호 1)라는 제목으로 출판된다.

1884~1890	빈의 한 가정에서 가정교사 생활.
1886	'소피 판' 괴테의 작품집 발간에 공동 작업자로 초빙된다. 『실러를 각별히 고려하는 괴테 세계관의 인식론적 기본 노선들』 (서지 번호 2).
1888	빈에서 〈독일 주간지〉 발간(거기에 실린 논문들은 서지 번호 31에 수록). 빈의 괴테 협회에서 '새로운 미학의 아버지로서의 괴테' 라는 제목으로 강연(서지 번호 30에 수록).
1890~1897	바이마르 체류. 괴테 · 실러 문서실에서 공동 작업. 괴테의 자연 과학 저작물 발간.
1891	로스토크 대학에서 철학 박사 학위 취득. 1892년에 박사 학위 논 문 증보판 출판. 제목은 『진리와 과학 : '자유의 철학' 서곡』(서지 번호 3).
1894	『자유의 철학 : 현대 세계관의 근본 특징. 자연 과학적 방법에 따 른 영적인 관찰 결과』(서지 번호 4).
1895	『프리드리히 니체 : 시대에 맞선 투사』(서지 번호 5).
1897	『괴테의 세계관』(서지 번호 6). 베를린으로 이사. 오토 에리히 하르트레벤과 함께 〈문학 잡지〉와 〈극 전문지〉 발행(거기에 실린 논문들은 서지 번호 29~32에 수 록). '자유 문학 협회', '자유 드라마 협회', '조르다노 브루노 연 맹', '미래인' 서클 등에서 활동.
1899~1904	빌헬름 리프크네히트가 세운 베를린 '노동자 양성 학교' 에서 교 사 활동.
1900/01	『19세기의 세계관과 인생관』, 1914년에 이를 확장하여 『철학의 수수께끼』(서지 번호 18) 발표. 베를린 신지학 협회의 초대로 인 지학을 강연하기 시작. 『근대 정신 생활의 출현에서의 신비학』(서 지 번호 7).

1902~1912	인지학 수립. 베를린에서 정기적인 공개 강연 활동. 유럽 전체로 강연 여행. 마리 폰 지버스(1914년 결혼 이후 마리 슈타이너)가 지속적인 협력자가 된다.
1902	『신비로운 사실로서의 기독교와 고대의 신비들』(서지 번호 8).
1903	잡지 〈루시퍼〉(나중에 〈루시퍼-그노시스〉로 바뀜)를 창간하고 발행(거기에 실린 논문들은 서지 번호 34에 수록).
1904	『신지학 : 초감각적 세계 인식과 인간 규정 입문』(서지 번호 9).
1904/05	『고차 세계의 인식으로 가는 길』(서지 번호 10). 『아카샤 연대기에서』(서지 번호 11). 『고차적 인식의 단계들』(서지 번호 12).
1910	『신비학 개요』(서지 번호 13).
1901~1913	뮌헨에서 『네 편의 신비극』(서지 번호 14)이 초연된다.
1911	『인간과 인류의 정신적 인도』(서지 번호 15).
1912	『인지학적인 영혼의 달력 : 주훈(週訓)』(서지 번호 40. 단행본들로도 출판됨). 『인간의 자기 인식으로 가는 길』(서지 번호 16).
1913	신지학 협회와 결별하고 인지학 협회 창립. 『정신세계의 문지방』(서지 번호 17).
1913~1923	목재로 된 이중 돔형 건축물 형태를 띤 첫 번째 괴테아눔을 스위스의 도르나흐에 세우다.
1914~1923	도르나흐와 베를린에 체류. 유럽 전역 순회 강연 및 강좌에서 루돌프 슈타이너는 예술, 교육학, 자연 과학, 사회 생활, 의학, 신학 등의 수많은 생활 영역에서 쇄신이 이루어지도록 자극한다. 1912년에 시작된 새로운 동작 예술인 '오이리트미(Eurythmie)'를 계속 발전시키고 교육.
1914	『개요로서의 철학사에 나타난 철학의 수수께끼』(서지 번호 18).
1916~1918	『인간의 수수께끼에 관해』(서지 번호 20). 『영혼의 수수께끼에 관해』(서지 번호 21). 『'파우스트'와 '뱀과 백합의 동화'를 통해 드러

	나는 괴테의 정신적 양상』(서지 번호 22).
1919	루돌프 슈타이너는 특히 남부 독일 지역에서 논문과 강연을 통해 '사회 유기체의 삼지적 구조' 사상을 주장한다. 『현재와 미래 생활의 불가피한 사항에 있어서 사회 문제의 핵심』(서지 번호 23), 『사회 유기체의 삼지성과 시대 상황(1915~1921)』(서지 번호 24). 가을에는, 슈타이너가 죽을 때까지 이끌고 가는 '자유 발도르프 학교'가 슈투트가르트에 세워진다.
1920	제1차 인지학 대학 강좌를 시작하면서, 아직 완성되지 않은 괴테아눔에서 예술 행사와 강연 행사를 정기적으로 개최하다.
1921	주간지 〈괴테아눔〉 창간. 루돌프 슈타이너의 논문과 기고문이 정기적으로 실리다(서지 번호 36).
1922	『우주론, 종교 그리고 철학』(서지 번호 25). 섣달 그믐날, 방화로 괴테아눔 건물이 소실된다. 콘크리트로 짓기로 계획된 새 건물을 위해 루돌프 슈타이너는 간신히 1차 외부 모델을 만들 수 있었다.
1923	지속적인 강연 활동과 강연 여행. 1923년 성탄절에 슈타이너의 주도 아래 '인지학 협회'가 '일반 인지학 협회'로 재창립된다.
1923~25	루돌프 슈타이너는 미완으로 남아 있던 자서전 『내 삶의 발자취』(서지 번호 28) 및 『인지학의 기본 원칙』(서지 번호 26)을 집필한다. 그리고 이타 벡만 박사와 함께 『정신과학적 인식에 따른 의술 확대를 위한 기초』(서지 번호 27)를 집필한다.
1924	강연 활동의 증가. 더불어 수많은 전문 강좌 개설. 유럽으로 마지막 강연 여행. 9월 28일 회원들에게 마지막 강연. 병상 생활 시작.
1925. 3. 30.	루돌프 슈타이너는 도르나흐에 있는 괴테아눔 작업실에서 눈을 감는다.

루돌프 슈타이너 전집 목록

─문학 · 예술 작품에 대한 서지학적 개관

제1부 : 저작물

1. 작품

괴테의 자연 과학적 논문에 대한 입문서(서지 번호 1)

괴테의 자연 과학적 논문, R. 슈타이너가 서문과 해설을 첨부하여 발행(서지 번호 1a~
e).

실러를 각별히 고려하는 괴테 세계관의 인식론적 기본 노선들(서지 번호 2)

진리와 과학 : '자유의 철학' 서곡(서지 번호 3)

자유의 철학 : 현대 세계관의 근본 특징. 자연 과학적 방법에 따른 영적인 관찰 결과(서
지 번호 4) (한국어판 : 밝은누리, 서울 2007)

프리드리히 니체 : 시대에 맞선 투사(서지 번호 5)

괴테의 세계관(서지 번호 6)

근대 정신 생활의 출현에서의 신비학(서지 번호 7)

신비적 사실로서의 기독교와 고대의 비교(서지 번호 8)

신지학 : 초감각적 세계 인식과 인간 규정 입문(서지 번호 9)

고차 세계의 인식으로 가는 길(서지 번호 10) (한국어판 : 밝은누리, 서울 2003)

아카샤 연대기에서(서지 번호 11)

고차적 인식의 단계들(서지 번호 12)

신비학 개요(서지 번호 13)

네 편의 신비극 : 전수의 문, 영혼의 시련, 문지방의 수호령, 영혼의 각성(서지 번호 14)

인간과 인류의 정신적 인도 : 인류 발전에 관한 정신학적 고찰 결과(서지 번호 15)

인간의 자기 인식으로 가는 길 : 여덟 차례의 명상에서(서지 번호 16)

정신세계의 문지방 : 잠언 형식으로 된 상론(詳論)(서지 번호 17)

개요로서의 철학사에 나타난 철학의 수수께끼(서지 번호 18)

인간의 수수께끼에 관해(서지 번호 20)

영혼의 수수께끼에 관해(서지 번호 21)

'파우스트' 와 '뱀과 백합의 동화' 를 통해 드러나는 괴테의 정신적 양상(서지 번호 22)

현재와 미래 생활의 불가피한 사항에 있어서 사회 문제의 핵심(서지 번호 23) (한국어
   판 : 밝은누리, 서울 2010)

사회 유기체의 삼지성과 시대 상황(1914~1921)(서지 번호 24)

우주론, 종교 그리고 철학(서지 번호 25)

인지학의 기본 원칙(서지 번호 26)

정신과학적 인식에 따른 의술 확대를 위한 기초(서지 번호 27)

내 삶의 발자취(서지 번호 28)

2. 논문집

드라마투르기에 관한 논문집 1889~1900(서지 번호 29)

인지학의 방법적 기초 : 철학에 관한 논문집. 자연 과학, 미학 그리고 심리학
   1884~1901(서지 번호 30)

문화사 및 현대사에 관한 논문집 1887~1901(서지 번호 31)

전기적인 스케치 1894~1905(서지 번호 32)

문학에 관한 논문집 1886~1902(서지 번호 33)

루시퍼―그노시스 : 잡지 〈루시퍼〉와 〈루시퍼―그노시스〉에 게재된 원고 중 인지학 관

련 논문 초고 1903~1908(서지 번호 34)

철학과 인지학 : 논문집 1904~1918(서지 번호 35)

현대의 문화적 위기 중심에서 보는 괴테아눔의 개념 : 주간지 〈괴테아눔〉에 게재된 논문집 1921~1925(서지 번호 36)

3. 유고국의 출판물

편지, 어록, 각색 원고, 네 편의 신비극 초안 1910~1913, 인지학 : 1910년에 나온 미완 원고, 스케치집과 미완 원고집, 수첩과 원고 초안 메모집(서지 번호 38~47)

제2부 : 강연문

1. 공개 강연

베를린 공개 강연 내용('건축에 대한 강연') 1903~1917/18(서지 번호 51~67)

공개 강연, 강연 내용 및 유럽 다른 지역 대학 강좌 1906~1924(서지 번호 68~84)

2. 인지학 협회 회원 대상 강연

일반 인지학 강연과 연속 강의 내용 : 복음서 고찰, 그리스도론, 정신세계의 인류학, 우주와 인간의 역사, 사회 문제의 정신적인 배경, 우주와의 관계 속에서 본 인간, 카르마 고찰(서지 번호 91~224)

인지학 운동 및 인지학 협회의 역사에 대한 강연과 원고(서지 번호 251~263)

3. 개별 생활 분야에 대한 강연과 강좌

예술에 관한 강연 : 일반 예술, 오이리트미, 언어 조형과 연극적 예술, 음악, 회화, 예술사(서지 번호 271~292)

교육에 관한 강연(서지 번호 293~311)

의학에 관한 강연(서지 번호 312~319)

자연 과학에 관한 강연(서지 번호 320~327)

사회적인 인생과 사회 조직의 삼지화에 관한 강연(서지 번호 328~341)

괴테아눔 건축에서 노동자를 위한 강연(서지 번호 347~354)

제3부 : 예술 작품

예술 관련 유고에서 재생과 출판물

회화적이고 그래픽적인 초안에 의한 원형 재생물 및 예술적 지도 또는 단행본에 있는
　스케치들

※ 이 전집 목록은 원서에 있는, 루돌프 슈타이너 전집 가운데 문화 · 예술 작품에 대한 서지학
적 개관 전문을 번역한 것이다.

역자 후기

슈타이너의 저서나 연속 강의들이 그리 쉽게 읽어 내리고 이해할 수 있는 성격의 것은 아니다. 하지만 역자에게는 그 내용 대부분이 항상 새로운 생각으로의 문이고, 오랫동안 품고 다녔던 인간과 삶에 대한 의문에 접근하기 위한 길이기에 시간을 두고 항상 반복해서 읽고 사유하는 계기로 삼는다. 그런데 이 책에 담긴 연속 강의는 무슨 '베스트셀러'라도 된다는 듯이 밤을 새워 가며 단숨에 읽어 내렸던 기억이 아직도 선하다. 아주 흥미진진하고 가슴을 깊이 울린 나머지 책을 손에서 놓을 수가 없어서였다. 거의 백년 전에 열여덟 살부터 스물다섯 살까지의 독일 젊은이들을 위해서 했던 강의 내용이 내 젊은 시절의 암흑 같았던 절망감을 흡사 내 속을 들여다보기라도 한 듯이 서술할 뿐 아니라, 도대체 어디에서 그런 절망감이 생겨나는지를 말해 주기 때문이었다.

이 연속 강의 초반부를 한 문장으로 줄이면 이렇게 쓸 수 있다. "너희가 무엇인가 해 보려고 여기에 모이긴 했는데, 왜 여기에 모였는지 그 진정한 이유도, 정말로 무엇을 하려는지도 사실은 모르고 있다. 내가 너희에게 그것을 이야기해 주겠다." 그리고 이천여 년을 넘나드는 인간 정신 발달사의 개관을 통해 오늘날의 인간이 과연 어떤 위치에 이르렀는지, 오늘날 소위 말하는 학문이 과연 어떤 성격을 지니는지, 자연 과학적 개념과 지성의 산물들이 인간 사회에 어떤 영향을 미치는지, 왜 젊은이들이 '철새처럼' 쏘다니며 무엇인가를 찾아 헤매는지, 왜 구세대가 젊은이들의 모범이 될 수 없는지 등을 유머 가득한 형상성으로 펼쳐 낸다.

혹자에게는 백 년 전의 독일 젊은이들을 위한 강의가 오늘날 한국 젊은이들에게 과연 어느 정도 해당 사항이 있겠느냐는 질문이 떠오를 수도 있을 것이다. 그런데 이데올로기적 대립이나 빈부의 격차뿐 아니라 지난 해의 대선에서 드러난 세대 간 대립의 심화와 같은 전반적인 사회 상황을 조망해 보면, 대학이 이 연속 강의 첫 부분에서 언급된 '연구 기관'이나 '학문의 전당'조차 되지 못하고 직업 양성 기관으로까지 전락한 교육 상황을 고려해 보면, 여러가지 이름으로 포장된 채 넘쳐흐르는 대안의 물결 속에서 진실감을 잃고 허우적대는 삶의 현상을 관찰해 보면, 사실 이 연속 강의는 젊은이들뿐 아니라 늙은이들에게도 분망하게 돌아가는 삶의 중심은 과연 어디에 있는지 돌아보도록 하는 계기를 주리라고 역자는 생각하는 바이다.

역자의 지난 번역서들과는 달리 이 책에서는 내용과 강의 분위기에 맞추어서 과감하게 의역을 시도했다. 이 연속 강의가 정식으로 속기되지 않았을 뿐 아니라 첫 발행본의 근거가 되는 개인 소장용 필사본 역시 소실되었기 때문에, 슈타이너의 모든 다른 강의물들에서도 그러하지만 특히 이 연속 강의에서 개별적 문장의 정확성을 보장할 수 없는 상태다. 전후 문맥이 들어맞지 않는 부분은 루돌프 슈타이너 유고국과의 협의 없이 역자가 독자적으로 그와 연관된 다른 저술물과 연속 강의들을 참조삼아 문장을 보충하거나 교정했다는 점을 밝힌다.

길고도 어두운 방황의 세월을 거친 후에야 역자가 젊은 시절 내적으로 타는 듯이 느꼈던 의문들에 대해 거의 한 세기 전에 행해졌던 강의에서 '듣는다'는 것, 그것이 역자에게는 실로 삶의 오묘함으로 체험되었다. 그와 동시에 "왜 나는 이 책을 젊은 시절에 읽을 수 없었을까? 그 시절 내가 이런 내용을 읽었더라면 우매했던 미혹의 길을 조금은 피해갈 수도 있지 않았을까?"라고 숙명을 향해 아쉬움 섞인 질문을 던져 보았다. 그로부터 10년이 지나가는 이제 마침내 이 연속 강의의 번역서를 출판할 수 있게 되었음에 밝은누리사의 박준기 사장님과 박민영 님, 그리고 루돌프 슈타이너 원서 번역 후원회 회원들께 깊은 감사의 마음을 드린다.

독일 Hugoldsdorf
역자 최혜경

루돌프 슈타이너
원서 번역
후원회

http://cafe.daum.net/anthroposophie

후원 계좌:

하나은행 226-910003-22205 (예금주:김지혜/슈타이너원서번역후원)

농협 750-12-161081 (예금주 : 소진섭)

후원인:

소진섭, 박명숙, 김지혜, 문성연, 하주현,

박미애, 권영현, 오지원, 박지연, 유희숙,

최수진, 권연주, 이경영, 김윤진, 김세아,

고트프리트 슈톡마르, 롤프 슈타인베르크